酒店企业会计岗位实操大全

预算+成本+做账+财报

会计真账实操训练营　编著

中国铁道出版社有限公司

CHINA RAILWAY PUBLISHING HOUSE CO., LTD.

图书在版编目(CIP)数据

酒店企业会计岗位实操大全:预算＋成本＋做账＋财报/
会计真账实操训练营编著.—北京:中国铁道出版社有限公司,
2020.6(2022.3重印)
ISBN 978-7-113-26767-4

Ⅰ.①酒… Ⅱ.①会… Ⅲ.①饭店-财务会计 Ⅳ.①F719.2

中国版本图书馆 CIP 数据核字(2020)第 062559 号

书 名:**酒店企业会计岗位实操大全(预算＋成本＋做账＋财报)**
JIUDIAN QIYE KUAIJI GANGWEI SHICAO DAQUAN
(YUSUAN＋CHENGBEN＋ZUOZHANG＋CAIBAO)

作 者:会计真账实操训练营

责任编辑:王淑艳　　编辑部电话:(010)51873022　　电子邮箱:wangsy20008@126.com
封面设计:王 岩
责任校对:王 杰
责任印制:赵星辰

出版发行:中国铁道出版社有限公司 (100054,北京市西城区右安门西街 8 号)
网　　址:http://www.tdpress.com
印　　刷:北京联兴盛业印刷股份有限公司
版　　次:2020 年 6 月第 1 版　2022 年 3 月第 3 次印刷
开　　本:700 mm×1 000 mm 1/16　印张:19　字数:487 千
书　　号:ISBN 978-7-113-26767-4
定　　价:59.80 元

前 言

PREFACE

要想成为一名业务型的会计，首先要熟悉酒店的经营模式，以及酒店下属部门的设置；其次才是会计日常账务处理，本书立足酒店行业，诠释会计原理。

编写目的

酒店以出租房间为主要经营手段，很多酒店提供餐饮、娱乐、健身等服务，因此具有收入多样化，经营也多元化的特色。本书根据酒店前厅、客房、餐饮、商务中心、康乐中心等部门的经营特点，以这些业务的发生为会计处理的起点，立足酒店业经营范围，根据最新《企业会计准则》和税收政策编写。

核心要点

本书以酒店会计与税务核算为主，非常详细地介绍酒店资产的核算、成本的核算、费用的核算、利润的核算以及税费的核算。

本书一大亮点是关于《企业会计准则第 14 号——收入准则》（财会〔2017〕22 号）（以下简称"新收入准则"）的具体讲解。众所周知，新收入准则在 2018 年 1 月 1 日部分企业已经执行，即同时在境内外上市的公司，如沪深证券交易所共有 A＋H 股上市公司 113 家，涉及制造业、金融业、交通运输、仓储和邮政业、采矿业、建筑业、房地产业、批发和零售业等多个行业。

2021 年 1 月 1 日，所有企业都要执行新收入准则。新收入准则完全是推翻现行收入确认的原则，重新按照新收入准则"五步法模型"确认收入。这对广大会计人员来说，要重新学习。

对酒店企业来说，新收入准则要点如下：

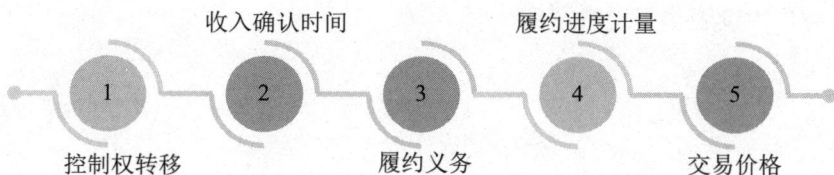

控制权转移　1　　　收入确认时间　2　　　履约义务　3　　　履约进度计量　4　　　交易价格　5

I

这部分内容是会计核算的一个难点，本书尽量以形象简洁的文字指导会计人员进行收入的账务处理。

此外，为了减轻企业负担，财政部、国家税务总局等颁布一系列"减税降费"优惠措施，不但降低增值税税率，而且又出台很多税收优惠政策。比如，自2019年4月1日起，试行增值税期末留抵税额退税制度；纳税人购进国内旅客运输服务，其进项税额允许从销项税额中抵扣；自2019年4月1日至2021年12月31日，允许生产、生活性服务业纳税人按照当期可抵扣进项税额加计10％；扩大所得税前抵扣范围；为了鼓励小型微利企业的发展，在增值税和所得税方面给予极大的支持。本书将这些变化编进相关章节，并一一解析。

编写特色

◆ 突出流程。根据酒店企业会计核算特点，突出酒店企业经营流程，从前台接待顾客到顾客离去，期间的会计经营核算以及月底编制报表，适合零基础酒店会计的读者，实现从"零"到"一"的飞跃。

◆ 实操性强。针对具体业务进行会计账务处理，根据日常业务逐笔编制会计分录，使读者正确应用会计科目，熟练处理企业日常业务。

◆ 图文并茂。本书用大量的案例展现酒店企业经营业务，尽量采用图、表形式呈现，易于阅读。

读者对象

会计专业的学生、会计人员、税务人员以及打算从事会计工作的非财务专业的读者。

本套丛书

《酒店企业会计岗位实操大全（预算＋成本＋做账＋财报）》

《工业企业会计岗位实操大全（预算＋成本＋做账＋财报）》

《建筑施工企业会计岗位实操大全（预算＋成本＋做账＋财报）》

《房地产企业会计岗位实操大全（预算＋成本＋做账＋财报）》

《外贸企业会计岗位实操大全（流程＋单证＋出口退税）》

虽然我们力求完美，但由于时间有限，编写过程中难免存在着一些不足和遗憾，希望广大读者多提宝贵意见。

编　者

目　录 Contents

第1章　酒店概述

I

第 2 章　酒店预算管理

第 3 章　新收入准则图解与应用

第 4 章　酒店客房部的会计核算

第5章　酒店餐饮部的会计核算

第6章　酒店商品部的会计核算

第7章　酒店康乐部的会计核算

第8章　固定资产的核算

第9章 无形资产

第10章 酒店税费的核算

第 11 章　酒店费用与利润核算

第 12 章 财务报表的编制

参 考 文 献

第 1 章
酒店概述

　　酒店主要为宾客提供住宿、餐饮、游戏、娱乐、购物、商务中心、宴会及会议等设施。本章前半部分介绍酒店业的产生与发展历程、现状、分类、基本设施以及产品等内容，后半部分着重讲述酒店企业会计工作流程及具体内容。

1.1 酒店业产生与发展

酒店，又称为宾馆、旅馆、旅店、旅社、商旅、客店、客栈等，是以提供安全、舒适的服务，令宾客得到短期的休息或睡眠空间的商业机构。一般说来，就是给宾客提供歇宿和饮食的场所。

1.1.1 酒店的分类

酒店一般按目标市场、建筑规模、星级等标准分类。

1. 按目标市场分类

按目标市场，酒店可以分为以下几类，如图 1-1 所示。

（1）商务型酒店。

商务型酒店的主要客源是针对因公出差的公司人员，大部分都为经理层人士。这类客人对酒店的各方面要求都比较高，相对市场容量不大。因而商务型酒店的客房数不多，装修豪华，房价较高。这类酒店更注重于老客户、协议单位的客人入住，大约占平均客房入住率的 70% 以上。对于某些大型的商务酒店，还配备设施齐全的宴会厅、会议室，供相关企业在此召开商务会议、谈判等活动。

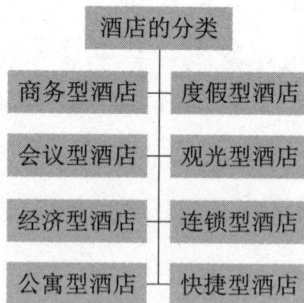

图 1-1　酒店的分类

一家好的商务酒店通常具备以下特点：位置好，距离商务活动中心比较近（商务客人的时间很宝贵，不愿意在交通上花太多时间）；酒店的商务设施齐全；不低于四星级，由酒店管理集团统一管理。

商务型酒店的特色：

①选择目标市场，确定销售方向（酒店希望做会议客人、大公司客人、旅游客人、商务客人）。

②根据酒店客户到店情况，按规定登记（分成甲乙丙级客户）。

③根据客户到店消费额度和有特殊要求的客户要区别对待，要投入更多的精力，对目标市场要专人负责跟踪。

④根据一年的淡、旺季制定销售人员月度、年度销售指标（完成者给予奖励，超额部分给予提成。只有明确了销售指标，才能激励销售人员）。

⑤准确了解周边酒店的情况，做到知己知彼。

（2）度假型酒店。

度假型酒店以接待休假的客人为主，多兴建在海滨、温泉、风景区附近。其经营的季节性较强。度假性酒店要求有较完善的娱乐设备。

度假型酒店可分为两种：一种是观光度假型酒店，这类酒店要求的地理位置比较独特，多位于海滨、草原、海岛、森林、雪山等拥有独特旅游资源的地方，并且能够提供多种旅游活动和健身活动等。这类酒店较注重安全卫生舒适，在饮食上有当地特色的菜式。

另一种则是休闲度假型酒店，这类不需要有良好的旅游资源，但一定要安静、舒适、绿化的自然环境。此类酒店客房多采取家庭式结构，以套房为主，房间大者可供一个家庭使用，小者有仅供一人使用的单人房间。它既提供一般酒店的服务，又提供一般家庭的服务。

度假型酒店的特征：

度假型酒店集多种功能、多重角色于一身，形式相对复杂和多元化，与普通观光旅游场所有着相当显著的差别。

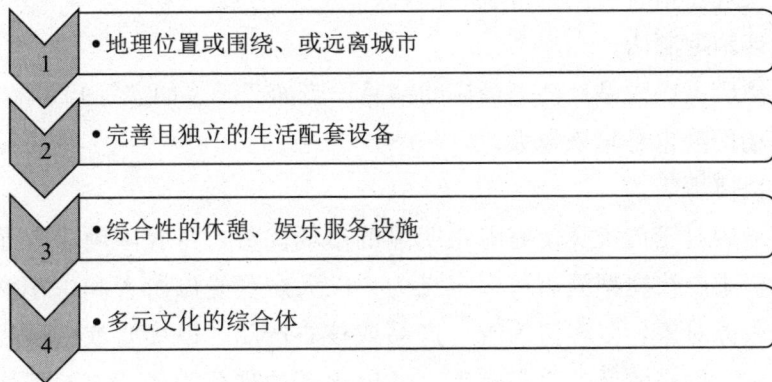

1 •地理位置或围绕、或远离城市

2 •完善且独立的生活配套设备

3 •综合性的休憩、娱乐服务设施

4 •多元文化的综合体

（3）会议型酒店。

会议型酒店是以接待会议旅客为主的酒店，除食宿娱乐外还为会议代表提供接送站、会议资料打印、录像摄像、旅游等服务。要求有较为完善的会议服务设施（大小会议室、同声传译设备、投影仪等）和功能齐全的娱乐设施。

会议型酒店的特色：

①销售形式不同于传统的酒店，它是综合性销售，不但有客房、餐饮，还有会展的设施、会议的设备，是会议相关的一些销售；

②服务的对象不同，除了服务中面对每一位参会个体之外，还要面对会议的组织者；

③服务部门的设置不同，我们在实际中要针对专业性较强的会议实施不同的服务模式，包括配置相应的会议设备设施，以保证为会议提供圆满的服务；

④酒店会议功能间的配备，多功能间要尽量准备得充足一些，以满足客人的特别需求。再就是宴会的配置，包括餐饮的独特性等，这是会议酒店应该具备的特点，和其他酒店要有所区别。

（4）观光型酒店。

观光型酒店主要为观光旅游者服务，多建造在旅游点，经营特点不仅要满足旅游者食住的需要，还要求有公共服务设施，以满足旅游者休息、娱乐、购物的综合需要，使旅游生活丰富多彩、得到精神和物质上的享受。

（5）经济型酒店。

经济型酒店多为旅游出差者预备，其价格低廉，服务方便快捷。总体节奏较快，实现住宿者和商家互利的模式。

（6）连锁型酒店。

连锁酒店可以说是经济型酒店的精品，诸如7天、如家等知名品牌酒店，占有的市场份额也是越来越大。

（7）快捷酒店。

快捷酒店对于传统宾馆有着很明显的市场优势，是我国酒店行业真正走向成熟的标志。快捷型酒店可以定义为：以大众观光旅游者和中小商务旅行者为主要服务对象，以客房为唯一产品或核心产品，以加盟或特许经营等经营模式为主，价格较低、服务规范、性价比高的现代酒店业态。但快捷酒店不等于廉价酒店，快捷酒店在市场竞争力，知名度，统一化管理，客源等多方面有着明显的优势。

（8）公寓式酒店。

公寓式酒店是以吸引懒人和忙人为主的服务公寓，最早始于1994年欧洲，意为"酒店式的服务，公寓式的管理"，是当时旅游区内租给游客，供其临时休息的，物业由专门管理公司进行统一上门管理，既有酒店的性质又相当于个人的"临时住宅"。这些物业就成了酒店式公寓的雏形。在酒店式公寓既能享受酒店提供的殷勤服务，又能享受居家的快乐，住户不仅有独立的卧室、客厅、卫浴间、衣帽间等，还可以在厨房里自己烹饪美味的佳肴。

2. 按酒店建筑规模分类

目前对酒店的规模旅游行政部门还没有一个统一的划分标准。较通行的分类方法是以客房和床位的数量多少，区分为大、中、小型三种。

（1）小型酒店，客房在300间以下；

（2）中型酒店，客房在300~600间；

（3）大型酒店，客房在600间以上。

3. 酒店星级划分标准

酒店按照星级可划分为：一星酒店、二星酒店、三星酒店、四星酒店、五星酒店等。

（1）一星酒店。设备简单，具备食、宿两个最基本功能，能满足客人最简单的旅行需要，提供基本的服务，属于经济等级，符合经济能力较差的旅游者。

（2）二星酒店。设备一般，除具备客房、餐厅等基本设备外，还有卖品部、邮电、理发等综合服务设施，服务质量较好，属于一般旅行等级，满足中下经济水平旅游者的需要。

（3）三星酒店。设备齐全，不仅提供食宿，还有会议室、游艺厅、酒吧间、咖啡厅、美容室等综合服务设施。每间客房面积约20平方米，家具齐全，并有电冰箱、彩色电视机等。服务质量较好，收费标准较高。能满足中产以上旅游者的需要。目前，这种属于中等水平的酒店在国际上最受欢迎，数量较多。

（4）四星酒店。设备豪华，综合服务设施完善，服务项目多，服务质量优良，讲究室内环境艺术，提供优质服务。客人不仅能够得到高级的物质享受，也能得到很好的精神享受。这种饭店国际上通常称为一流水平的酒店，收费一般很高，主要是满足经济地位较高的上层旅游者和公费旅行者的需要。

（5）五星（或四星豪华）酒店。这是旅游酒店的最高等级。设备十分豪华，设施更加完善，除了房间设施豪华外，服务设施齐全。各种各样的餐厅，较大规模的宴会厅、会议厅、综合服务比较齐全，是社交、会议、娱乐、购物、消遣、保健等活动中心，主要是满足社会名流、大企业的管理人员、工程技术人员以及参加国际会议的官员、专家、学者的需要。

1.1.2　酒店的基本特点

酒店行业是一个历史悠久的行业，已有数千年的历史。现代的酒店行业，既有传统性的食宿和饮食业务；也有扩展性的商品零售、交通服务；有些大型酒店，兼有娱乐和旅游等业务。酒店在其经营业务上与工业、商业及其他行业有所不同，有其自身的特点，主要表现在以下几个方面。

1. 提供多种服务，经营多种项目

酒店的基本营业项目是为顾客提供食宿，这就涉及提供客户的服务，以及为顾客提供各类饮食的服务，为方便顾客提供小商品的零售服务。大型的酒店，还提供娱乐、美容美发、健身等服务。

2. 既有商品的销售，也有劳务的服务

酒店一方面为消费者提供餐饮性商品、日用小商品的销售，具有商业的某些特点，另一方面又为消费者提供劳务服务，即为消费者提供舒适的休息场所、娱乐、美容美发以及旅游等服务，具有提供劳务服务的特点。

3. 经营过程与消费过程相统一

酒店业务的经营过程，就是顾客的消费过程。没有顾客的消费，酒店的业务开展就无从谈起。这一特征，说明酒店业务经营的物质设备、设施条件、饮食产品、工艺流程和质量、服务规范和服务人员的素质极为重要。

1.2　酒店的基本设施

酒店的基本设施决定了一个酒店的接待能力和条件，酒店设施的标准和

数量决定了酒店的档次。因此，各类高档酒店在装修中，都很注重其基本设施的标准和数量。无论酒店的档次如何，其基本设施应具备六个方面，如图 1-2 所示。

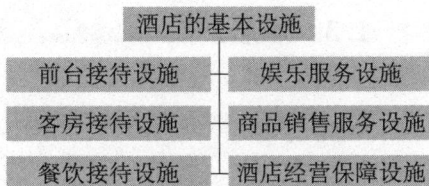

酒店的基本设施	
前台接待设施	娱乐服务设施
客房接待设施	商品销售服务设施
餐饮接待设施	酒店经营保障设施

图 1-2　酒店的基本设施

1. 前台接待设施

前台接待设施包括前台接待大厅、总服务台（含接待处、问询处、收银处）、商务中心、贵重物品寄存处、大堂副理接待处等。

2. 客房接待设施

客房设施包括单人间、标准间、豪华套房、总统套房等。客房内应配有与酒店星级标准相应的客用设施，如梳妆台（或写字台）、衣柜、床（软床垫）、座椅、沙发、床头控制柜等配套家具；每间客房设有单独卫生间，且都具有能够保证或调节温度的分体空调或中央空调等。

3. 餐饮接待设施

具有与本酒店规模及标准相适应的中餐厅、西餐厅、风味餐厅、咖啡厅、酒吧、宴会厅及所必需的饮食供应设施，包括餐具、炊具、家具、厨具以及各种饮食器皿等。

4. 娱乐服务设施

具有与酒店规模相适应的各项设备设施及其附设的酒吧服务设备和设施；保龄球场及设备和设施；桌球室及室内桌球设备和设施；电子游戏室及其各种电子游艺设备和设施；游泳池及各种附属和辅助设备设施；健身室及各种健身设备和器材；桑拿浴、按摩室及各种配套设施等。

5. 商品销售服务设施

根据酒店经营需要而设置的商场及售货设施及其经销的商品。

6. 酒店经营保障设施

（1）工程保障设施：如变、配电设施，空调冷冻设施，备用发电设施，供、排水设施，热水供应设施，洗衣房及其所需的设备设施。

（2）安全保障设施：如对讲通信设施、事故广播设施、消防指挥设施、消防监控设施、各种灭火器材，等等。

（3）内部运行保障设施：如员工食堂、员工宿舍、员工俱乐部、员工更衣室、员工通道等。

1.3 酒店产品

酒店产品一般是指用于市场交换、能够满足人们某种需要和欲望的劳动成果，包括实物、场所、服务、设施等。

1.3.1 酒店产品含义

酒店产品包含三方面含义：物质形态的商品、显性的非实体利益产品、隐性的非实体利益产品，具体解释见表1-1。

表 1-1　　　　　　　　　　　　　　酒店产品概念

分　类	说　明
物质形态的商品	又称为核心产品，比如菜品、酒水饮料等商品。顾客购买，其所有权就发生转移。就酒店业的产品而言，物质形态的商品主要在餐饮部和商品部
显性的非实体利益产品	这类产品又称为核心产品的辅助品或包装物，比如餐具、家具、棉织品等。它们是以物质形态表现出来的，但其在服务或销售过程中的所有权不发生变化
隐性的非实体利益产品	主要是指顾客只能通过到现场接触后才能体验、体察或感知的，满足顾客心理需要的产品。隐性的非实体利益产品的特点是没有所有权或所有权不明确，是无形的，一般不可触摸到，但它能被感知或体察到。比如空气是否清新，温度、湿度是否合适，色彩与光线是否协调，空间是否宽敞，服务态度是否具有亲和力等

1.3.2 酒店产品的构成

酒店产品的构成主要包括六个方面，如图 1-3 所示。

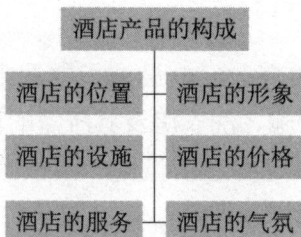

图 1-3　酒店产品的构成

酒店产品具体说明，见表1-2。

表1-2 酒店产品的构成说明

分　类	说　明
酒店的位置	包括与机场、车站的距离，周围的风景，距游览景点和商业中心的远近等。这些是顾客选择酒店的重要因素。酒店位置的好坏与经营成本密切相关
酒店的设施	指酒店的建筑规模，即酒店的各类客房，各类别具特色的餐厅、康乐中心、商务中心等；酒店的设施还包括酒店提供服务与管理所必要的其他设施设备，如电梯、扶梯、自动消防系统、自动报警系统、备用发电机、闭路监控系统、必要的停车场等。设施是酒店提供服务、提高顾客满意度的基础保证
酒店的服务	服务是酒店产品中最重要的组成部分之一，是顾客选择酒店的主要依据之一。酒店服务通常包括服务项目、服务内容、服务方式、服务速度、服务效率、服务态度等方面
酒店的形象	是社会及大众对酒店的一种评价或看法。酒店通过销售与公关活动取得在公众中的良好形象。它包含酒店的历史、知名度，酒店的星级、经营思想、经营作风、服务质量与信誉度等诸多因素，是最有影响的软广告
酒店的价格	酒店的价格不仅体现酒店产品的价值，还是酒店形象与产品质量的客观反映。价格是顾客选择酒店的重要标准之一
酒店的气氛	合理的布局结构、优美的环境、舒畅的音乐、热情的服务等都会使顾客形成对酒店气氛的最佳感受

1.3.3　酒店产品的层次

根据菲利普·科特勒营销管理的产品理念，可将酒店产品划分为五个层次，即核心利益、一般产品、期望产品、附加产品以及潜在产品。具体说明见表1-3。

表1-3 酒店产品的五个层次及说明

分　类	说　明
核心利益	酒店核心利益是客人入住酒店所需要的最基本的利益，是无差别的顾客真正所购买的服务和利益，即住宿或餐饮的需要得到满足

分　类	说　明
一般产品	酒店的一般产品是酒店提供产品的基本形式，是酒店核心利益所依托的有形部分，如酒店提供给客人的客房、客房物品、餐饮用品等。一般产品是酒店产品的实体性基础
期望产品	酒店的期望产品是在酒店一般产品基础上提供的属性和条件。如客人期望酒店服务人员热情又有礼貌、环境安静优雅、客房干净整洁等。期望产品是酒店产品必不可少的组成部分，直接影响客人对酒店的评价，对产品策略意义重大
附加产品	酒店附加产品是酒店在核心利益之外所追加的服务和利益，是酒店为了更好地满足客人特殊需要而增加的服务项目，如酒店提供的房内送餐服务、商务中心服务、洗衣服务等。附加产品是可凸显酒店特色，从而把本酒店与其他连锁酒店区分开来
潜在产品	潜在产品是酒店可能会实现的新产品，显示了酒店的发展前景和对消费者的吸引能力

1.3.4　酒店产品的特点

酒店产品是服务市场上的特殊商品，既有与其他产品相同的属性，也有其突出的特点。只有认识其特点，才便于制定特有的经营策略和管理方法。概括起来，酒店产品的特点主要有以下几点，见表 1-4。

表 1-4　　　　　　　　　　　　　　酒店产品的特点及说明

特　点	说　明
无形性	酒店产品的核心是服务。虽然宾客在酒店就餐、住宿中购买到了有形的菜肴、房间等，但酒店里重要的产品还是服务。而且，宾客对菜肴、房间主要不是购买它们的实体，而是享受融化在菜肴、住宿中的服务，酒店的有形产品不过是无形服务的载体。也可以说，酒店产品是有形产品和无形服务的结合
综合性	酒店产品的存在形式很复杂，宾客购买之后，同时享受酒店的有形产品和无形服务。酒店产品是物质与精神的综合；软件与硬件的综合；享受、知识、艺术、信息、智能等多方面的综合
不可储存性	酒店里的客房、娱乐设施等不能像工业品那样可以储存起来，属于一次性销售。客人在购买产品之后，只是买到了产品的时间性很强的使用权，若不及时消费，其价值也就立即消失，无法携带和储存

特　点	说　明
不可转移性	酒店产品不是物质产品，无法运输，客人得到的不是具体的物品，而只是一种感受或经历。客人在酒店住宿，只是购买酒店客房和其他设施的使用权。所以酒店产品不同于物质商品可以在运输和交换之后发生所有权的转移
生产、销售和消费的同时性	酒店服务的生产过程、销售过程、消费过程同时或几乎是同时进行的，即当场生产、当场销售、客人当场消费。这是服务产品与有形产品最核心的区别
非专利性	酒店产品同其他旅游产品的组成部分一样，通常具有非专利性。正是因为酒店产品的非专利性，当某一家酒店创新出某一新产品，如新的服务形式或新的菜食等，当这种新产品为酒店带来很好的经济收益时，其他酒店就会很快效仿
品牌忠诚度低	酒店产品具有非专利性的特点，对于一般客人来说，只认一个品牌的意义不大，何况消费者都有追求新鲜感的心理需求，换一个新的酒店，新的环境，新的消费感受，这样品牌忠诚度低也就不可避免了
服务的差异性	酒店的服务包括大量的人工劳动，缺少生产的统一标准和控制。由于工作人员的工作方式方法、工作态度、技能技巧各不相同，因此各酒店之间、同一家酒店不同的服务人员之间，甚至同一位服务员在不同的时间对待不同的客人都会有所差异

　　酒店产品除上述几个特点外，还有季节性特点，在旺季需求旺盛，淡季需求疲软。此外，酒店产品经常直接受到酒店业无法控制的外部因素的影响，如国家政策、经济发展、汇率变动、签证方式、自然灾害、社会治安等，而导致酒店产品具有脆弱性。

1.4　酒店经营理念及管理目标

1.4.1　酒店的经营理念

　　所谓经营理念就是管理者追求企业绩效的根据，是顾客、竞争者以及职工价值观与正确经营行为的确认，然后在此基础上形成企业基本设想与科技优势、发展方向、共同信念和企业追求的经营目标。

酒店经营有五个与其他企业不同的特点，如图 1-4 所示。

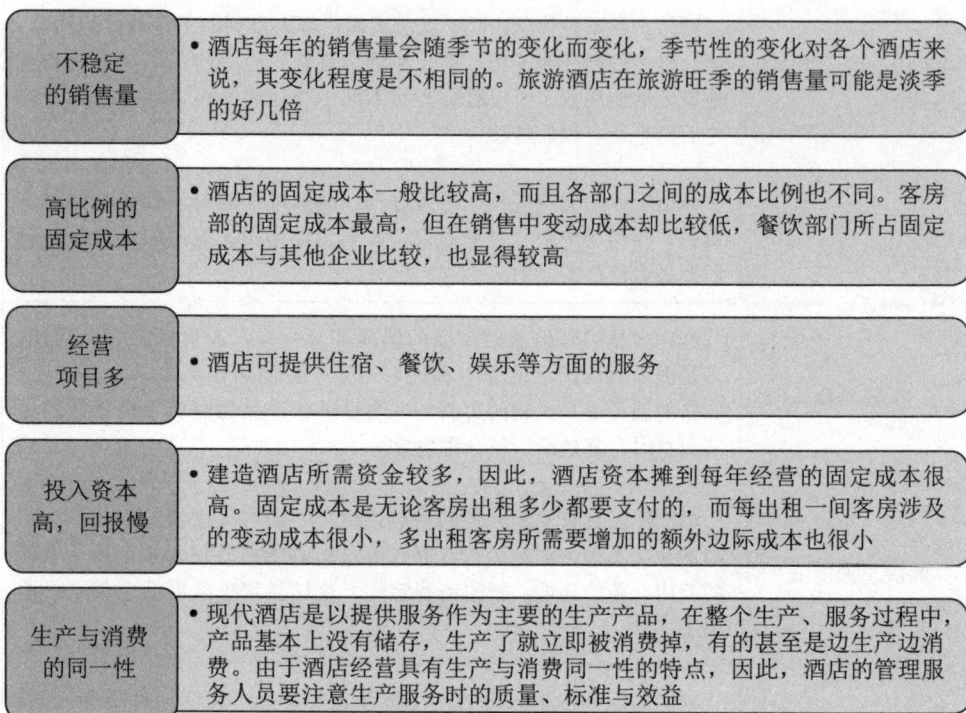

不稳定的销售量	• 酒店每年的销售量会随季节的变化而变化，季节性的变化对各个酒店来说，其变化程度是不相同的。旅游酒店在旅游旺季的销售量可能是淡季的好几倍
高比例的固定成本	• 酒店的固定成本一般比较高，而且各部门之间的成本比例也不同。客房部的固定成本最高，但在销售中变动成本却比较低，餐饮部门所占固定成本与其他企业比较，也显得较高
经营项目多	• 酒店可提供住宿、餐饮、娱乐等方面的服务
投入资本高，回报慢	• 建造酒店所需资金较多，因此，酒店资本摊到每年经营的固定成本很高。固定成本是无论客房出租多少都要支付的，而每出租一间客房涉及的变动成本很小，多出租客房所需要增加的额外边际成本也很小
生产与消费的同一性	• 现代酒店是以提供服务作为主要的生产产品，在整个生产、服务过程中，产品基本上没有储存，生产了就立即被消费掉，有的甚至是边生产边消费。由于酒店经营具有生产与消费同一性的特点，因此，酒店的管理服务人员要注意生产服务时的质量、标准与效益

图 1-4　酒店经营的特点

1.4.2　酒店经营管理的目标

酒店企业经营管理的目标与任务主要包括五个方面，即：酒店意识、服务意识、客源意识、制度意识和效率效益意识。

1. 酒店意识

每一位酒店工作人员都应该树立团体和集体意识，有"以店为家"的主人翁思想。

2. 服务意识

质量是酒店（企业）的生命，服务是企业的生命灵魂体，市场竞争是之本，是提供高质量的服务。

3. 客源意识

客源是酒店的财源，是酒店经济效益的源泉。

4. 制度意识

规章制度是酒店的法律，它约束每位员工的动作行为，是动作行为的依据，是酒店管理的基础，坚持严格的规章制度，是酒店提高管理的保障。

5. 效率效益意识

一切工作以效益为中心，以质量为根本。提高效益以效率为主，提高服务的时间界限。

1.5 酒店会计人员及前台的具体工作

大型酒店会计人员的工作岗位一般可分为：①会计主管；②出纳；③资金管理；④预算管理；⑤固定资产核算；⑥存货核算；⑦成本核算；⑧工资核算；⑨往来结算；⑩收入利润核算；⑪税务会计；⑫总账报表；⑬稽核；⑭会计电算化管理；⑮档案管理等。

小型或中型酒店一般设有财务总监、会计主管、会计、出纳员、收银员等岗位。

这些岗位可以设一人一岗、一人多岗或一岗多人，各单位可以根据本单位的会计业务量和会计人员配备的实际情况具体确定。需要注意的是，为贯彻内部会计控制中的"账、钱、物分管"的原则，出纳人员不得兼管稽核、会计档案保管及收入、费用、债权债务账目的登记工作。对于企业的会计人员，应有计划地进行岗位轮换，以便会计人员能够比较全面地了解和熟悉各项会计工作，提高业务水平。会计人员调动工作或因故离职离岗，要将其经管的会计账目、款项和未了事项向接办人员移交清楚，并由其上级主管人员负责监交。

1.5.1 会计工作流程及内容

酒店会计工作流程及内容，见表 1-5。

表 1-5 　　　　　　　　　　酒店会计工作流程及内容

工作程序		说　　明
每日收入工作流程	营业收入传票的编制	编制收入传票的依据是每日销售总结报告表和试算平衡表

工作程序		说　明
每日收入 工作流程	街账、客账 分配表统计	街账、客账包含外单位宴会挂账、员工私人账、优惠卡及应回而未回账单等内容，收入核数员每天要填写街账、客账统计表进行分配。及时准备将费用记录到每一账户中，做到日清月结，为月末填写街账、客账汇总表做准备
	应收款结账 处理	客人接到宾馆催款通知后，在规定时间内向宾馆结算应收账款。当客人付款时，宾馆应开正式收据呈交客人，作为结算凭证
成本及支出 工作流程	支票领用及 结账	采购员根据当天所采购的具体物品，由采购部主管批准后，将购货发票及验货单送往财务部办理结账手续
	每日银行 支出数统计	结账时，成本核算员要检查发票的五大要素：发票签发日期；购货品名；购货数量及单价；大小写金额是否一致；持票单位公章。检查验货凭证与发票金额是否一致，经办人、验货人、收货人签字是否齐全。经审核无误后，将金额及购货内容填写在支票领取登记簿上，即可转入每日银行支出统计
	编制银行 日报表	在统计前，首先按支票号码顺序及转账承付单发生时间，填写支出登记簿，注明银行支出日期，付款单位名称，付款金额及购货内容。按结账程序复核无误后，即可编制各银行支出表。统计表一式两联：一联交出纳作为编制银行日报表的依据；另一联作为复核及备查之用。统计表内各银行支出额，要与每天填写支出登记簿金额一致
	支出凭证 编制程序	支出凭证按照权责发生制的会计核算原则及会计科目使用说明，准确无误地反映在账户中。支出凭证编写要素：填写付款单位名称；填写付款日期；填写摘要；填写会计科目及账号；填写经济业务发生额
	物料用品 领用及分配程序	由成本核算员对物品库房记账员转来的出库单进行审核，检查每一张出库单数量单价及总金额是否正确，按照权责发生制的会计核算原则及会计科目使用说明，正确反映到账户中，以部门为核算单位，按科目分类填写费用分配明细表

工作程序		说　明
成本及支出工作流程	食品及饮品报损程序	1. 已领用食品饮料报损程序 餐厅、厨房已领用食品及饮品报损时，需经相关部门批准后，填写报损单，方可做账务处理。对于工作不慎，造成经济损失的，需经部门经理提出处理意见，转交财务部进行财务处理。 2. 食品及酒水库报损程序 过期或变质的食品、饮料报损时，需经仓库主管、采购部主管、财务经理等批准后，填写出库单，方可做账务处理
	饮食成本分摊程序	核对本月食品及酒水库入库金额是否准确，做到总账与三级明细账相符
	月末编制饮食成本报告表	
固定资产购置及提前报废处理程序	购置	固定资产购置无论是进口还是从本地购买，到货后，经收货部办理验收手续，由验收人、使用部门经办人签字，资产核算员根据收货记录及固定资产价值填写固定资产登记表，将固定资产名称、型号、金额、固定资产类别及使用地点等填写清楚。凭此资料建立固定资产明细账，按月计提折旧
	提前报废	由使用部门填写固定资产报损单，经检验认可，属于既不能修理，又不能再使用的，提出报损意见，送报财务部。由资产核算员填写固定资产原值，已提折旧额及固定资产净值，将报损单送交财务经理、总经理批准，整套手续完成后，方可进行账务处理。复印该固定资产明细账，报损单作为固定资产提前报损的凭证，编制记账
工资表的编制程序		人力资源部按时向财务部提供本月员工工资变动表，工资核算员以部门为核算单位编制工资表，然后填写工资汇总表，作为编制工资记账的凭证
银行余额调节表的编制		待有关银行收支凭证录入完毕后，出纳打印各银行存款科目发生额，根据银行对账单，逐笔进行核对。将未达账项一一摘录，并编制银行调节表

1.5.2　出纳工作流程及内容

酒店出纳工作流程及内容，见表1-6。

表 1-6　　　　　　　　　　　　　　　　酒店出纳工作流程

程　　序	说　　明
现金收入清点、整理程序	出纳与收银员将前一天放入保险柜中的现金袋一一打开，核对现金数额与现金袋上记录金额是否一致。现金与现金收入交收记录簿上记录金额是否一致
出纳现款记录表编制程序	出纳根据现金收入交收记录簿核对每个班次、每个收银员实交现金数额，财务部出纳根据现金交收记录汇入此表中，该记录表合计数为当天应存入银行的现金收入总数
每日现金收入记录表编制程序	每日现金收入记录表是在完成出纳现款记录表的基础之上编制成的。它既是出纳记录表的补充说明，又是概括总结。出纳当天根据客房餐饮收入分别填制现金存款单，支票进账单送存银行，然后分别制作客房餐饮现金收入记录作为财务部编制现金输入凭证的原始凭证
现金差额核对	出纳将当天收到的缴款凭证（缴款报表）汇总后，送日审员进行差额核对。日审员要将当天缴款员上缴缴款凭证的审计联，同出纳传递过来的出纳联逐一进行相符核对，并加盖私章。如果缴款凭证只有出纳联，而没有审计联，要在"差额登记表"中登记为正数；如果审计联有而出纳联没有的，要在"差额登记表"中登记为负数。登记日期以缴款凭证（缴款报表）的日期为准 　　在填写登记表过程中，缴款员姓名、数字金额一定要正确及清晰，正负数要分明，每一笔正负数都应该是相符合的 　　如果核对表中缴款凭证（缴款报表）第二天还没登记差额的，要立即查明原因。如果是登记错误，要立刻更正并在更改处加盖私章后，在备注栏说明原因；如凭证没送到，要立即查明原因尽快解决。 　　差额核对完毕后，将凭证的出纳联送交出纳；差额核对表月末登记完后，交会计存档
银行日报表编制程序	银行日报表是根据宾馆在银行开设不同的户头而设立的，根据实际存款情况，将账户报表分为两部分：①收入部分：根据每日现金收入记录内容填写，并根据该金额，转入人民币银行日报表；②支出部分：根据当天付款各银行支出数，逐笔填写
现金支出费用报销程序	出纳接到报销凭单后，首先检查签字手续是否齐全，验收手续是否完备，经核实无误后，方可承付现金。出纳将当天现金支出凭单汇总后，送财务部经理审批，核算员审核无误，开现金支票，补足备用金

程　　序	说　　明
登记现金日记账程序	登记日记账要根据业务内容，逐笔登记。登记业务内容摘要要简练，数字不得涂改。如发生登记错误时，应采用正确更正方法进行补救，登记账目时，要以有借必有贷，借贷必须相等为原则，做到日清月结。现金账余额为周转金的固定金额
抽查备用金工作程序	首先，清点各岗位保险箱及存款处的所有现金，按照票面额大小顺序，在备用金检查表上一一填写，并计算出定额，要与领取备用金金额与该班现金报告之和相符。如出现不一致，便属于长短款。出现长款时，应立即开出财务正式收据，将多余部分上缴；出现短款时，由收银员本人及部门主管负责写出书面报告，阐明短款原因，报送财务部，并提出处理意见 　　单位会计及审计人员应定期抽查备用金的提取、使用和结存情况

1.5.3　前台收银员的岗位职责

收银员岗位职责，具体说明见表 1-7。

表 1-7　　　　　　　　　　　　　　收银员岗位职责

收银员岗位职责	掌握房间预定情况，了解当天预定，确认其付款方式，以保证准确无误
	快速准确地为客人办理入住、延期、换房及退房等手续，开房时主动向客人讲清房价，避免客人误解，并做好客人验证手续和开房登记
	每日核对备用金和收支现金，对收入的现款、票据按照不同的种类填写日报表，并交审计员审核
	准确打印各项收款账单及发票，及时、准确收妥客人交付的款项，在工作中做到银票两讫。对现金必须辨别真伪，对挂账的客人要求其有协议单位挂账，或是财务通知
	遵循酒店的财务制度，对每日长短款如实汇报
	做好各部门的相互联系工作，避免消费漏单
	根据客房部送来的房间使用情况报告，仔细核对，保持最准确的房间使用率

続上表

收银员岗位职责	制作、呈报各种报表报告
	每日收入现金必须切实执行"长缴短补"的规定，不可"长"补"短"
	对收银台可能发生的突发事件，要做到随机应变，处理不了，及时上报直接主管
	每天收入的现款、票据必须与账单核对相符，并按不同币种，不同票据分别填写在缴款单上
	在受理信用卡和支票结账业务时，必须严格按照信用卡、支票操作程序执行

1.5.4 酒店会计计量属性

企业应当按照规定的会计计量属性进行计量，确定相关金额。计量属性是指所计量某一要素的特性方面，如桌子的长度、铁矿的重量、楼房的高度等。从会计角度，计量属性反映的是会计要素金额的确定基础。会计计量是财务会计的一个基本特征，它在财务会计的理论和方法占有重要的地位。

从会计角度，计量属性反映的是会计要素金额的确定基础，主要包括以下几个方面，如图 1-5 所示。

具体说明见表 1-8。

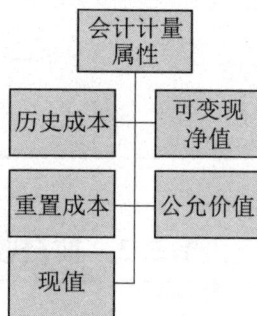

图 1-5 会计计量属性的内容

表 1-8　　　　　　　会计计量属性的内容说明

分　类	说　明
历史成本	又称为实际成本，就是取得或制造某项财产物资时所实际支付的现金或其他等价物
重置成本	资产按照现在购买相同或者相似的资产所需支付的现金或者现金等价物的金额计算。负债按照偿付该项负债所需支付的现金或者现金等价物的金额计算。可变现值资产按照其正常对外销售所能收到现金或者现金等价物的金额扣减该资产至完工时估计将要发生的成本、估计的销售费用以及相关税费后的金额计算
可变现净值	是指在正常生产经营过程中，以资产预计售价减去进一步加工成本和预计销售费用以及相关税费后的净值。在可变现净值计量下，资产按照其正常对外销售所能收到现金或者现金等价物的金额扣减该资产至完工时估计将要发生的成本、估计的销售费用以及相关税费后的金额计量。可变现净值通常应用于存货资产减值情况下的后续计量

分　类	说　明
公允价值	资产和负债按照在公平交易中，熟悉情况的交易双方自愿进行资产交换或者债务清偿的金额计算
现值	是指对未来现金流量以恰当的折现率进行折现后的价值，是考虑货币时间价值的一种计量属性。在现值计量下，资产按照预计从其持续使用和最终处置中所取得的未来净现金流入量的折现金额计量。负债按照预计期限内需要偿还的未来净现金流出量的折现金额计量

1.6　酒店会计科目的设置

会计科目是为了满足会计确认、计量和报告的需要，根据企业内部管理和外部信息的需要，对会计要素进行分类的项目，是对资金流动进行的第三层次划分。

1.6.1　设置原则

会计科目作为向投资者、债权人、企业经营管理者等提供会计信息的重要手段，在其设置过程中应努力做到科学、合理、适用，应遵循下列原则，如图 1-6 所示。

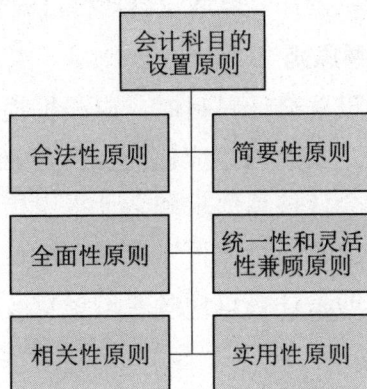

图 1-6　会计科目的设置原则

1. 合法性原则

合法性原则指所设置的会计科目应当符合国家统一的会计制度的规定。对于国家统一会计制度规定的会计科目，企业可以根据自身的生产经营特点，在不影响会计核算要求以及对外提供统一的财务报表的前提下，自行增设、减少或合并某些会计科目。

2. 全面性原则

会计科目作为对会计要素具体内容进行分类核算的项目，其设置应能保证对各会计要素作全面地反映，形成一个完整的、科学的体系。具体地说，应该包括资产、负债、所有者权益、收入、费用和利润的若干会计科目，不能有任何漏洞，要覆盖全部核算内容，而且，每一个会计科目都应有特定的核算内容，要有明确的含义和界限，各个会计科目之间既要有一定的联系，又要各自独立，不能交叉重叠，不能含糊不清。

3. 相关性原则

根据企业会计准则的规定，企业财务报告提供的信息必须满足对内对外各方面的需要，而设置会计科目必须服务于会计信息的提供，必须与财务报告的编制相协调、相关联。

4. 简要性原则

会计科目设置应简单明了、通俗易懂，要突出重点，对不重要的信息要合并或删减，要尽量使报表阅读者一目了然，易于理解。同时，要考虑会计信息化的要求，方便计算机操作，要增设会计科目编号。

5. 统一性和灵活性兼顾原则

统一性就是要求企业设置会计科目时，应根据提供会计信息的要求，对一些主要会计科目的设置及核算内容应保证与《企业会计制度》的规定相一致；灵活性是指在不影响会计核算要求和会计报表指标汇总，以及对外提供统一的财务会计报告的前提下，企业可以根据本单位的具体情况、行业特征和业务特点，对统一规定的会计科目作必要的增设、删减或合并，有针对性地设置会计科目。

6. 实用性原则

在合法性的基础上，企业应根据自身特点，设置符合企业需要的会计科目。

1.6.2 会计科目分类列表

会计科目由财政部制定，根据规定，企业在不影响会计核算要求和财务会计报告汇总，以及对外提供统一的财务会计报告格式的前提下，可以根据实际情况自行增设、减少或合并某些会计科目。子细目除少数财政部有规定者外，其他一般由企业根据核算与管理的需要自行确定。见表1-9。

表 1-9 企业会计科目表

序号	编号	会计科目名称	序号	编号	会计科目名称
一、资产类			22	1501	债权投资
1	1001	库存现金	23	1502	债权投资减值准备
2	1002	银行存款	24	1503	其他债权投资
3	1012	其他货币资金	25	1511	长期股权投资
4	1101	交易性金融资产	26	1512	长期股权投资减值准备
5	1121	应收票据	27	1521	投资性房地产
6	1122	应收账款	28	1531	长期应收款
7	1123	预付账款	29	1601	固定资产
8		合同资产	30	1602	累计折旧
9	1131	应收股利	31	1603	固定资产减值准备
10	1132	应收利息	32	1604	在建工程
11	1221	其他应收款	33	1605	工程物资
12	1231	坏账准备	34	1606	固定资产清理
13	1401	材料采购	35	1701	无形资产
14	1402	在途物资	36	1702	累计摊销
15	1403	原材料	37	1703	无形资产减值准备
16	1404	材料成本差异	38	1711	商誉
17	1405	库存商品	39	1801	长期待摊费用
18	1407	商品进销差价	40	1811	递延所得税资产
19	1408	委托加工物资	41	1901	待处理财产损溢
20	1411	周转材料	二、负债类		
21	1471	存货跌价准备	42	2001	短期借款

序号	编号	会计科目名称	序号	编号	会计科目名称
43	2101	交易性金融负债	64	5101	制造费用
44	2201	应付票据	65	5301	研发支出
45	2202	应付账款	66	5401	合同履约成本
46	2203	预收账款	67	5402	合同结算
47		合同负债	五、损益类		
48	2211	应付职工薪酬	68	6001	主营业务收入
49	2221	应交税费	69	6117	其他收益
50	2231	应付利息	70	6051	其他业务收入
51	2232	应付股利	71	6101	公允价值变动损益
52	2241	其他应付款	72	6111	投资收益
53	2401	递延收益	73	6115	资产处置损益
54	2501	长期借款	74	6301	营业外收入
55	2701	长期应付款	75	6401	主营业务成本
56	2801	预计负债	76	6402	其他业务成本
57	2901	递延所得税负债	77	6403	税金及附加
三、所有者权益类			78	6601	销售费用
58	4001	实收资本	79	6602	管理费用
59	4002	资本公积	80	6603	财务费用
60	4101	盈余公积	81	6701	资产减值损失
61	4103	本年利润	82		信用减值损失
62	4104	利润分配	83	6711	营业外支出
四、成本类			84	6801	所得税费用
63	5001	生产成本	85	6901	以前年度损益调整

另外，2018年，财政部颁布《企业会计准则第14号——收入2018（应用指南）》增加合同履约成本、合同履约成本减值准备、合同取得成本、合同取得成本减值准备、应收退货成本、合同资产、合同资产减值准备、合同负债等科目，但是没有公布科目编码。估计后续会有文件公布。

第 2 章
酒店预算管理

　　酒店预算是董事长或总经理、财务部及其他业务部门根据上年财务状况，预测本年经营、投资、财务等活动。酒店预算是由客户部、餐饮部、康乐部等部门的预算汇总而成的。预算编制通常以一年为一期，在年度预算的基础上再分短期预算。

2.1 酒店预算体系

一般将由业务预算、专门决策预算和财务预算组成的预算体系，称为全面预算体系。各部门预算关系如图 2-1 所示。

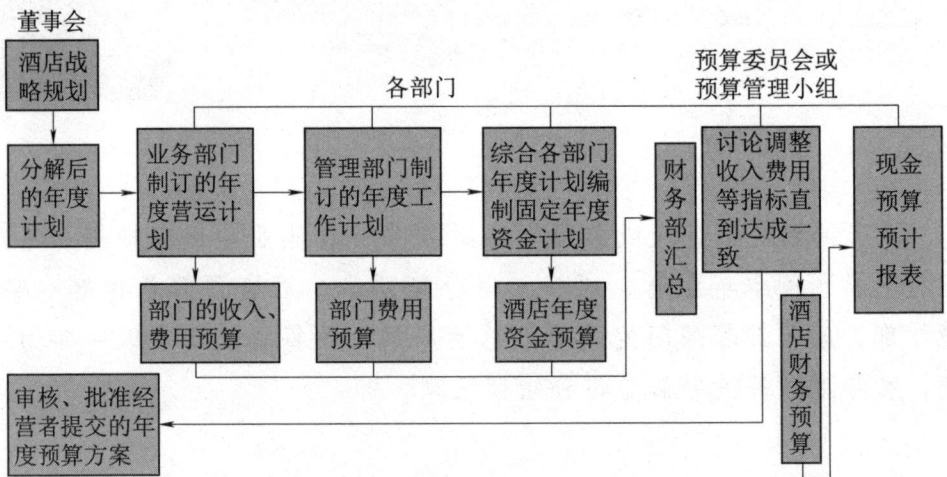

图 2-1 预算与酒店相关部门的衔接

2.1.1 预算分类

酒店预算由日常业务预算、特种决策预算、财务预算构成。

1. 日常业务预算

日常业务预算是指与酒店日常经营业务的各种预算。主要包括客房预算收入、餐厅预算收入、娱乐部预算收入、直接用品消耗与采购预算、直接人工预算、销售费用预算、管理费用预算、财务费用预算等内容。

2. 特种决策预算

特种决策预算是指企业不经常发生的、需要根据专门决策临时编制的一次性预算。主要包括资本支出预算和一次性专门预算两种类型。

3. 财务预算

财务预算是指反映企业未来一定时期内的预计现金收支、财务状况和经营成果的各种预算。具体包括现金预算、预计资产负债表、预计利润表、预计利润分配表等内容。

2.1.2　客房部收入与成本预算

---

1. 客房部销售收入考虑的因素

酒店客房部是编制财务预算的重中之重。所有预算中，一定是先有客房部销售预算，然后才有其他销售预算。

客房销售预算编制要准确预测各种房型和客源的出租率、平均房价、营业天数等。

酒店客房收入的主要因素及其关系如下。

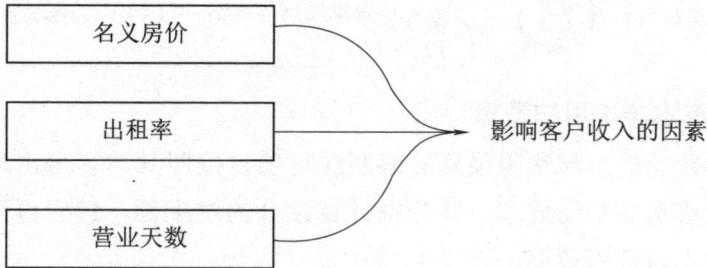

```
名义房价 ┐
出租率  ├──→ 影响客户收入的因素
营业天数 ┘
```

另外，客房出租率与以下因素有关。

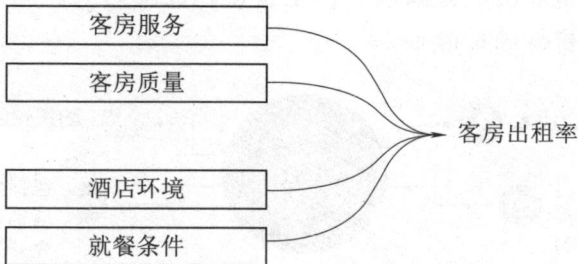

```
客房服务 ┐
客房质量 ├──→ 客房出租率
酒店环境 │
就餐条件 ┘
```

根据以上分析，客房部的营业收入一般要结合酒店可供出租的客房数、预计出租率、预计名义房价、预计折扣率和预算期营业天数等因素进行综合考虑。酒店客房价格通常依据酒店客源结构（散客、团队、长住、会议等）、季节性（淡季、旺季）、不同房型（标间、套间）等不同标准制定。由于各类客人的房价标准不同，住宿的天数和销售结构不同，酒店需要合理预测各类客人在不同季节租用客房的情况和出租结构。先预算出平均房价，才能编制出客房收入预算。

其计算公式为：

客房部预算营业收入＝该类客房可供出租的客房数×预计出租率×

预计名义房价×预计折扣率×预计营业天数

【例 2-1】尚武酒店年底预测 2020 年可供出租客房 500 间。按当地经营情况估算淡季客房出租率 60%，旺季客房出租率 80%；淡旺季各 6 个月；淡季平均房价 300 元/天，旺季平均房价 400 元/天。

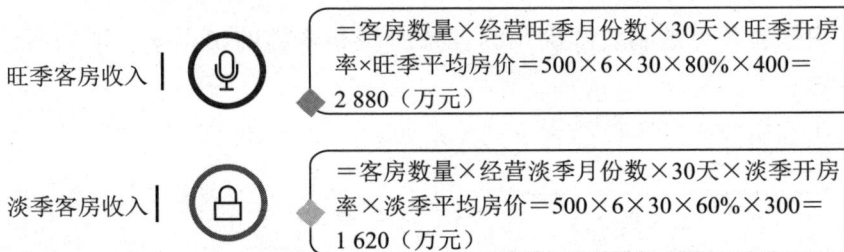

旺季客房收入 | 🎙 | ＝客房数量×经营旺季月份数×30 天×旺季开房率×旺季平均房价＝500×6×30×80%×400＝2 880（万元）

淡季客房收入 | 🔒 | ＝客房数量×经营淡季月份数×30 天×淡季开房率×淡季平均房价＝500×6×30×60%×300＝1 620（万元）

2. 营业成本与费用的预算

客房部营业成本与费用预算的编制应将项目按照其与客房出租量的关系划分为固定成本和变动成本，并分别计算预计的发生额，然后再汇总即为客房部营业成本与费用预算。

（1）固定成本。固定成本是指不随客房出租量的变化而变化的费用，如工资及福利费、折旧费、大修理费、服装费和保险费等。固定成本分为约束性固定成本和酌量性固定成本。

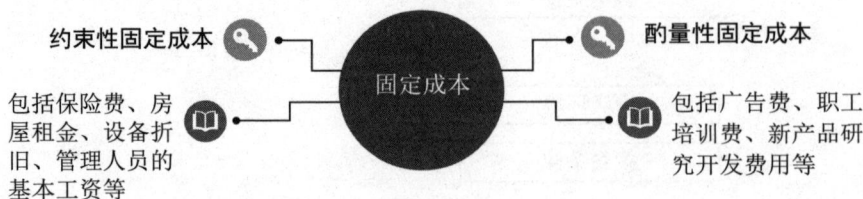

约束性固定成本 🔑 ·————· 🔑 酌量性固定成本

固定成本

📖 包括保险费、房屋租金、设备折旧、管理人员的基本工资等

📖 包括广告费、职工培训费、新产品研究开发费用等

（2）变动成本。变动成本是指随客房出租量的变化而变化的费用，如燃料费、洗涤费、水电费、物料用品消耗、修理费和其他费用。其计算公式如下：

客房部预算变动费用＝每间日变动费用消耗额×客房数×出租率×天数

变动成本也可以区分为两大类：技术性变动成本和酌量性变动成本。

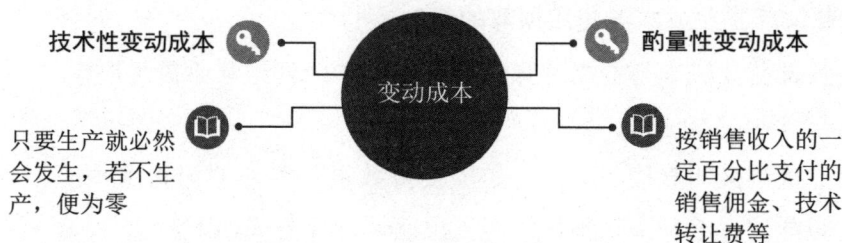

技术性变动成本

变动成本

酌量性变动成本

只要生产就必然会发生，若不生产，便为零

按销售收入的一定百分比支付的销售佣金、技术转让费等

（3）混合成本。混合成本兼有固定与变动两种性质，可进一步将其细分为半变动成本、半固定成本、延期变动成本和曲线变动成本。

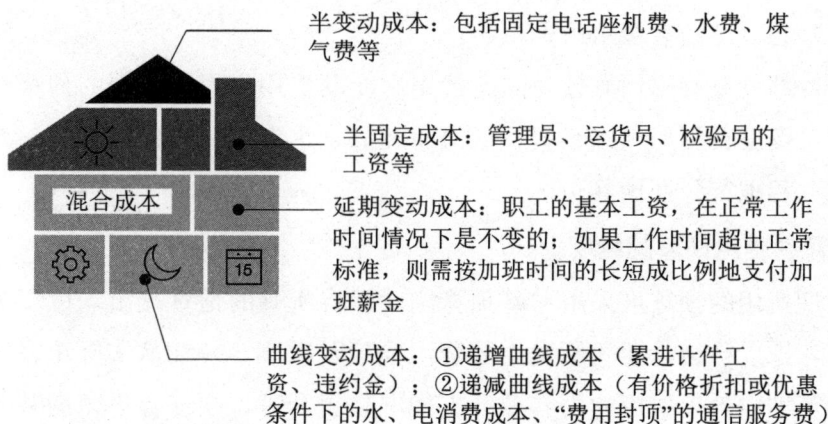

半变动成本：包括固定电话座机费、水费、煤气费等

半固定成本：管理员、运货员、检验员的工资等

混合成本

延期变动成本：职工的基本工资，在正常工作时间情况下是不变的；如果工作时间超出正常标准，则需按加班时间的长短成比例地支付加班薪金

曲线变动成本：①递增曲线成本（累进计件工资、违约金）；②递减曲线成本（有价格折扣或优惠条件下的水、电消费成本、"费用封顶"的通信服务费）

2.1.3　餐饮部收入与成本预算

1. 餐饮部营业收入预算的编制

编制餐饮部营业收入的预算时应结合就餐人数、人均消费额和各种促销手段综合考虑。由于各时段就餐人数和消费不同，所以应就餐该时段进行编制，然后再汇总。

计算公式如下：

$$餐厅的预算营业收入＝餐厅座位数×座位周转率×人均消费额×预算期$$
$$营业天数$$

$$宴会厅预算收入＝宴会厅数量×预算期天数×宴会厅利用率×平均就餐$$
$$人数×人均就餐标准$$

$$零点预算收入＝零点就餐位×预算期天数×平均就餐人数×人均消费额$$

2. 餐饮部营业成本与费用预算的编制

餐饮部营业成本与费用预算包括营业成本预算与营业费用预算。

（1）营业成本预算。

营业成本又叫直接成本，它是随接待数量及客人的消费水平的不同而变化的，只能通过毛利率来预算成本支出额，计算公式如下：

$$餐饮预算直接成本＝餐饮预算营业收入×（1-预算餐饮毛利率）$$

其中，不同餐厅和地点销售的商品毛利率是不同的，所以应分别计算，然后汇总。

（2）餐饮部销售费用预算。

餐饮部营业费用预算分为固定费用和变动费用，固定费用的预算与客房部相同，变动费用如（燃料费、低值易耗品、水电费、物料消耗等）要和餐饮成本一起编制弹性预算。

3. 管理费用预算的编制

管理费用的预算可采用零基预算法（即将所有的预算支出均以零为出发点，不考虑以往会计期间所发生的费用项目及数额，一切从实际出发，分别审议预算期内各项费用的内容及开支标准是否合理，在综合平衡的基础上编制费用预算的一种方法）并结合预算期费用节约潜力和因素对不同的项目分别进行财务预算的编制。

2.2 预算的编制方法

预算编制方法有固定预算与弹性预算、增量预算和零基预算、定期预算和滚动预算等。本节通过这些方法计算酒店客房部、餐饮部等收入与成本的业务预算、销售费用、管理费用、财务费用的预算。

2.2.1 增量预算与零基预算

1. 增量预算

增量预算是以基期预算数据为基础，结合预算期业务量水平及管理措施，调整有关预算数额编制而成的预算。这种预算编制方法的基本假定是：

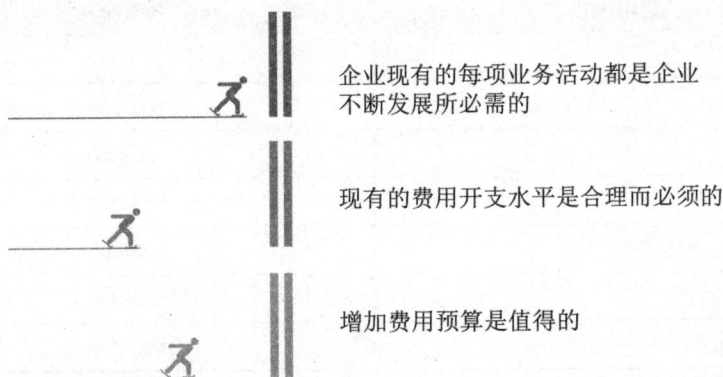

企业现有的每项业务活动都是企业不断发展所必需的

现有的费用开支水平是合理而必须的

增加费用预算是值得的

在基期实际数据的基础上，考虑未来的变化情况，确定预算指标，计算公式如下。

$$某项预算指标＝基期实际指标×（1±x\%）$$

【例 2-2】2019 年，锦绣城大酒店客房部布草实际支出 150 000 元，考虑 2020 年客房数增加 15% 和日常消耗额节约 5% 的因素，则 2020 年布草费用预算为：

$$150\ 000×（1＋15\%）×（1－5\%）＝163\ 875（元）$$

增量预算编制方法比较简单，但是它以过去的水平为基础，实际上是承认过去是合理的，无需改进，因循沿袭下去。这样，易使原来不合理的成本费用开支继续存在下去，造成预算的浪费；另一方面也不利于企业拓展新的业务。

2. 零基预算

零基预算是 1970 年美国德州仪器公司的派尔最先提出的，是以零为基础，根据现有的经营条件、管理水平和实际需要，逐个审议各预算项目的必要性、合理性及其数额编制而成的预算。

零基预算是对预算收支以零为基点，对预算期内各项支出的必要性、合理性或者各项收入的可行性以及预算数额的大小逐项审议，确定收支水平的预算。

【例 2-3】 假设锦绣城大酒店按零基预算法编制销售与管理费用预算。基本编制程序如下：

首先，酒店销售及管理部门根据预算期利润目标及销售目标等，经讨论、研究，确定出 2020 年所需发生的费用项目及支出数额见表 2-1。

表 2-1 预计费用项目及支出金额 单位：元

费用项目	开支金额
保险费	40 000
广告费	200 000
租金	85 000
办公费	35 000
差旅费	100 000
培训费	30 000
合　计	490 000

其次，对各费用项目分类：属于不可避免的固定成本有保险费、租金、办公费和差旅费；属于可避免的固定成本的广告费、培训费参照历史经验，经过成本效益分析，其结果见表 2-2。

表 2-2 成本收益分配

项目	成本（元）	收益（元）	成本收益率
广告费	1	20	1∶20
培训费	1	10	1∶10

然后，将所有费用项目按照性质和轻重缓急，列出开支等级及顺序。

第一等级 ◆ 保险费、租金、办公费和差旅费，属于不可避免的固定成本，为预算期必不可少的开支，应全额得到保证

第二等级 ◆ 广告费，属于可避免的固定成本，可以根据预算期企业资金供应情况酌情增减，但由于广告费的成本收益率高于培训费，因而列入第二等级

第三等级 ◆ 培训费，也属于可避免的固定成本，根据预算期企业资金供应情况酌情增减，但由于培训费的成本收益率小于广告费，因而列入第三等级

锦绣城大酒店预算期可用于营业及管理费用的资金数额为 490 000 元，则可以根据所排列的等级和顺序分配落实预算资金。

第一等级的费用项目所需资金应全额满足：

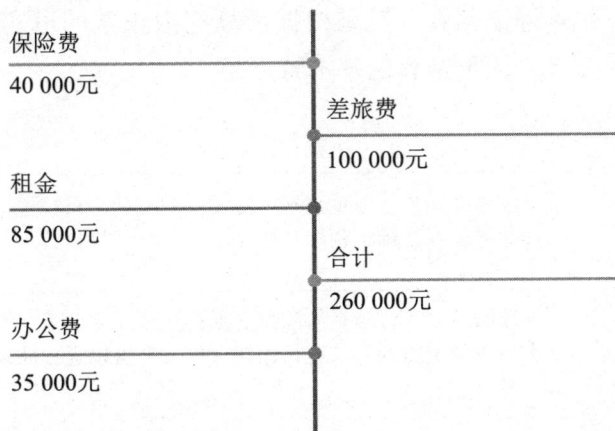

保险费
40 000元

租金
85 000元

办公费
35 000元

差旅费
100 000元

合计
260 000元

剩余的可供分配的资金数额为 230 000 元（490 000－260 000），按成本收益率的比例分配广告费和培训费。

广告费可分配资金为：230 000×［20÷（20+10）］＝153 333.33（元）。

培训费可分配资金为：230 000×［10÷（20+10）］＝76 666.67（元）。

2.2.2 概率预算

概率预算是在编制预算时，根据有关预算指标的概率计算期望值，据以确定预算指标的方法。概率预算是对确定预算的改进。

$$期望值 = \sum 某种状态下的预算指标水平 \times 该种状态的概率$$

【例 2-4】假设广州大酒店采用概率预算法计算销售收入，相关数据见表 2-3。

表 2-3　　　　　　　　　　广州大酒店相关预测数据　　　　　　　　　　单位：元

营业状态	营业额	概　率	营业额期望值
最　好	3 000 000	0.2	600 000
较　好	2 800 000	0.4	1 120 000
一　般	2 000 000	0.3	600 000
较　差	1 000 000	0.1	100 000
合　计	8 800 000	1	2 420 000

2.2.3 固定预算与弹性预算

1. 固定预算

固定预算，也称静态预算，就是根据预算期内正常的可实现的某一业务量水平而编制的预算。固定预算的基本特点是：

✓ 不考虑预算期内业务量水平可能发生的变动，只按预计的一种业务量水平确定预算数额

✓ 将预算的实际执行结果与按预算期内计划规定的某一业务量水平所确定的预算数进行比较分析，并据以进行行业绩评价、考核

在业务量水平经常变动的企业，固定预算就很难有效地考核和评价企业预算的执行情况。

【例2-5】锦绣城大酒店2020年预算年度出租房间10 000间。单位变动成本100元，其中直接用品60元、直接人工25元、变动制造费用15元；固定制造费用总额为300 000元；客房单位变动营业及管理费用为10元，固定营业及管理费用总额为80 000元，每间房收入为300元。

根据上述资料，计算编制成本预算表和利润预算表分别见表2-4和表2-5。

表 2-4　　　　　　　　　　　　　客房部成本预算表

客房：10 000 间　　　　　　　　　　　　　　　　　　　　　　　单位：元

成本项目	单位成本	总成本
直接用品	60	600 000
直接人工	25	250 000
变动制造费用	15	150 000
固定制造费用	30	300 000
合　计	130	1 300 000

表 2-5 　　　　　　　　　客房部利润预算表（变动成本法）

2020 年度

项　　目	金　　额（元）
客房收入（10 000×300）	3 000 000
减：变动成本［10 000×（100+10）］	1 100 000
其中：变动生产成本（10 000×100）	1 000 000
变动营业及管理费用（10 000×10）	100 000
边际贡献	1 900 000
减：固定成本	380 000
其中：固定制造费用	300 000
固定营业及管理费用	80 000
息税前利润	1 520 000

单位变动生产成本＝60＋25＋15＝100（元）

单位固定成本＝300 000÷10 000＝30（元）

2. 弹性预算

弹性预算是根据预算期内可预见的多种业务量水平，分别确定相应的预算数额编制而成的预算。由于这种预算随业务量水平的变动作机动调整，本身具有弹性，故称为弹性预算，或称变动预算。

与固定预算相比弹性预算有以下特点：

①弹性预算是按预算期内某一相关范围的可预见的多种业务量水平确定不同的预算额，从而扩大了预算的适用范围，便于预算指标的调整。

②弹性预算是按成本的不同性态分类列示的，便于在预算期终了时，将实际指标与实际业务量相应的预算额进行对比，使预算执行情况的评价与考核建立在更加客观和可比的基础上，更好地发挥预算的控制作用。

编制弹性成本预算，关键是进行成本性态分析，将全部成本最终区分为变动成本和固定成本两大类。变动成本主要根据单位业务量来控制，固定成本则按总额控制。

其成本的预算公式为：

成本的弹性预算 ＝ 固定成本预算数＋$\sum$（单位变动成本预算数×

预计业务量）

弹性成本预算的具体编制方法包括公式法和列表法两种。

（1）公式法。

所谓公式法就是根据在成本性态分析的基础上建立的成本模型 $y=a+bx$ 来进行弹性成本预算的方法。

在成本性态分析的基础上，可将任何成本项目近似地表示为 $y=a+bx$（当 $a=0$ 时，y 为变动成本；当 $b=0$ 时，y 为固定成本；当 a 和 b 均不为 0 时，y 为混合成本；x 为多种业务量指标，如产销量、直接人工工时等）。

在公式法下，只需列出各项成本费用的 a 和 b，就可以很方便地推算出业务量在允许范围内任何水平上的各项预算成本。

【例 2-6】恒阳大酒店客房部 2020 年按公式法编制的制造费用弹性预算见表 2-6。其中较大的混合成本项目已经被分解。业务量范围为直接人工工时：50 000～90 000 小时。

表 2-6　　　　　　　　客房部 2020 年制造费用弹性预算　　　　　　　单位：元

项　　目	a	b
管理人员工资	450 000	—
保险费	80 000	—
房屋租金	120 000	—
维修费	30 000	0.25
水电费	—	0.15
辅助材料	—	0.3
辅助工人工资	—	0.45
领班工资	—	0.35
合　　计	680 000	1.5

根据表 2-3，可利用 $y=680\,000+1.5x$，计算出人工小时在 50 000～90 000 小时的范围内，任一业务量基础上的制造费用预算总额；也可计算出在该人工小时变动范围内，任一业务量的制造费用中某一费用项目的预算额，如维修费 $y=30\,000+0.25x$ 等。

假设 2020 年该客房部直接人工预算工时为 70 000 小时，其制造费用弹性预算计算如下：

制造费用预算 $=680\,000+1.5\times70\,000=785\,000$（元）

（2）列表法，是指通过列表的方式，在相关范围内每隔一定业务量范围计算相关数值预算，来编制弹性成本预算的方法。此法可以在一定程度上弥补公式法的不足。

【例 2-7】延用【例 2-6】，计算表 2-7 中数据。把成本项目分解为变动成本项目、混合成本项目、固定成本项目。

表 2-7　　　　　　　　　　利用列表法计算成本项目　　　　　　　　单位：元

直接人工工时	50 000	60 000	70 000	80 000	90 000
生产能力利用（%）	60	70	80	90	100
1. 变动成本项目	40 000	48 000	56 000	64 000	72 000
辅助工人工资	22 500	27 000	31 500	36 000	40 500
领班工资	17 500	21 000	24 500	28 000	31 500
2. 混合成本项目	65 000	72 000	79 000	86 000	93 000
维修费	42 500	45 000	47 500	50 000	52 500
水电费	7 500	9 000	10 500	12 000	13 500
辅助材料	15 000	18 000	21 000	24 000	27 000
3. 固定成本项目	650 000	650 000	650 000	650 000	650 000
管理人员工资	450 000	450 000	450 000	450 000	450 000
保险费	80 000	80 000	80 000	80 000	80 000
房屋租金	120 000	120 000	120 000	120 000	120 000
制造费用预算	755 000	770 000	785 000	800 000	815 000

以人工工资 50 000 小时为例，计算以下各项目。

①变动成本项目

辅助工人工资＝0.45×50 000＝22 500（元）

领班工资＝0.35×50 000＝17 500（元）

②混合成本费用

维修费＝30 000＋0.25×50 000＝42 500（元）

水电费＝0.15×50 000＝7 500（元）

辅助材料＝0.3×50 000＝15 000（元）

③固定成本项目

管理人员工资：450 000 元

保险费：80 000 元

房屋租金：120 000 元

其他栏依次计算，暂略。

2.2.4 定期预算和滚动预算

1. 定期预算

很多企业的经营预算和财务预算是定期（通常为一年）编制的，这样可使预算年度与会计年度保持一致，便于预算执行结果的考核与评价。但是定期预算也有以下缺陷：

定期预算多是在其执行年度开始前的两三个月进行，在编制时，难于预测预算年度的某些活动

预算中所规划的各种经营活动在预算期内往往发生变化，而定期预算却不便于及时调整预算数额

在预算执行的过程中，企业管理人员的决策能力受限于剩余的预算期间的目标要求，不利于企业长期稳定的发展

【例 2-8】圣山大酒店客房部采用定期预算方法编制制造费用预算。变动制造费用按直接人工工时比例分配，固定制造费用按季平均分配。经测算，2020 年度直接人工总工时为 100 000 小时，第 1～4 季度分别为 10 000 小时、25 000 小时、30 000 小时和 35 000 小时；变动制造费用总额为 800 000 元，其中，直接人工 300 000 元、直接材料 200 000 元、维修费用 100 000 元、水电费用 150 000 元、其他费用 50 000 元；固定制造费用为 400 000 元，其中，管理人员工资 200 000 元、设备租金 120 000 元、折旧费 80 000 元。编制 2020 年度制造费用预算见表 2-8。

（1）计算变动制造费用分配率

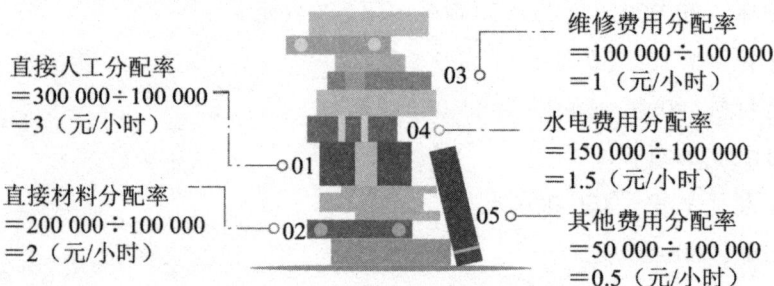

维修费用分配率
=100 000÷100 000
=1（元/小时）

直接人工分配率
=300 000÷100 000
=3（元/小时）

水电费用分配率
=150 000÷100 000
=1.5（元/小时）

直接材料分配率
=200 000÷100 000
=2（元/小时）

其他费用分配率
=50 000÷100 000
=0.5（元/小时）

（2）计算固定制造费用分配额。

每季管理人员工资 | ＝200 000÷4＝50 000（元）

每季设备租金 | ＝120 000÷4＝30 000（元）

每季折旧费 | ＝80 000÷4＝20 000（元）

表 2-8   圣山大酒店客房部制造费用预算表

2020 年度   单位：元

项 目	第一季度	第二季度	第三季度	第四季度	全年合计
直接人工总工时	10 000	25 000	30 000	35 000	100 000
变动制造费用					
其中：直接人工	30 000	75 000	90 000	105 000	300 000
直接材料	20 000	50 000	60 000	70 000	200 000
维修费用	10 000	25 000	30 000	35 000	100 000
水电费用	15 000	37 500	45 000	52 500	150 000
其他费用	5 000	12 500	15 000	17 500	50 000
小 计	80 000	200 000	240 000	280 000	800 000
固定制造费用					
其中：管理人员工资	50 000	50 000	50 000	50 000	200 000
设备租金	30 000	30 000	30 000	30 000	120 000
折旧费	20 000	20 000	20 000	20 000	80 000
小 计	100 000	100 000	100 000	100 000	400 000
制造费用合计	180 000	300 000	340 000	380 000	1 200 000

2. 滚动预算

在执行了 1 个月的预算后，再增补 1 个月的预算，逐期向后滚动，由此编制而成的预算就称为滚动预算，滚动预算也称永续预算或连续预算。

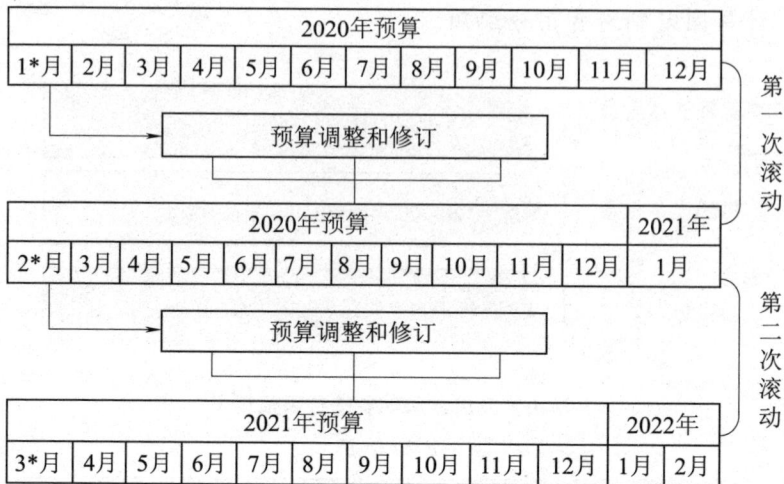

【例 2-9】 圣山大酒店客房部采用混合滚动预算方法编制制造费用预算。2020 年第一季度至第四季度按季编制的制造费用及相关资料沿用【例 2-9】的资料。2020 年 3 月底在编制 2020 年第二季度至 2021 年第一季度制造费用滚动预算时，发现未来的预算期将出现以下情况：

假设其他条件不变。

(1) 计算变动制造费用分配率。

直接人工分配率=3×（1+20%）=3.6（元/小时）

直接材料分配率=2（元/小时）

维修费用分配率=1（元/小时）

水电费用分配率=1.5（元/小时）

其他费用分配率=0.5+0.4=0.9（元/小时）

（2）计算固定制造费用分配额

每季管理人员工资 = （200 000÷4）×（1＋20%）= 60 000（元）

每季设备租金 = 120 000÷4 = 30 000（元）

每季折旧费 = 80 000÷4 = 20 000（元）

根据以上资料，编制滚动制造费用预算表，见表2-9。

表2-9　　　　　　　　　　　　滚动制造费用预算表　　　　　　　　　单位：元

项　　目	2020 年度					2021 年度	合计
	4 月	5 月	6 月	第三季度	第四季度	第一季度	
直接人工总工时	12 000	8 000	10 000	25 000	30 000	15 000	100 000
变动制造费用							
其中：直接人工	43 200	28 800	36 000	90 000	108 000	54 000	360 000
直接材料	24 000	16 000	20 000	50 000	60 000	30 000	200 000
维修费用	12 000	8 000	10 000	25 000	30 000	15 000	100 000
水电费用	18 000	12 000	15 000	37 500	45 000	22 500	150 000
其他费用	10 800	7 200	9 000	22 500	27 000	13 500	90 000
小　计	108 000	72 000	90 000	225 000	270 000	135 000	900 000
固定制造费用							
其中：管理人员	20 000	20 000	20 000	60 000	60 000	60 000	240 000
设备租金	10 000	10 000	10 000	30 000	30 000	30 000	120 000
折旧费	6 666.67	6 666.66	6 666.67	20 000	20 000	20 000	80 000
小　计	36 666.67	36 666.66	36 666.67	110 000	110 000	110 000	440 000
制造费用合计	144 666.67	108 666.66*	126 666.67	335 000	380 000	245 000	1 340 000

* 为取整数，此列不四舍五入

4 月各项费用计算如下：

直接人工工资 = 12 000×3.6 = 43 200（元）

直接材料 = 12 000×2 = 24 000（元）

维修费用 = 12 000×1 = 12 000（元）

水电费用 = 12 000×1.5 = 18 000（元）

其他费用＝12 000×0.9＝10 800（元）

管理人员工资＝60 000÷3＝20 000（元）

设备租金＝30 000÷3＝10 000（元）

折旧费＝20 000÷3＝6 666.67（元）

5月、6月依次计算，暂略。

2.3 财务预算的编制

财务预算包括现金预算，资产负债表、利润表的预算。

2.3.1 现金预算的编制

现金预算是以业务预算和专门决策预算为依据编制的，专门反映预算期内预计现金收入与现金支出，以及为满足理想现金余额而进行筹资或归还借款等的预算。现金预算由可供使用现金、现金支出、现金余缺、现金筹措与运用四部分构成。见表2-10。

表 2-10　　　　　　　　　　　　　　现金预算

种　类	说　明
现金预算	专门反映预算期内预计现金收入与现金支出，以及为满足理想现金余额而进行现金筹资或归还借款等的预算 可供使用现金＝期初现金余额＋该期现金收入 可供使用现金－现金支出＝现金余缺 期末现金余额＝现金余缺＋现金筹措－现金运用

【例2-10】锦绣城大酒店2020年有关预算资料如下：

（1）该酒店3~7月份的客房收入分别为300 000元、400 000元、500 000元、600 000元和700 000元。每月的客房收入中，当月收到现金60％，下月收到现金30％，下下月收到现金10％。

（2）各月直接用品采购金额按下一个月销售收入的60％计算。所购用品款于当月支付现金50％，下月支付现金50％。

（3）该酒店4~6月份的制造费用分别为40 000元、45 000元和70 000元，其中包括非付现费用每月10 000元。4~6月份的销售费用分别为25 000元、30 000元和35 000元，每月的非付现销售费用均为5 000元。4~6月份的管理费用均为50 000元，其中非付现费用每月为20 000元。

（4）该酒店4月份购置固定资产，需要现金75 000元。

（5）该酒店在现金不足时，向银行借款（借款为1 000元的倍数）；在现金有多余时，归还银行借款（还款也为1 000元的倍数）。借款在期初，还款在期末，借款年利率为12%，每季末支付利息。

（6）该酒店月末现金余额范围为6 000～7 000元。其他资料见表2-11。（为简化计算，本题不考虑增值税）

表2-11 　　　　　　　　　2020年4～6月份现金预算 　　　　　　　单位：元

项　　目	4月	5月	6月
（1）期初现金余额	6 300		
（2）经营现金收入			
（3）直接材料采购支出			
（4）支付直接人工	70 000	95 000	109 000
（5）支付制造费用			
（6）支付销售费用			
（7）支付管理费用			
（8）预交所得税	8 000	8 000	8 000
（9）预分股利	5 000	5 000	5 000
（10）购置固定资产			
（11）现金余缺			
（12）向银行借款			
（13）归还银行借款		21 000	17 000
（14）支付借款利息		420	510
（15）期末现金余额			

根据以上资料，完成锦绣城大酒店2020年4～6月份现金预算的编制工作。

根据题意分析可知：

（1）当月经营现金收入＝当月销售收入×60%＋下月销售收入×30%＋下下月销售收入×10%

（2）直接材料采购支出

＝本月采购本月支付的货款＋上月采购本月支付的货款

$$=本月采购额的50\%+上月采购额的50\%$$

$$=下月销售收入×60\%×50\%+本月销售收入×60\%×50\%$$

$$=下月销售收入×30\%+本月销售收入×30\%$$

$$=（本月销售收入+下月销售收入）×30\%$$

编制的现金预算见表2-12。

表 2-12 2020 年 4～6 月份现金预算 单位:元

月　　份	4 月	5 月	6 月
现金收入：			
期初现金余额	6 300	6 300	6 880
经营现金收入	400 000×60%＋500 000×30%＋600 000×10%＝450 000	500 000×60%＋600 000×30%＋700 000×10%＝550 000	600 000×60%＋700 000×30%＋800 000×10%＝650 000
现金支出：			
(1)直接材料采购支出	500 000×60%×50%＋400 000×60%×50%＝270 000	600 000×60%×50%＋500 000×60%×50%＝330 000	700 000×60%×50%＋600 000×60%×50%＝390 000
(2)直接工资支出	70 000	95 000	109 000
(3)支付制造费用	40 000－10 000＝30 000	45 000－10 000＝35 000	70 000－10 000＝60 000
(4)支付销售费用	25 000－5 000＝20 000	30 000－5 000＝25 000	35 000－5 000＝30 000
(5)支付管理费用	30 000	30 000	30 000
(6)预交所得税	8 000	8 000	8 000
(7)预分股利	5 000	5 000	5 000
(8)购置固定资产	75 000		
现金余缺	－51 700	28 300	24 880
(1)向银行借款	58 000		
(2)归还银行借款		－21 000	－17 000
(3)支付借款利息		－(21 000×1%×2)＝－420	－(17 000×1%×3)＝－510
期末现金余额	6 300	6 880	7 370

2.3.2 预计利润表的编制

1. 酒店利润预算的直接计算法

直接预算法是根据预算收入、预算成本和预算税金直接计算出利润额的一种方法,需要计算不同营业项目的预算利润然后再汇总。

计算公式如下:

预算利润=预算收入－预算成本费用－预算税金

2. 酒店利润预算指标计算法

指标计算法是指利用用相关指标来预测利润的一种方法,如利用营业收入利润率、费用率等来预算利润。

3. 酒店利润预算保本点计算法

预算保本点计算法是在保点分析的基础上进行利润预算的一种方法。

计算公式如下:

预算经营利润=(预算营业收入－保本点收入)×毛利率

【例 2-11】根据【例 2-10】资料,编制 2020 年 4~6 月酒店预计利润表,见表 2-13。

表 2-13 2020 年 4~6 月份预计利润表 单位:元

	4 月份	5 月份	6 月份	合 计
销售收入	400 000	500 000	600 000	1 500 000
销售成本	300 000	360 000	420 000	1 080 000
毛利	100 000	140 000	180 000	420 000
销售费用	25 000	30 000	35 000	90 000
管理费用	50 000	50 000	50 000	150 000
财务费用	—	—	810	810
税前利润	25 000	60 000	94 190	179 190
减:所得税(估计)	5 000	5 000	5 000	15 000
税后利润	20 000	55 000	89 190	164 190

期初未分配利润 64 500 元。

利息费用=58 000×(12%÷12)×3－420－510=810(元)

2.3.3 预计资产负债表的编制

资产负债表预算也称预计资产负债表,是按照资产负债表的内容和格式编制的综合反映预算执行单位期末财务状况的预算报表。一般根据预算期期初实际的资产负债表和销售或营业预算、采购预算、资本预算、筹资预算等有关数据分析编制。

预计资产负债表是反映饭店预算期末财务状况的总括性预算,表中除上年期末数已知外,其余项目均应在前述各项预算的基础上分析填列。它总括地列示计划期期末的资金相对静止状态。编制依据是报告期期末资产负债表以及预算期内各种业务预算、现金预算及资本预算的有关数据。

预计资产负债表是在预计损益表、预计现金流量表的基础上编制的。

> 预计资产负债表的货币资金期初数=预计现金流量表的现金期初数

> 预计资产负债表的货币资金期末数=预计现金流量表的现金期末数

> 预计资产负债表的期末未分配利润数=预计资产负债表的期初未分配利润数+预计损益表的本期利润数

酒店财务预算并不是一经制定就固定不变的,财务预算编制是建立在一系列假设和估计的基础上的,因此预算具有一定的局限性。

在推行预算的过程中如果出现较大的差异,就应对财务预算作适当的修正,以提高财务预算在企业经营管理中的作用。

【例 2-12】根据【例 2-10】资料,编制 2020 年酒店应收账款,见表 2-14。

表 2-14 　　　　　　　　　　2020 年 4～6 月酒店应收账款　　　　　　　　　　单位:元

项　　目	4月份	5月份	6月份	合计
应收账款期初余额	120 000(300 000×40%)			120 000
4(销货400 000)	190 000(400 000×40%+300 000×10%)	40 000(400 000×10%)		230 000
5(销货500 000)		200 000(500 000×40%)	50 000(500 000×10%)	250 000

项 目	4 月份	5 月份	6 月份	合计
6(销货 600 000)			240 000(600 000× 40%)	240 000
合计	310 000	240 000	290 000	840 000

【例 2-13】根据【例 2-10】的资料,编制 2020 年第二季度酒店预计资产负债表,见表 2-15。

表 2-15　　　　　　　　　　　　预计资产负债表　　　　　　　　　单位:元

资　产			负债及所有者权益		
项目	期初	期末	项目	期初	期末
现金	6 300	7 370	应付账款	120 000	210 000
应收账款	120 000	240 000	银行借款	0	58 000
存货	240 000	244 900	流动负债小计	120 000	268 000
流动资产小计	366 300	492 270	所有者权益	—	—
固定资产	242 000	278 220	实收资本	423 800	363 800
			未分配利润	64 500	138 690
			所有者权益小计	—	—
资产总计	608 300	770 490	负债及所有者权益总计	608 300	770 490

期末未分配利润＝期初未分配利润＋本期利润－本期股利

　　　　　　＝64 500＋89 190－15 000

　　　　　　＝138 690(元)

期末应收账款＝本期销售额×(1－本期收现率)

　　　　　　＝600 000×(1－60%)

　　　　　　＝240 000(元)

期初应付账款＝本期采购金额×(1－本期付现率)

　　　　　　＝400 000×60%×(1－50%)

　　　　　　＝120 000(元)

期末应付账款＝本期采购金额×(1－本期付现率)

　　　　　　＝700 000×60%×(1－50%)

　　　　　　＝210 000(元)

第 3 章
新收入准则图解与应用

2017 年 7 月，财政部公布了修订的《企业会计准则第 14 号——收入》（财会〔2017〕22 号）是为了适应新经济的发展而颁布的，为复杂的经济业务处理提供依据。新收入准则生效时间：

境内境外上市企业	境内上市企业	境内未上市企业
2018.01.01	2020.01.01	2021.01.01

3.1　新收入准则核心

现行准则收入确认收入时以"风险报酬转移"为判断依据，而新收入准则对收入确认的核心原则是"控制权转移"（即在企业将商品或服务的控制权转移给客户的时点或过程中以其预计有权获得的金额予以确认）。

3.1.1　五步法模型

新收入准则采用"五步法"模型确认收入。

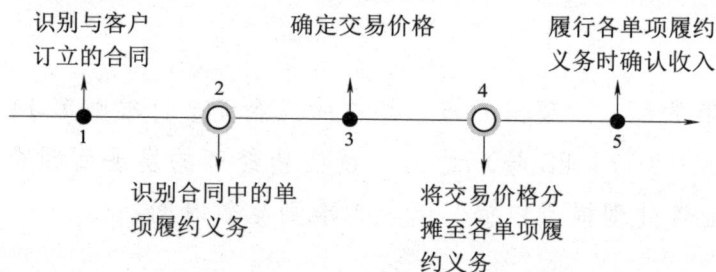

酒店以出租房间使用权和提供服务为产品。酒店入住的客人有散客和旅行团等，客人入住酒店，在前台登记，交完押金。这时不能确认收入，服务还没有开始。客人离店时在前台结算，服务已经完成，客户已经接受服务，可以确认收入。

新收入准则适用于所有与客户之间的合同，但下列各项除外：

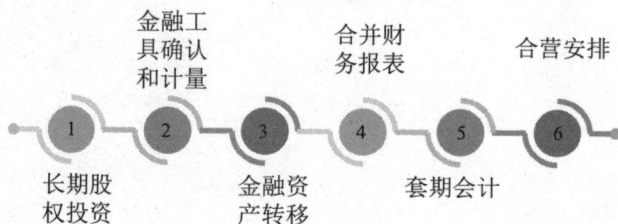

3.1.2　如何识别合同

根据新收入准则的规定，收入确认和计量第一步为识别与客户订立的合同。这就产生了疑问，难道我们住店还要先签个合同再入住吗？看看合同的定义：合同是指平等主体的自然人、法人、其他组织之间设立、变更、终止民事权利义务关系的协议。

1. 订立合同的形式

合同订立的形式如下：

✔ 书面形式
是指合同书、信件和数据电文(包括电报、电传、传真、电子数据交换和电子邮件)等可以有形地表现所载内容的形式。法律、行政法规规定采用书面形式的，应当采用书面形式

✔ 口头形式
是指当事人双方就合同内容面对面或以通信设备交谈达成协议

✔ 其他形式
除了书面形式和口头形式，合同还可以其他形式成立。如默示合同，指当事人未用语言或文字明确表示意见，而是根据当事人的行为表明其已经接受或在特定的情形下推定成立的合同

客人入店，在前台出示身份证件，前台人员登记信息，收取押金、递交客人房卡与收据。这个过程可以看作是合同订立的第三种形式，即其他形式。

2. 合同成立的时间

依据《合同法》第四十四条到五十一条，规定合同生效的四种情形如下：

1　当事人采用合同书形式订立合同的，自双方当事人签字或者盖章时合同成立，在签字或者盖章之前，当事人一方已经履行主要义务并且对方接受的，该合同成立

2　当事人采用信件、数据电文等形式订立合同的，可以在合同成立之前要求签订确认书，签订确认书时合同成立

3　当事人以直接对话方式订立的合同，承诺人的承诺生效时合同成立

4　法律、行政法规规定或者当事人约定采用书面形式订立合同，当事人未采用书面形式但一方已经履行主要义务并且对方接受的，该合同成立

5　当事人签订要式合同的，以法律、法规规定的特殊形式要求完成的时间为合同成立时

3.1.3 新名词：履约义务

新收入准则引入"履约义务"的概念，履约义务，是指合同中企业向客户转让可明确区分商品的承诺。履约义务既包括合同中明确的承诺，也包括由于企业已公开宣布的政策、特定声明或以往的习惯做法等导致合同订立时客户合理预期企业将履行的承诺。

这是华为公开宣传的资料，虽然没有书面合同，但也属于履约义务

在识别履约义务之前，需要先识别合同中所有已承诺的商品或服务。

很多情况下，合同中已承诺的商品或服务均明确列示于合同中。但有些情况下，企业的商业惯例、公开宣布的政策、特定声明等可能隐含了提供商品或服务的承诺。如果这些惯例或政策使得客户形成企业将向其转让商品或服务的有效预期，则企业在确定履约义务时应当考虑此类隐含的承诺。

例如，酒店住宿费中一般包含免费早餐，虽然发票上没有写，但前台人员口头承诺有。这就是隐含的履约义务，导致客人认为有此服务的有效预期。

1. 单项履约义务

按照新收入准则规定，单项履约义务包括两类：一项可明确区分的商品或服务；一系列实质相同且转让模式相同的、可明确区分商品或服务。

企业向客户转让一系列实质相同且转让模式相同的、可明确区分商品的承诺，也应当作为单项履约义务。转让模式相同，是指每一项可明确区分商品均满足准则规定的在某一时段内履行履约义务的条件，且采用相同方法确定其履约进度。

在判断一系列商品或服务是否构成单项履约义务时，首先需要确定一系列商品或服务中所包含的每项商品或服务都应当是可明确区分的，且是实质上相同的。

在考虑一系列可明确区分的商品或服务是否实质上相同时，企业首先应当确定企业承诺为客户提供的服务的性质。如果提供的是酒店管理服务，承诺的性质是提供每天的管理服务，虽然每天或每天中的不同时段所提供的潜在活动可能都不一样（如职工管理、培训或会计服务），但是企业每天或每天中的不同时段所提供的管理服务是可明确区分的且实质上相同的。

3.1.4 履约时间

新收入准则第九条规定，合同开始日，企业应当对合同进行评估，识别该合同所包含的各单项履约义务，并确定各单项履约义务是在某一时段内履行，还是在某一时点履行，然后，在履行了各单项履约义务时分别确认收入。

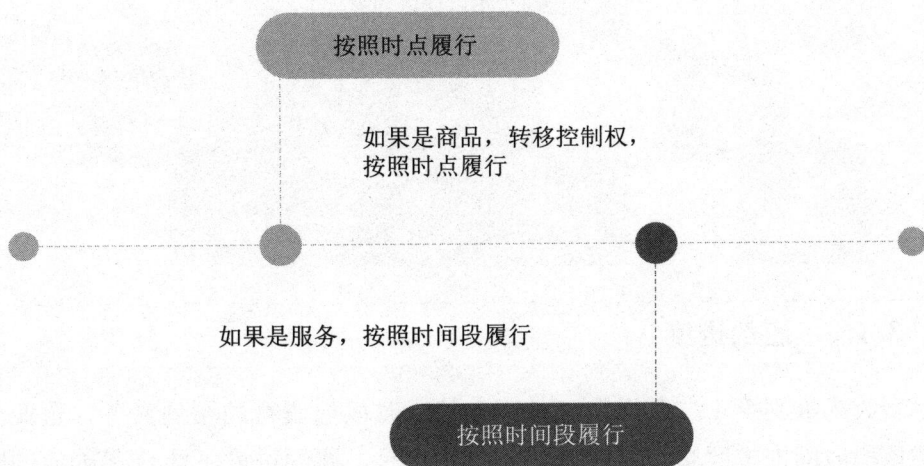

按照时点履行

如果是商品，转移控制权，
按照时点履行

如果是服务，按照时间段履行

按照时间段履行

1. 时点

根据新收入准则第十三条规定，对于在某一时点履行的履约义务，企业应当在客户取得相关商品控制权时点确认收入。在判断客户是否已取得商品控制权时，企业应当考虑下列迹象：

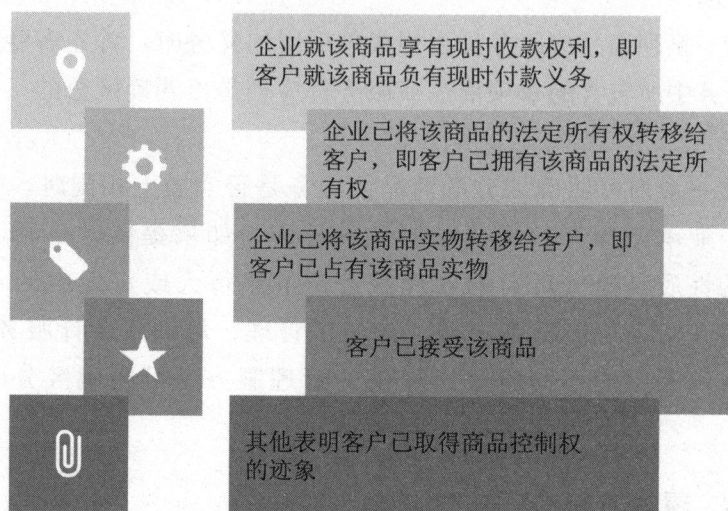

企业就该商品享有现时收款权利，即客户就该商品负有现时付款义务

企业已将该商品的法定所有权转移给客户，即客户已拥有该商品的法定所有权

企业已将该商品实物转移给客户，即客户已占有该商品实物

客户已接受该商品

其他表明客户已取得商品控制权的迹象

企业就该商品享有现时收款权利，即客户就该商品负有现时付款义务根据新收入准则第十一条，满足下列条件之一的，属于在某一时段内履行履约义务；否则，属于在某一时点履行履约义务：

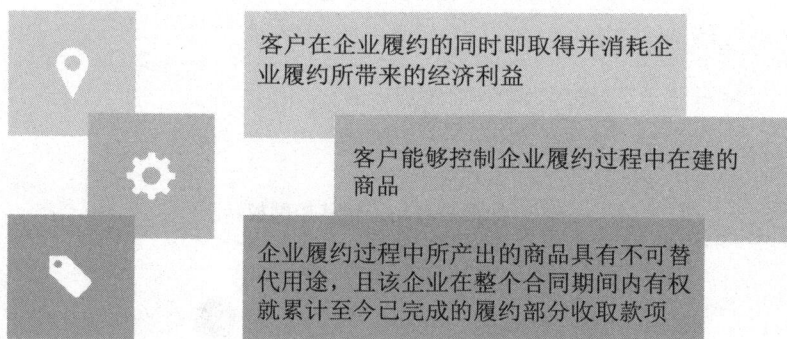

客户在企业履约的同时即取得并消耗企业履约所带来的经济利益

客户能够控制企业履约过程中在建的商品

企业履约过程中所产出的商品具有不可替代用途，且该企业在整个合同期间内有权就累计至今已完成的履约部分收取款项

3.1.5　履约进度

新收入准则第十二条规定，对于在某一时段内履行的履约义务，企业应当在该段时间内按照履约进度确认收入，但是，履约进度不能合理确定的除外。企业应当考虑商品的性质，采用产出法或投入法或成本法确定恰当的履约进度。

产出法 通常可采用实际测量的完工进度、评估已实现的结果、已达到的里程碑、时间进度、已完工或交付的产品等产出指标确定履约进度

投入法 通常可采用投入的材料数量、花费的人工工时或机器工时、发生的成本和时间进度等投入指标确定履约进度。当企业从事的工作或发生的投入是在整个履约期间内平均发生时，企业也可以按照直线法确认收入

成本法 按照累计实际发生的成本占预计总成本的比例（即成本法）确定履约进度，包括直接成本和间接成本，以及其他与合同相关的成本

3.2 交易价格的分摊

明确如何识别是否存在多个"履约义务"，以及如何将交易价格分摊到多个"履约义务"。比现行准则规定更加具体，且分摊方法也发生了变化。

3.2.1 两项或多项履约义务交易价格分摊

当合同中包含两项或多项履约义务时，需要将交易价格分摊至各单项履约义务，以使企业分摊至各单项履约义务（或可明确区分的商品）的交易价格能够反映其因向客户转让已承诺的相关商品而预期有权收取的对价金额。

1. 分摊的一般原则

合同中包含两项或多项履约义务的，企业应当在合同开始日，按照各单项履约义务所承诺商品的单独售价的相对比例，将交易价格分摊至各单项履约义务。

【例 3-1】湘江酒店为一般纳税人，税率为 6%。除了住宿，还提供健身服务，如果客人选择住宿与健身服务价格为 477 元，住宿费的单独价格为

381.60 元，健身服务为 159 元。上述价格均不包含增值税。

本例中，根据上述交易价格分摊原则：

住宿应当分摊的交易价格＝381.60÷540.60×477＝336.71（元）

健身服务应当分摊的交易价格＝159÷540.60×477＝140.29（元）

单独售价，是指企业向客户单独销售商品的价格。

2. 特殊分摊方法

单独售价无法直接观察的，企业应当综合考虑其能够合理取得的全部相关信息，采用市场调整法、成本加成法、余值法等方法合理估计单独售价。

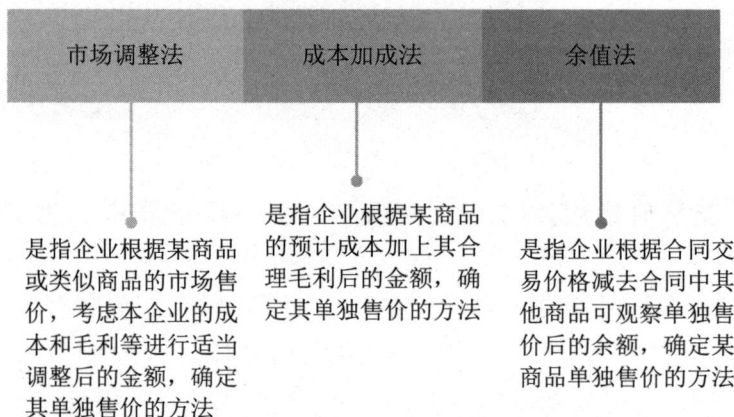

市场调整法	成本加成法	余值法
是指企业根据某商品或类似商品的市场售价，考虑本企业的成本和毛利等进行适当调整后的金额，确定其单独售价的方法	是指企业根据某商品的预计成本加上其合理毛利后的金额，确定其单独售价的方法	是指企业根据合同交易价格减去合同中其他商品可观察单独售价后的余额，确定某商品单独售价的方法

（1）市场调整法。

企业可以对其销售商品的市场进行评估，进而估计客户在该市场上购买本企业的商品所愿意支付的价格，也可以参考其竞争对手销售类似商品的价格，并在此基础上进行必要调整。

【例 3-2】恒大超市 2019 年 1 月搞优惠活动，10 斤大豆油、10 盘锦大米组合销售，价格为 110 元。10 斤大豆油价格 68 元，10 盘锦大米 52 元。

按照企业类似环境单独销售价格分摊履约义务：

①计算市价分摊比＝110÷（68＋52）＝91.67%

②组合中大豆油的交易价格＝68×91.67%＝62.34（元）

组合中盘锦大米的交易价格＝52×91.67%＝47.66（元）

（2）成本加成法。

预计成本既包括直接成本，也包括间接成本；企业在确定合理毛利时，应当考虑的因素包括类似商品单独售价的毛利水平、行业内的历史毛利水平、行业平均售价、市场情况以及企业的利润目标等。

【例3-3】 向阳公司租用佳岚酒店10个房间，又租用一间会议室开年会。佳岚酒店提供优惠组合价格4 500元，每间房价格400元，预计毛利200元；会议室500元，预计毛利500元。

佳岚酒店确定交易价格计算如下：

计算市价分摊比＝4 500÷（10×400＋1 000）＝90%

组合中出租房间交易价格＝4 000×90%＝3 600（元）

出租会议室交易价格＝1 000×90%＝900（元）

（3）余值法。

余值法，是指企业根据合同交易价格减去合同中其他商品可观察的单独售价后的余值，确定某商品单独售价的方法。余值法适用于企业在商品近期售价波动幅度巨大，或者因未定价且未单独销售而使售价无法可靠确定时，可采用余值法估计其单独售价。

【例3-4】 佳岚酒店元旦搞优惠活动，住店的客人可以参加免费的瑜伽课程，每节20元。当天收入明细见表3-1：

表3-1   客户部收入明细   单位：元

房间	单价	出租房间数量（间）	合计	瑜伽课程（节数）	金额
单人间	300	100	30 000	60	1 200
标准间	450	180	81 000	50	1 000
贵宾房	600	50	30 000	10	200
合　计	—		141 000	—	2 400*

* 入住的客人并不一定全部选择免费瑜伽课程。

房间出租收入＝141 000－2 400＝138 600（元）

瑜伽课程收入＝2 400（元）

3.2.2　收入确认

酒店如何确认收入，根据新收入准则的规定，酒店应当在客户取得相关商品控制权时确认收入。

【例 3-5】九天连锁酒店迎国庆推出优惠活动，凡是在 9 月 30 日入住酒店的客人可享受八折价格优惠。9 月 30 日，酒店前台收款 58 900 元，可否确认收入？

判断标准：
a.客户能够主导该商品的使用并从中获得几乎全部的经济利益
b.企业已将该商品实物转移给客户，即客户已实物占有该商品
c.客户已接受该商品

九天连锁酒店没有满足新收入准则的判断标准，即不能在收到钱后确认收入。

第 4 章
酒店客房部的会计核算

客房是酒店最基本的设施，是宾客留住酒店时住宿、休息和活动的主要活动场所，客房收入也是酒店服务的重要收入之一。本章详细讲解了酒店客房部的地位、作用、特点及成本与收入的会计核算、定价方法等。

4.1　客房部概述

　　客房部在酒店中是一个独立的部门，其最主要的职能是为宾客提供住宿。近些年来，快捷酒店发展迅猛，使得客房部在快捷酒店中的位置越来越重要。

4.1.1　客房部的地位和作用

　　客房是酒店的主体，是酒店的主要组成部门，是酒店存在的基础，在酒店中占有重要的地位和作用。现代酒店服务功能的增加都是在满足宾客住宿需求这一最根本、最重要的功能基础上的延伸。

1. 客房部在酒店中的地位

　　(1) 客房是酒店存在的基础，酒店是向旅客提供生活需要的综合服务设施，它必须能向旅客提供住宿服务，而要住宿必须有客房，从这个意义上来说，有客房才能成为酒店。

　　(2) 客房是酒店组成的主体，按客房和餐位的一般比例，在酒店建设面积中，客房占 70%～80%。酒店的固定资产也绝大部分在客房，酒店经营活动所必需的各种物资设备和物料用品，也大部分在客房，所以说客房是酒店的主要组成部分。客房部组织架构图，如图 4-1 所示。

2. 客房部在酒店中的作用

　　客房部在酒店中的作用主要体现在以下五个方面，如图 4-2 所示。

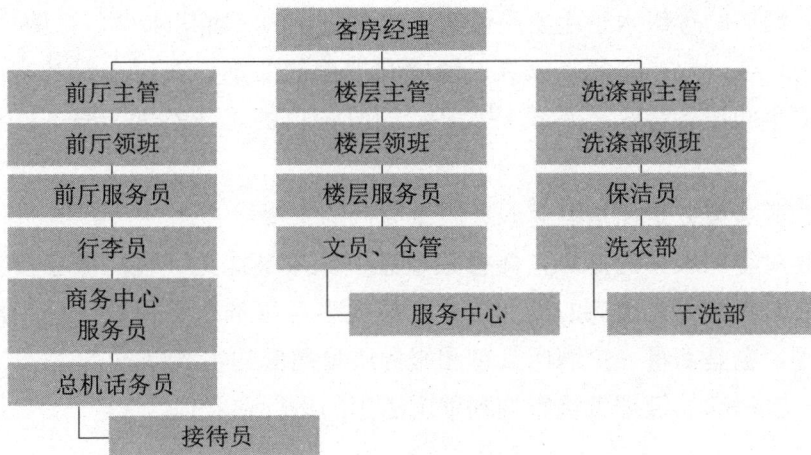

图 4-1　客房部组织架构图

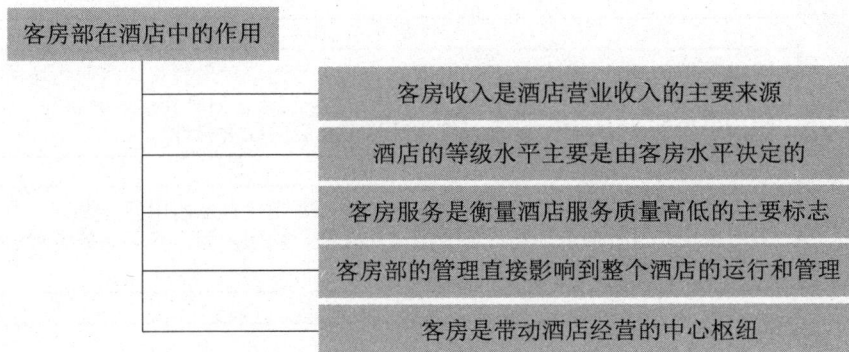

图 4-2　客房部在酒店中的作用

（1）客房收入是酒店营业收入的主要来源。

1 ·酒店的经济收入主要来源于三部分：客房收入、饮食收入和综合服务设施收入。其中，客房收入是酒店收入的主要来源，而且客房收入较其他部门收入稳定

2 ·客房收入一般占酒店营业收入的50%以上，有的酒店甚至超过了70%。如果客房收入低于总营业收入的50%，那么该酒店的经营效益将会较差

3 ·客房的收入也是酒店毛利收入的主要部门，相比于餐饮营业，其经营成本要低得多

4 ·因此现时大部分酒店投资人都会十分注重客房资金的投入比例，注重客房配置的数量和客房装饰的质量

（2）酒店的等级水平主要是由客房水平决定的。客房水平包括两个方面：一是客房设备，包括房间、家具、墙壁和地面的装饰、客房布置及客房电器设备和卫生间设备等；二是服务水平，即服务员的工作态度、服务技巧和方法等。

（3）客房服务是衡量酒店服务质量高低的主要标志。

宾客对客房服务的好坏，体会最敏感、印象最深刻。客房服务质量的高低，直接影响客人对酒店的满意度。可以说客房服务水平反映了整个酒店的服务水平，也是衡量一家酒店管理和服务质量高低的主要标志。

（4）客房部的管理直接影响到整个酒店的运行和管理。

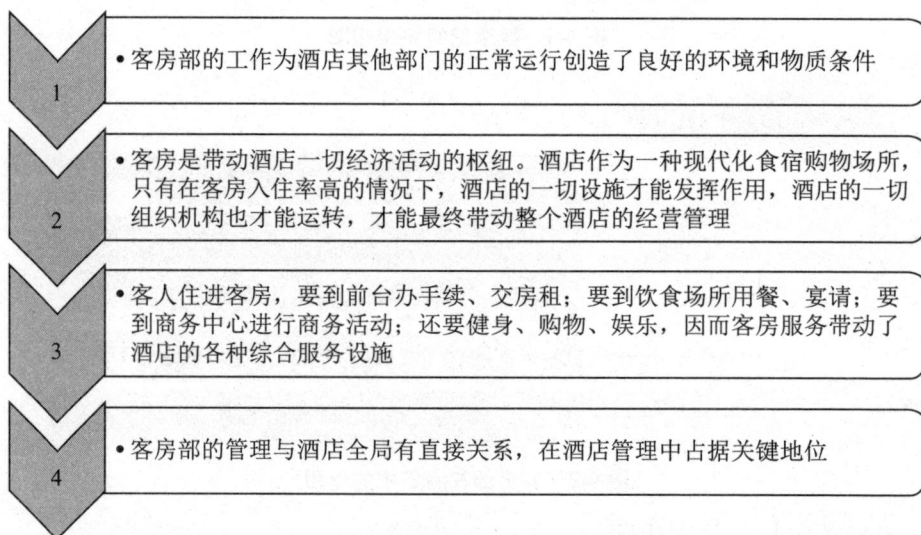

1	• 客房部的工作为酒店其他部门的正常运行创造了良好的环境和物质条件
2	• 客房是带动酒店一切经济活动的枢纽。酒店作为一种现代化食宿购物场所，只有在客房入住率高的情况下，酒店的一切设施才能发挥作用，酒店的一切组织机构也才能运转，才能最终带动整个酒店的经营管理
3	• 客人住进客房，要到前台办手续、交房租；要到饮食场所用餐、宴请；要到商务中心进行商务活动；还要健身、购物、娱乐，因而客房服务带动了酒店的各种综合服务设施
4	• 客房部的管理与酒店全局有直接关系，在酒店管理中占据关键地位

（5）客房是带动酒店经营的中心枢纽。

客人选择入住的酒店，首先关注的是房价，是否"物有所值"。因此，酒店客房的装饰布置是否格调高雅，美观宜人，设备与用品是否齐全和质量的高低，服务项目是否周全，房间的卫生是否整洁，员工服务是否热情周到，都会给客人留下最直观的感觉。

4.1.2 客房部的业务特点

客房部的业务特点主要有以下六个方面，如图 4-3 所示。

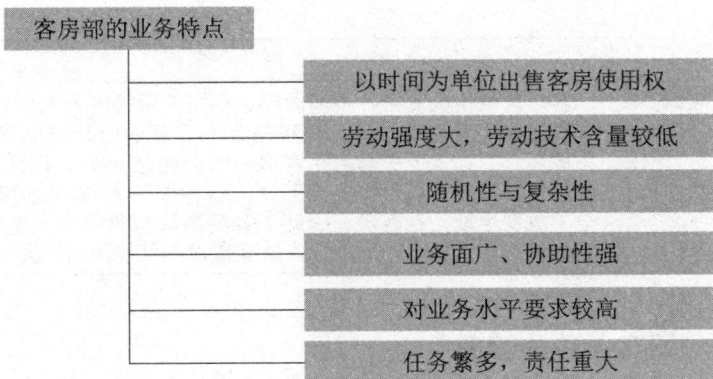

图4-3 客房部的业务特点

客房部的业务特点具体说明，见表4-1。

表 4-1   客房部的业务特点

分　类	说　明
以时间为单位出售客房使用权	客房商品的销售与其他商品最大的区别在于只出售使用权，商品的所有权不发生转移。一方面，客房部员工应尊重客人对客房的使用权，向客人提供各类客房服务；另一方面，也应保护酒店对客房的所有权，做好客房设备设施的保管和维护工作
劳动强度大，技术含量较低	客房部24小时昼夜运作，是酒店运营时间最长的部门之一。客房部的员工相比于其他部门（前厅、餐饮、娱乐），劳动强度较大。由于客房部的工作可量化程度高，劳动强度大，且劳动的技术含量又不高，因此给部门的员工管理工作带来诸多困难和问题
随机性与复杂性	客房业务工作的内容是零星琐碎的，从客房的整理、补充物品、设备维修到客人的进店、离店，都是一些具体琐碎的事务性工作，具有很强的随机性。客人在何时何地，在什么情况下，需要哪些服务，事先都难以掌握；再加上客人来自世界各地，从而更使客房业务增加了复杂性
业务面广，协助性强	客房部管理范围大，人员众多，工作涉及前厅、营销、餐饮、娱乐、公共卫生、工程、保安等，需要与各部门保持良好的协作关系，才能提供高效优质的服务。酒店业务活动之所以称为团队活动，也是从上述的各部门协作性强而界定的。作为一名合格称职的客房部经理，只有充分了解客房部的业务特点，才能制定并完善各种服务和管理措施，有效地改善和提高酒店客房服务的水平
对服务水平要求较高	客房作为客人休息、睡眠的区域，必须为客人创造一个安静的环境；同时客房作为客人的私人领域，宾客们是不愿意让别人干扰自己的私生活的；客人住店期间，喜欢按自己的习惯安排起居，出于无奈才求助服务员。因此，将服务工作做到在客人到来之前或不在房内期间，让客人感到处处都在为自己服务却又看不到服务的场面，如同在自己家里一样方便、称心

分　类	说　明
任务繁多，责任重大	客房区域情况复杂，不同国籍、不同类别的客人入住，人来人往，昼夜运作，安全要求高。客房是客人在酒店停留时间最长的地方。一般而言，客人下榻酒店在客房时间会超过 50%，因此，可能产生的治安、消防、盗窃等安全问题。各种资料表明，大多数酒店的安全事故发生地是在客房。因此，客房部所担负的安全生产任务是最为繁重和切实的，稍为不慎，就会造成不可挽回的损失

4.1.3　顾客入住的管理

酒店应建立完善的入住制度，确保登记信息无误。

1. 入住登记表

前台人员登记客人入住登记手续，全天当值。入住顾客应出示有效证件，如身份证、护照、军官证、士兵证等。入住登记表需要填写的内容有：客人姓名、国籍、出生日期、家庭住址、证件种类、证件号码、证件有效期、到达日期、离店日期、客人人数、房间类型、房号、房价、备注等。前台服务人员验证无误后，收取住宿押金后将入住房间的钥匙或房卡交给客人。

2. 客人账单

由前台收银员根据房间卡片等资料项目和价款及时登记和结算。客人账单可以采用复写式，客人结账时，复写联附发票交给客人。如设置"客人总账单"，因客人账单不交客人，不必复写，只写一份备查。

客人消费客房内配置的酒水、食品等，由楼层服务员在每天清点补充的时间，填开"服务费用通知单"，请客人签证后交前台收银员据以记账。实行预付房金的客人如有超支，应及时催交。酒店客人的账单、服务费用通知单和客人总账单，见表 4-2 至表 4-5。

表 4-2　　　　　　　　　　　　　　　客人账单

房号：　　　　姓名：　　　　房价：　　　　入住日期：　　　　离店日期：

日期	摘要	收入	收　　支								结存
			房费	加床	电话	餐费	酒水	食品	洗衣	合计	
	合计										

表 4-3   **服务费用通知单**

服务部门：   年 月 日

宾客姓名：		房间卡片号：		
项目	单位	数量	单价	金额
合计（大写）	仟 百 拾 元 角 分			￥

表 4-4   **客人总账单**

房号：   姓名：   入住日期：   离店日期：

项　　目	摘　　要	金　　额
房费		
电话费		
餐费		
酒水食品费		
其他赔偿费		
合　计：		
结算		
收入金额	应支付	补收现金	找付现金
备注			

客户主管：   收银员：

表 4-5   **客房变更通知单**

旅客姓名：		
原住房间	房价 /天	起止日期
换住房间	房价 /天	换入日期
备　　注		

- -

4.1.4 顾客离店管理

客人离店时，楼层服务员应立即检查房间各项设施和物品有无损坏或短缺，并及时与前台联系。前台经办人首先收回房间钥匙和房间卡片。收回房卡时，应立即电话通知餐厅、外卖部、总机房等部门，查清有无尚未报送前台的消费签单，以防漏账，然后迅速结算账单。

4.1.5　客房营业工作环节

客房业务收入是通过出租客房而取得的收入，因此，客房一经出租，不论房租收到与否，都作为已销售处理，即客房销售入账时间以客房实际出租时间为入账时间。

酒店的客房业务是由总台办理的，总台通常设在酒店的大堂内。酒店的收款方式有先收款后住店以及先住店定期或离店时结算收款两种方式，无论采用哪种方式收款，旅客住店时首先在总台登记"旅客住宿登记表"，第一联留存总台，第二联交服务员安排客房。酒店中客房收入的内部程序是根据客房收入的发生、计算、结账、汇总等一系列过程设计的，主要包括登记、预收、入数、结账、稽核等环节。客房营业收入的工作环节具体说明见表 4-6。

表 4-6　　　　　　　　　　　　客房营业收入的工作环节

程　　序	说　　明
登　　记	建立入住登记档案，以便计算、汇总、结算客人在酒店的全部消费
预收保证金	客人入住必须预交保证金，这是酒店为减少客房收入损失而采取的一项重要的控制措施。当然酒店也会根据客人的信誉情况，对良好信誉的客户给予一定的信用授权，在该信用授权范围内可以允许客人赊账
入　　数	客人登记入住后，即开始在酒店消费。入数，就是把客人在各个部门的所有消费归集到客人的账上。入数，不仅要准确，而且要及时
结　　账	客人来前台付款结账，分为住客结账（根据通知来支付前期账项或支付续住的押金）和离店结账（对前台收银来说，就是将客人的相关账户结平并终结该账户同时在电脑中做退房操作）
交款编表	收银员当班工作结束前必须进行交款编表的工作，具体来说包括：清点现金、整理账单、编制收银报告、核对账单与收银报告、核对现金与收银报告、送交款项、账单、收银报告
稽　　核	是对上述账单资料的查对，对上述程序的检查和控制。酒店的收入稽核一般分为夜间稽核和日间稽核

客房部收入的大部分来自于客房销售，了解客户产品价格种类及其定价方法是进行客房核算的基础。

影响客房定价的因素主要有两个方面：外部因素和内部因素。

外部影响因素外部影响因素具体说明，见表 4-7。

表 4-7 外部影响因素

社会、经济形势的影响	旅游经济具有脆弱性，一旦出现负面的影响，就会使旅游行业出现不稳定性和波动性
季节性影响	季节性强是旅游业的一大特点，有些地区甚至由于气候这一因素的制约，在旅游淡季景区放假休息，直接影响酒店经营的好坏，酒店需要提供优惠的房价等措施来维持正常的生存
供求关系影响	酒店商品的价格随供求关系的变化而不断调整，当供过于求时，酒店业需要考虑降低价格；当供不应求时，酒店要考虑适当提高价格
政府或行业组织的价格约束	政府为了维护经济秩序，或为了其他的目的，可能通过立法或者其他途径对酒店行业的价格进行干预

内部影响因素具体说明，见表 4-8。

表 4-8 内部影响因素

饭店选址	根据有关数据显示，酒店地址的好坏对酒店的成功运营的影响在众多相关因素中占到 60% 左右。选址不仅关系到市场开发能力大小，对消费者吸引力的大小，更重要的是对长期效益的取得具有战略性的影响
投资成本	酒店的投资大小是影响客房价格水平的基本因素。此外，投资成本回收期的长短，以及目标利润率的高低，都会对房价的制定产生影响
服务质量	酒店作为典型的服务行业，每天要接待来自四面八方的消费者，优质的服务有助于发现并留住具有消费能力的回头客，为酒店创造稳定收入
行业内竞争	由于酒店数量的不断增加，行业内竞争日益加剧，为了获得高客房出租率，削减房价成为一种常用的竞争定价方法，竞争的后果会导致房价偏低

4.2.1　客房价格分类

客房价格分类有以下几种：按房租对象分类、按差价形式分类、按客房种类划分等。

1. 按房租对象分类

一般房价类别与房型的可比较面积和家具的陈设相对应（套间、双床间、单人间等），区分的标准在房间的大小、位置、景观、家具以及舒适程度。在商务酒店，客房部管理层以入住一间客户的人数为基础制定门市（标准/零售）价。

前台员工应以门市价销售，除非客人符合享受折扣房价的条件。一般情况下，散客人数少，时间不固定，流动性较大，没有特别情况的散客一般按门市价销售。但客人要求并符合条件享受房价的情况也是时有发生。如到淡季，常为了促销向团队客人和散客提供特别房价。特别房价的种类有：公司价或商务价、团队/会议价、促销价、奖励价、家庭房价、小包价、赠送价等。

（1）标准价（散客价）：把各种不同类型客房的基本价格列示在饭店价目表上。

（2）团体价：为团队客人提供的数量折扣。

（3）长期住房客：向长期包租客户的客人提供的优惠价格。

（4）公司价：公司机构与饭店往来的折扣价格。

（5）折扣价：向常客或特殊身份客人提供的优惠价。

（6）免费价：给予与饭店有双边关系的客人免费待遇。

（7）合同房价：饭店给予中间商的优惠价格。

（8）小包价：一间客房与其他活动（如早餐、高尔夫、网球等）结合在一起销售的价格。

2. 按差价形式分类

按差价形式分为三类：季节差价、时间差价、项目差价。

（1）季节差价。是指客房日租价的平季价、旺季价和淡季价之间的差价。酒店根据不同自然季节或节假日对客源的影响而制定不同的价格，目的在于客源多时利用高价尽可能提高营业额，客源减少时利用低价。大多数酒店的淡旺季价格之差都在 50% 以上。

（2）时间差价。根据每天不同时间客流量的变化，就同样的服务提出不同的价格。一般有入住前的预定价、当日午前的入住价、当日晚 6 点前的入住价以及节假日特别租价等，当日入住价一般高于入住的预定价，当日晚 10 点后的入住价一般高于晚 10 点前的入住价。

（3）项目差价。常见的项目差价形式有：房价中不包餐费的收费方式；包早餐的计费方式；早餐费用已记入房价中等。

3. 按客房种类划分

可以分为标准间租价、单人间租价、套间租价和总统间租价。但无论采取哪种价格，客房销售的入账价格都应当是出租客户的实际价格，只有按实际价格入账，才能准确计算主营业务收入。

4.2.2　以成本为基础的定价方法

以成本为基础的定价方法是以酒店的经营成本为基础来制定客户价格的方法，一般产品的价格是成本加上盈利。

1. 建筑成本定价法

建筑成本定价法也称为千分之一法，是根据客户造价确定房间出租价格的一种方法。也就是将每间客户的出租价格确定为客户平均造价的千分之一。

新酒店开业，客房通常使用传统定价法——千分之一定价法。千分之一法参考酒店的造价计算客房价格。计算中所采用的成本应包括酒店占用的土地使用费、建造费及设施设备成本。具体公式如下：

$$平均每间客房租价 = \frac{土地使用费 + 造价 + 设施设备成本}{客房总数} \times \frac{1}{1\,000}$$

使用千分之一法定价，饭店管理人才可以迅速做出价格决策。但是，该方法有赖于各项假设的可靠性，且未考虑到当前的各项费用及通货膨胀，只能作为制定房价的出发点，为我们明确一个大致的房价范围。

【例 4-1】锦绣城大酒店土地使用费、建造费等成本合计为 789 000 000 元，客房总数 2 000 间，即平均每间客房租价 = 789 000 000 ÷ 2 000 × $\frac{1}{1\,000}$ = 394.5（元）。

2. 赫伯特公式计价法

一般而言，新建酒店往往采用此种方法定价。与千分之一法相比，赫伯特公式计价法要合理得多。它是根据计划的营业量、固定费用及饭店所需达到的投资收益率来确定每天客房的平均房价。

其具体计算公式如下：

平均每间客房租价＝

$$\frac{预期投资收益 + 固定费用（税、折旧、利息等） + 未分配费用 - 其他营业部利润 + 客房部销售费用}{计划的营业量（预计客房出租间数）}$$

这个公式的缺陷在于客房部必须承担实现计划投资收益率的责任，由分子部分看出，其他部门赢利高，房价可低些，一旦其他营业部门亏损，房价则上升。

3. 保本点定价法

保本点，又称盈亏平衡点，是指企业在经营活动中既不盈利也不亏损的销售水平，在此水平上利润等于零。

保本点定价法的基本原理就是根据产品销售量计划数和一定时期的成本水平、适用税率来确定产品的销售价格。其计算公式如下：

$$利润＝0$$

$$单位成本＝价格×（1-税率）＝单位固定成本+单位变动成本$$

由于按照该价格出租房间，利润为0，所以该价格为最低价格。

【例4-2】格调大饭店拥有客房800间，平均每日房价是250元，变动成本为130元/占用房间，固定成本为125 000元。则格调大饭店每月出租多少间客房才能保本？

每月出租客户数量＝125 000÷（250-130）＝1 042（间）

4. 目标利润法

目标利润定价法又称目标收益定价法，是根据企业预期的总销售量与总成本，确定一个目标利润率的定价方法。目标利润定价法的特点是，首先确定目标利润；其次确定目标营业收入；再次根据市场情况确定客房出租率；最后确定房价。

目标利润定价法的计算公式为：

$$房间价格＝\frac{单位变动成本+单位固定成本}{1-适用税率} + \frac{目标利润}{预计销售量}×（1-适用税率）$$

$$目标利润＝（单位变动成本+单位固定成本）×预计销售量×成本利润率$$

或：

$$房间价格＝\frac{（单位变动成本+单位固定成本）×（1+成本利润率）}{（1-适用税率）}$$

目标利润定价法的不足之处在于价格是根据估计的销售量计算的，而实际操作中，价格的高低反过来对销售量有很大影响。销售量的预计是否准确，对最终市场状况有很大影响。企业必须在价格与销售量之间寻求平衡，从而确保用所定价格来实现预期销售量的目标。

【例4-3】锦绣城大酒店本期计划出租房间为 1 200 间，目标利润总额为 360 000 元，完全成本总额为 300 000 元，适用税率为 5%。根据上述资料，运用目标利润法测算的锦绣城大酒店每间客房的价格为：

$$每间客户价格 = \frac{360\,000 + 300\,000}{1\,200 \times (1 - 5\%)} = 578.95 （元）$$

【例4-4】新雅大酒店目标利润1 000万元，目标收入8 000万元，客房数 600 间，出租率75%，一年365天。

房价＝80 000 000÷（600×75%×365）＝487.06（元），房价确定为480元～490元之间。

5. 变动成本定价法（特殊情况下的定价方法）

变动成本定价法是指企业在生产能力有剩余的情况下增加生产一定数量的产品所应分担的成本。这些增加的产品可以不负担企业的固定成本，只负担变动成本。在确定价格时产品成本仅以变动成本计算。

计算公式为：

$$单位产品价格 = \frac{单位变动成本 \times (1 + 成本利润率)}{1 - 适用税率}$$

价格×（1－税率）＝单位变动成本＋单位利润

＝单位变动成本＋单位变动成本×成本利润率

＝单位变动成本×（1＋成本利润率）

提示：①此处的变动成本是指完全变动成本，包括变动制造成本和变动期间费用。

②变动成本定价法确定的价格，为生产能力有剩余情况下的定价方法，不能用于正常销售产品的价格制定。

【例4-5】锦绣城大酒客房总计2 000间，计划出租1 000间，预计每间客房的变动成本为200元，固定成本费用总额为50 000元，该产品适用的消费税税率为5%，成本利润率必须达到30%。假定接到一团体订单，预订500间，单价300元，是否接受这一订单？

$$计划内每间客户价格 = \frac{\frac{50\ 000}{1\ 000} + 200 \times (1 + 30\%)}{1 - 5\%} = 326.32（元）$$

追加 500 间的单件变动成本为 200 元，则：

$$计划外每间客户价格 = \frac{200 \times (1 + 30\%)}{1 - 5\%} = 273.68（元）$$

因为额外订单单价高于其按变动成本计算的价格，故应接受这一额外订单。

最优价格应是企业取得最大销售收入或利润时的价格。以市场需求为基础的定价方法可以契合这一要求，主要有需求价格弹性系数和边际分析定价法。

4.2.3 以市场需求为基础的定价方法

1. 需求价格弹性系数

在其他条件不变的情况下，某种产品的需求量随其价格的升降而变动的程度，就是需求价格弹性系数。

系数计算公式如下：

$$E = \frac{\Delta Q / Q_0}{\Delta P / P_0}$$

式中　E——某种单位产品的需求价格弹性系数；

　　　ΔP——价格变动量；ΔQ——需求变动量；

　　　P_0——基期单位产品价格；Q_0——基期需求量。

价格确定的计算公式：

$$P = \frac{P_0 Q_0^{\alpha}}{Q^{\alpha}}$$

式中　P_0——基期单位产品价格；

　　　Q_0——基期销售数量；

　　　E——需求价格弹性系数；

　　　P——单位产品价格；

　　　Q——预计销售数量；

　　　α——需求价格弹性系数绝对值的倒数，即 $\frac{1}{|E|}$

【例 4-6】丛林大酒店 2019 年前三个季度中，实际客房价格和客房数量见表 4-9。锦绣城大酒店在第四季度要完成出租客房 5 000 间的任务，那么客房价格平均应为多少？

项　　目	第一季度	第二季度	第三季度
客房价格（元）	450	520	507
客房数量（间）	4 850	4 350	4 713

表 4-9　　　　　　　　　　　　　　前三个季度数据

根据上述资料，产品的销售价格计算过程为：

$$E_1 = \frac{(4\ 350 - 4\ 850)\ /4\ 850}{(520 - 450)\ /450} = \frac{-0.103\ 1}{0.155\ 6} = -0.66$$

$$E_2 = \frac{(4\ 713 - 4\ 350)\ /4\ 350}{(507 - 520)\ /520} = \frac{0.083\ 4}{-0.025} = -3.34$$

$$E = \frac{E_1 + E_2}{2} = \frac{-0.66 - 3.34}{2} = -2$$

$$|E| = 2$$

$$\alpha = \frac{1}{|E|} = \frac{1}{2}$$

$$P = \frac{(P_0 Q_0^\alpha)}{Q^\alpha} = \frac{507 \times 4\ 713^{(\frac{1}{2})}}{5\ 000^{(\frac{1}{2})}} = 492.23\ （元）$$

即第四季度要完成 5 000 间的出租任务，其单位客房价格为 492.23 元。

【提示】一般情况下，需求量与价格呈反方向变动，因此，弹性系数一般为负数。特殊情形：吉芬商品。

吉芬商品，是一种商品，在价格上升时需求量本应下降，却反而增加。所谓吉芬商品就是在其他因素不改变的情况下，当商品价格上升时，需求量增加，价格下降时，需求量减少，这是西方经济学研究需求的基本原理时，19 世纪英国经济学家罗伯特·吉芬对爱尔兰的土豆销售情况进行研究时定义的。

2. 边际分析定价法

基于微分极值原理，通过分析不同价格与销售量组合下的产品边际收入、边际成本和国际利润的关系，进行定价决策的方法。

根式公式：

利润＝收入－成本

边际利润＝边际收入－边际成本＝0

边际收入＝边际成本

【结论】边际收入等于边际成本时，利润最大，此时的价格为最优价格。

边际是指增加一个单位给酒店带来的效应。比如，边际收入就是每多出租一间房屋所增加的收入。酒店在原房间出租的基础上，增加房间出租数量，这样，刚开始时，边际收入大于边际成本这个应该好理解，比如酒店通过宣传、折扣等优惠政策，原入住率为60%，现在入住率达到80%，酒店的利润会随着入住率的增加而增大。酒店再提高入住率，在临界点，边际收入等于边际成本，这时酒店的利润达到最大。（比如酒店入住率达到100%）

如果酒店再增加房间，边际成本增加，这时就会出现边际收入增加的幅度小于边际成本增加的幅度，原因是酒店的资源被充分利用了，再增加房间结果就和付出不对等了（显而易见，倘若人流量不变，酒店增加房间也无人入住）。这时，企业的利润反而会下降。

可见，当边际收入等于边际成本时，边际利润等于0，这时利润最大。

4.2.4　以竞争为中心的定价法

竞争导向定价在定价时主要以竞争对手的价格为考虑因素，价格与成本高低并无绝对关系。

1. 随行就市定价法

随行就市定价法又称流行水准定价法，它是指在市场竞争激烈的情况下，企业为保存实力采取按同行竞争者的产品价格定价的方法。这种定价法特别适合于完全竞争市场和寡头垄断市场。

①在酒店的成本难以准确估算的情况下，对竞争者的反应也不好把握时，酒店就会选择"随行就市"，以酒店业平均价格水平或习惯定价水平，作为酒店定价的标准。

②追随"领袖企业"价格，饭店定价不依据自己的成本和需求状况，而是与"领袖企业"保持相应价格水准，目的是保证收益和减少风险。

2. 率先定价法

率先定价法是指饭店经营者根据市场竞争环境，率先制定出符合市场行情的价格以吸引客人，为争取主动的定价法。

4.2.5　客房定价策略

1. 新产品定价策略

新产品定价策略包括撇脂定价策略、渗透价格策略。

（1）撇脂定价策略。

撇脂定价策略是一种高价策略，目的是短期内获得较高利润，适用于产品特色鲜明，不宜效仿的新产品。

（2）渗透价格策略。

以较低的价格迅速渗透扩展市，适用于低星级饭店的客房产品。

2. 心理定价策略

以顾客的心理因素作为定价策略的依据，利用顾客对价格的心理反应，制定出合乎其心理的价格，以引导消费。

（1）尾数定价。也称非整数定价，即给客房产品定一个零头数结为的非整数价格。尾数定价可使人认为这是最低定价。

（2）整数定价。采用合零凑数的方法，制定整数价格。主要适用于高档客房产品，为满足一些特殊层次顾客需求。

（3）分等级定价。对客房分级定等，制定不同的价格，吸引对房价有不同需要的不同顾客。

300 间客房以下：三种等级房价，房价应按客房总数的 20％、60％、20％分布，把占客房总数 60％的房间价格定为平均房价。

300 间客房以上：五种等级房价，房价应按客房总数的 10％、20％、40％、20％、10％分布。

3. 声望定价

利用顾客"价高质必优"的心理，对在顾客心目中信誉良好的产品制定较高的价格。比如北京饭店，本身就是品牌，定价高于周边饭店都是合理的。

4. 招徕定价

迎合顾客求廉心理，对少数几种产品制定底价以吸引顾客。比如酒店提供特价房，价格远远低于普通房间，吸引顾客入住。

5. 折扣价格策略

折扣就是按原定价格少收一定比例的价款，是一种减价策略。

（1）数量折扣。饭店对大量购买某种客房产品的顾客予以一定比例的折扣，包括累计数量折扣、非累计数量折扣等。

（2）现金折扣。又称付款期限折扣，是对按期以现金付款或提前付款的顾客给予一定折扣。"2/15""净价 30"，表示付款期限为 30 天，如买方在成交后 15 天内付款，就享有 2% 的折扣。

（3）季节折扣。在饭店销售淡季时给予顾客的优惠。

（4）同业折扣与佣金。同业折扣与佣金也称功能性折扣，是饭店根据各类中间商在市场营销中所起到的不同作用，给予的不同折扣。

6. 区分需求定价策略

不同客房产品成本相同或差别不大的情况下，根据不同客人对客房产品不同需求而制定的价格。区分需求定价主要有四种情况：

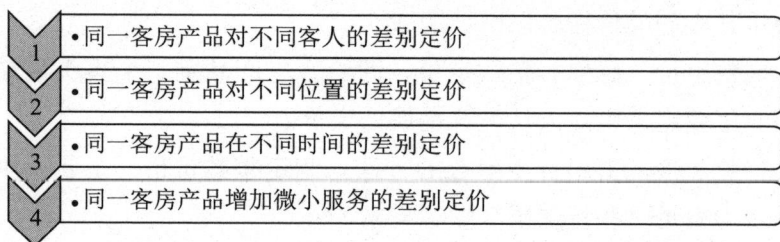

1 • 同一客房产品对不同客人的差别定价
2 • 同一客房产品对不同位置的差别定价
3 • 同一客房产品在不同时间的差别定价
4 • 同一客房产品增加微小服务的差别定价

4.3 客房部营业收入的核算

酒店经营业务是指以提供住房、生活设施的使用和服务来满足旅客需要，而收取一定费用的服务业务。

4.3.1 客房营业收入的确认

1. 酒店营业收入

酒店营业收入是指酒店按一定价格，通过提供劳务或出租、出售等方式所取得的货币收入，包括出租客房、提供餐饮、出售商品及其他服务项目所取得的收入。现代酒店是提供食宿为主兼营其他多种服务的旅游接待设施，收入来源众多，但主要以提供服务为主，非经常性业务较少。可分为：客房收入、餐饮收入、康乐收入等。

2. 酒店营业收入的收款方式

酒店营业收入有预收、现收和事后结算三种方式。如图 4-4 所示。

上述结算方式具体说明见表 4-10。

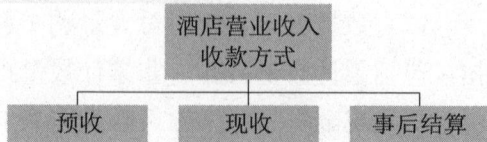

图 4-4 酒店营业收入的回收方式

表 4-10   酒店营业收入的回收方式

分　类	说　明
预收	指在向客人提供服务之前，提前收取全部或部分房费等费用，也就是押金。例如，一般酒店在客房预订确认以后，会向客户收取一部分的订金。对某些客人（如随身只带小件行李），酒店也会在他们登记入住时，要求预算以后住店期间的全部房费
现收	指酒店提供服务和收取费用同时进行。例如酒店商场在向客人销售商品的同时，当场就要收取商品销售收入款项。对非住店的散客，酒店在其各个部门向客人提供服务时，也要及时收取费用
事后结算	指酒店在向客人提供服务以后，定期地或最后一次性地向客人收取费用。一般酒店对住店宾客也会采取这种事后结算的方式，收取全部费用要在客人离店时，或定期收取已消费的一部分费用

4.3.2　酒店收入需要设置的账户

为了核算和监督酒店收入业务，应设置"主营业务收入"账户；核算企业的其他业务收支，应设置"其他业务收入"账户，除了以上账户外，还应设置与经营业务无直接关系的营业外收入账户。

1. 主营业务收入科目设置

主营业务收入一般不设置二级明细科目。如果设置二级明细科目，可以根据自己单位核算需要来设置，二级科目设置没有规定要求。期末，应将本科目的余额转入"本年利润"科目，结转后本科目应无余额。具体设置见表 4-11。

表 4-11   主营业务收入会计科目编码的设置

科目代码	总分类科目（一级科目）	明细分类科目		是否辅助核算	辅助核算类别
		二级明细科目	三级明细科目		
6001	主营业务收入				
600101	主营业务收入	客房收入	类别	是	客户
600102	主营业务收入	餐费收入	类别	是	客户
600103	主营业务收入	服务费收入	类别	是	客户
600104	主营业务收入	其他收入	类别	是	客户

根据新收入准则，主营业务收入的账务处理见表 4-12。

表 4-12   主营业务收入账务处理

业务情形	账务处理
企业在履行了合同中的单项履约义务时	借：银行存款/应收账款/应收票据/合同资产等 贷：主营业务收入 　　应交税费——应交增值税（销项税额） 　　应交税费——待转销项税额
合同中存在企业为客户提供重大融资利益的	借：长期应收款/银行存款等 贷：主营业务收入（现销价格） 　　未实现融资收益
合同中存在客户为企业提供重大融资利益的	借：银行存款等 　　未实现融资费用 贷：合同负债（现销价格）
企业收到的对价为非现金资产时，应按该非现金资产在合同开始日的公允价值	借：存货/固定资产/无形资产等 贷：主营业务收入（现销价格） 　　应交税费——应交增值税（销项税额） 　　应交税费——待转销项税额

2. 其他业务收入账户

其他业务收入账户应按照其他业务的种类，设置"中介代销手续费收入""物资销售收入""废品回收收入""商业用房经营收入"等明细科目进行明细核算。见表 4-13。

表 4-13   其他业务收入会计科目编码的设置

科目代码	总分类科目（一级科目）	明细分类科目		是否辅助核算	辅助核算类别
		二级科目	三级科目		
6051	其他业务收入				
605101	其他业务收入	材料及包装物的销售	项目	是	部门
605102	其他业务收入	代销商品款	项目	是	部门
605103	其他业务收入	包租物出租	项目	是	部门
605104	其他业务收入	无形资产转让	项目	是	部门
605105	其他业务收入	固定资产出租	项目	是	部门
605106	其他业务收入	其他	项目	是	部门

企业确认其他业务收入的主要账务处理参见"主营业务收入"科目。

3. "合同资产"科目的设置

"合同资产"科目核算企业已向客户转让商品而有权收取对价的权利。仅取决于时间流逝因素的权利不在本科目核算。本科目应按合同进行明细核算。

企业在客户实际支付合同对价或在该对价到期应付之前，已经向客户转让了商品的，应当按因已转让商品而有权收取的对价金额，借记"合同资产"或"应收账款"科目，贷记"主营业务收入""其他业务收入"等科目；企业取得无条件收款权时，借记"应收账款"等科目，贷记"合同资产"。涉及增值税的，还应进行相应的处理。

4. "合同负债"科目的设置

"合同负债"科目核算企业已收或应收客户对价而应向客户转让商品的义务。本科目应按合同进行明细核算。

企业在向客户转让商品之前，客户已经支付了合同对价或企业已经取得了无条件收取合同对价权利的，企业应当在客户实际支付款项与到期应支付款项孰早时点，按照该已收或应收的金额，借记"银行存款""应收账款""应收票据"等科目，贷记本科目；企业向客户转让相关商品时，借记"合同负债"，贷记"主营业务收入""其他业务收入"等科目。涉及增值税的，贷记"应交税费——待转销项税额"。

企业因转让商品收到的预收款适用本准则进行会计处理时，不再使用"预收账款"科目及"递延收益"科目。

4.3.3 客房营业收入的核算

酒店企业在当天营业结束后，由收款员根据收款核对表、收款登记表和产销核对表等凭证，汇总编制"营业收入日报表"与所收现金一并交财会部门。销售收入所得现金，不得用于列支其他开支，如有长短款，应在"营业收入日报表"中分别填列，不得以长补短。

1. "先收款后住店"结算方式的核算

采用"先收款后住店"的结算方式核算客房收入，可采取相应的"营业日记簿”和“营业收入日报表”对旅客住店、离店进行记录，以此提高客房利用率。

“营业日记簿”中“本日营业收入合计”栏中的数额，应与“本日应收房金”栏中的数额相等；“上日结存”栏中的数额为旅店截至上日的结余预交款数额。计算公式如下：

$$本日结存＝上日结存＋本日交付－本日应收$$

总台应在每日业务终了时，将“营业日记簿”各栏加计“本日合计数”。将收进现金和房金收据的存根与“本日交付”栏内数额相核对，并编制“营业收入日报表”，连同现金送交会计部门入账。

营业日报表附注栏的“今日可出租房间数”为全部客房间数减去当天因维修不能出租的间数。“今日实际出租间数”加空房间和维修房间数，等于全店总间数。出租率计算公式为：

$$出租率＝\frac{实际出租间数}{可出租间数}×100\%$$

【例 4-7】下面以锦绣城大酒店为例，见表 4-14、表 4-15。

表 4-14 营业日记簿

2019 年 1 月 7 日

编号	姓名	日期		已住天数	本日营业收入					预收房金				备注
		月	日		房金	床	饮料	食品	合计	上日结存	本日应收	本日交付	本日结存	
101	韩格	1	5	2	* * *		*	*	* * * *	* * * *	* * *		* * *	
102	赵磊	1	6	1										
					* * *					* * *	* * *		* * *	
201	陈红	1	4	3	* * *			*	* * *	* * *	* * *		* * *	
202	兰洁	1	7									* * *		
301	王珊	1	5	2	* * *		*	*	* * *	* * *	* * *		* * *	
302	钱伟	1	6	1					* * *	* * *	* * *		* * *	
	合计				54 000		430	1 990	56 420	63 800	56 420	56 420	63 800	

出租客房间数：450 间　　　　空置客房间数：123 间　　　　记账：刘秀　　　审核：韩宙宇

表 4-15

营业收入日报

2019 年 1 月 7 日

	营业收入				预收房金	备注
	单人房	标准房	套房	合计		
房金	10 000	38 000	6 000	54 000	上日结存　63 800	
加床					本日应收　56 420	
饮料	60	210	160	430	本日交付　56 420	
食品	140	1 200	650	1 990	其中：现金　24 000 信用卡签购单　32 420	
其他						
合计	10 200	39 410	6 810	56 420	本日结存　63 800	
出租客房间数：450 间 空置客房间数：123 间					长款：　　　　短款：	

收款人：朱文　　　　　　交款人：陈君　　　　　　　　制表：刘小芳

东方大酒店采用先收款后住宿的核算方式，收到总台交来库存现金等有关结算单据，并交来"营业收入日报表"仍以上表为例。增值税率 6%。

（1）根据"营业收入日报表"中"营业收入"栏的数额，会计分录如下。

借：库存现金　　　　　　　　　　　　　　　　　24 000

　　其他货币资金——信用卡　　　　　　　　　　32 420

　　贷：预收账款——预收房金　　　　　　　　　　　　56 420

（2）信用卡结算手续费率为 2‰，根据"营业收入日报表"，预收房金栏"本日交付"中各项目的数额，以及信用卡签购单、计汇单回单和进账单回单。会计分录如下：

借：预收账款——预收房金　　　　　　　　　　56 420

　　贷：主营业务收入——房金　　　　　　　　　　50 943.40

　　　　　　　　　　　——饮料　　　　　　　　　　405.66

　　　　　　　　　　　——食品　　　　　　　　　1 877.36

　　　　应交税费——应交增值税（销项税额）　　　3 193.58

借：银行存款　　　　　　　　　　　　　　　　32355.16

　　财务费用（32 420×2‰）　　　　　　　　　　64.84

　　贷：其他货币资金——信用卡　　　　　　　　　　32 420

> 合同负债与预收账款的核算范围差异：合同负债不但能够核算实际收到的预收款，还能够（且应该）核算未实际到账但已拥有收取权利的预收款。

【例4-8】2019年1月1日，信阳大酒店入住客人1人，标准间1间，房间为期254元/天，预收10天保证金2 540元。1月1日发生餐饮费用240元，其后再无其他费用发生。10日后退房，编制会计分录如下：

（1）收到保证金时：

借：库存现金   2 540
    贷：预收账款——预收保证金   2 540

（2）1月1日，发生餐饮费用240元。

借：库存现金   240
    贷：主营业务收入——餐饮收入   226.42
        应交税费——应交增值税（销项税额）   13.58

（3）1月10日，结转客房收入。

借：预收账款   2 540
    贷：主营业务收入   2 396.23
        应交税费——应交增值税（销项税额）   143.77

（4）如果7日后客人离店，按照多退少补的原则，退还多收客人的保证金522元（2 540－254×7－240），编制会计分录如下：

借：预收账款   522
    贷：库存现金   522

（5）如果10日后客人离店，根据预收凭证进行结算，客人应补交240元。编制会计分录如下：

借：库存现金   240
    贷：预收账款   240

【例4-9】丹江制药厂租用佳和乐大酒店一间客房，酒店与其签订一年的租用期合同，年租金72 000元。丹江制药厂预付72 000元。编制会计分录如下：

①收到预付款时：72 000÷12＝6 000（元）

借：银行存款   72 000
    贷：预收账款——丹江制药厂   72 000

②每月结转收入，不含税收入＝6 000÷（1＋6%）＝5 660.38（元）；应交增值税＝5 660.38×6%＝339.62（元）。

借：预收账款   6 000
    贷：主营业务收入   5 660.38
        应交税费——应交增值税（销项税额）   339.62

2. 先住店后收款结算方式的会计核算

采用这种方式结算时，财务部门应先通过"应收账款"账户来反映。待实际收到房金时，再借记"库存现金"等账户，贷记"应收账款"账户。

【例 4-10】太阳酒店为一般纳税人，税率 6%。采用先住宿后收款的结算方式，当一旅游团住宿后离店时，交付住宿期间的费用 87 000 元。

（1）住宿时。

借：应收账款——房金		87 000
贷：主营业务收入		82 075.47
应交税费——应交增值税（销项税额）		4 924.53

（2）旅客离店交纳房金时。

借：库存现金		87 000
贷：应收账款——房金		87 000

> 根据《财政部 税务总局关于支持新型冠状病毒感染的肺炎疫情防控有关税收政策的公告》（财政部 税务总局公告 2020 年第 8 号）规定，受疫情影响较大的困难行业企业 2020 年度发生的亏损，最长结转年限由 5 年延长至 8 年。困难行业企业，包括交通运输、餐饮、住宿、旅游（指旅行社及相关服务、游览景区管理两类）四大类，具体判断标准按照现行《国民经济行业分类》执行。困难行业企业 2020 年度主营业务收入须占收入总额（剔除不征税收入和投资收益）的 50%以上。

4.4 客房部成本的核算

酒店广义的成本包括原材料、工资、其他费用（包括水、电、煤气，购买餐具、厨具费用，餐具破损费用，清洁、洗涤费用，办公用品费，银行利息，租入财产租金，电话费，差旅费等）即：狭义的成本仅指酒店各营业部门为正常营业所需而购进的各种原材料费用。通常酒店的成本核算仅指狭义的成本核算。客房部成本主要包括以下几个方面，如图 4-5 所示。

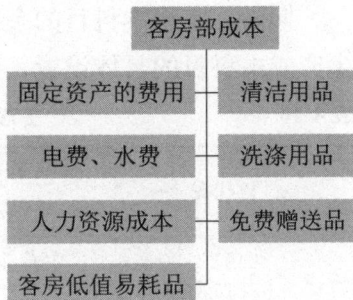

图 4-5 客房部成本

（1）固定资产的费用，其主要体现在折旧费用、房租等。

（2）电费、冷、热水费。

（3）人力资源成本。

（4）客房低值易耗品。

①客房低值易耗品的标准成本。

②低值易耗品实际使用成本。（以每月间/天计算）。

③低值易耗品的使用量计算方法＝上月余额＋本月领用－本月结余。

④客房低值易耗品平均间/天成本的计算方法＝本月使用金额÷本月出租天数。

（5）清洁用品。当月清洁药品的使用量计算方法＝上月余额＋本月领用－本月结余。

（6）洗涤用品。当月洗涤用品的使用量计算方法＝上月余额＋本月领用－本月结余。

当月洗涤用品使用比例方法＝（本月洗涤金额÷本月洗涤总收入）。

（7）免费赠送品包括：①免费水果（以平均间/天计算）；②免费矿泉水（按标准配备的百分比计算）；③免费酒水（按平均间/天计算）。

4.4.1　酒店成本账户的设置

酒店的营业成本，通过营业成本账户进行核算。营业成本账户包括："主营业务成本"账户、"其他业务成本"账户、"劳务成本"账户等。

1. "主营业务成本"科目设置

主营业务成本科目可按照主营业务的种类进行明细核算。采用计划成本或售价核算库存商品的，平时的营业成本按计划成本或售价结转，月末还应结转本月销售商品应分摊的商品进销差价。

期末，应将本科目的余额转入"本年利润"科目，结转后本科目无余额。生产成本科目的具体设置，见表4-16。

表4-16　　　　　　　　　　主营业务成本会计科目编码的设置

科目代码	总分类科目 （一级科目）	明细分类科目	
		二级科目	三级科目
6401	主营业务成本		
640101	主营业务成本	种类	
640102	主营业务成本	种类	

2. "其他业务成本"科目设置

"其他业务成本"科目核算酒店确认的除主营业务活动以外的其他经营活动所发生的支出，包括销售材料的成本、出租固定资产的折旧额、出租无形资产的摊销额、出租包装物的成本或摊销额等。采用成本模式计量投资性房地产的，其投资性房地产计提的折旧额或摊销额，也通过本科目核算。本科目可按其他业务成本的种类进行明细核算，见表 4-17。

表 4-17 其他业务成本会计科目编码的设置

科目代码	总分类科目（一级科目）	明细分类科目		是否辅助核算	辅助核算类别
		二级科目	三级科目		
6402	其他业务成本				部门
640201	其他业务成本	材料销售成本	种类	是	部门
640202	其他业务成本	代购代销费用	种类	是	部门
640203	其他业务成本	出租固定资产的折旧额	种类	是	部门
640204	其他业务成本	出租无形资产的摊销额	种类	是	部门
640205	其他业务成本	投资性房地产	种类	是	部门

3. "合同履约成本"科目设置

"合同履约成本"科目核算企业为履行当前或预期取得的合同所发生的、不属于其他企业会计准则规范范围且按照本准则应当确认为一项资产的成本。企业因履行合同而产生的毛利不在本科目核算。本科目可按合同，分别"服务成本""工程施工"等进行明细核算。期末借方余额，反映企业尚未结转的合同履约成本。

企业发生上述合同履约成本时，借记本科目，贷记"银行存款""应付职工薪酬""原材料"等科目；对合同履约成本进行摊销时，借记"主营业务成本""其他业务成本"等科目，贷记本科目。涉及增值税的，还应进行相应的处理。

4. "合同取得成本"科目设置

"合同取得成本"科目核算企业取得合同发生的、预计能够收回的增量成本。本科目可按合同进行明细核算。期末借方余额，反映企业尚未结转的合同取得成本。

企业发生上述合同取得成本时，借记本科目，贷记"银行存款""其他应付款"等科目；对合同取得成本进行摊销时，按照其相关性借记"销售费用"等科目，贷记本科目。涉及增值税的，还应进行相应的处理。

4.4.2　客房部成本的控制

一般来说，酒店客房成本管理涉及的部位、人员、环节较多，如不严格管理，容易出现失控，归纳起来，大致有如下几个方面，如图 4-6 所示。

1. 设备设施的保养

客房部的设备具有种类多、数量大、使用频率高、占用资金大等特点。在设备的日常保养中，一定要预防先行，加强日常的保养和定期检修，做到小坏小修，随坏随修。另外，客房部应注意在本部门中培养兼职维修人员，通过专业知识培训，可对一些设备设施进行简单的维护、保养及需要小修小补的设备，进行及时处理。

当然，客房管理千头万绪，除了以上注意事项，还有许多着力点，管理者也要高度重视，比如客房能源（水、电、气等）的管理、客房备用物品的管理，等等。总之，只有不断改进，严抓紧管，才能确实保证酒店客房绿色低碳运营，让客房产生最高效益。

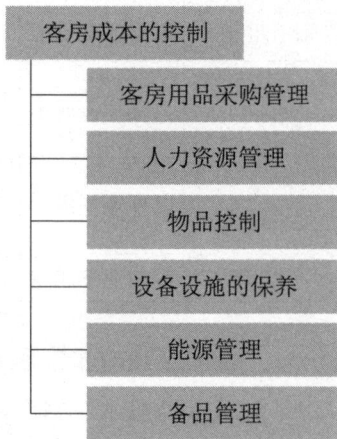

图 4-6　客房成本的控制

2. 客房用品采购管理

客房用品的采购是客房经营活动的基础环节，它直接决定着客房服务工作的质量和酒店的效益。在这一环节中，一定要依据量本利的原则，合理、有效地确定最佳采购数量、价格、地点、时间等问题，从而有效避免成本核算的流失和浪费。

（1）布草管理。

布草属于酒店专业用语，泛指现代酒店里差不多一切跟"布"有关的东西，包含床上用品，如被褥被套、棉胎被芯，床单床罩、枕套枕芯、床笠床裙、床尾垫、保护垫，以及毛巾类制品如面巾、方巾、浴巾、地巾、浴袍等等。还包含台布餐巾、椅套台裙、浴帘，等等。

客户布草用量大，储存量一般为使用量的两三倍。由于洗涤次数频繁，损耗较大。几项主要布草耐洗次数见表4-18。

表4-18　　　　　　　　　　　　　　　布草耐洗次数

布草种类	耐洗次数	布草种类	耐洗次数
床单	600～800 次	桌布	500 次
枕套	500 次	餐巾	150 次
毛巾	300 次		

特别是床上用品，一次购量太大或太少，都可能在有形无形中增加客房成本。

（2）一次性用品管理。

客房用的一次性用品，用量较大，但有些有储存时限性，确定其合理采购时间和数量就至关重要。客房免费供应客人的牙具、梳子、拖鞋等一次性用品，虽是按人数定额发放，但如加强管理，仍有节约潜力。有些客人对一部分一次性用品并不喜爱，既不使用，也不带走，故楼层服务员应回收。并且还应健全一次性用品发放手续。

每天发放一次性用品时，要填写"客房消耗用品统计表"，应发数减去回收数便是实发数，见表4-19。

表4-19　　　　　　　　　　客房消耗用品统计表

品名	牙具	拖鞋	香皂	浴帽	洗发液	淋浴液	卷纸	针线包	便笺	圆珠笔	打火机
应发数											
实用数											
补发数											
备注											

客房主管：　　　　　　领班：　　　　　　服务员；　　　　　　日期：

向客房配置和补充一次性用品应建立两人在场相互监督的机制，客房主管要认真审查发放数量的真实性。有些已使用丢弃在客房的梳子，应组织回收，经过清洗和消毒，然后配以外包装便可重复使用。对回收数量，按经手人登记数量，适当奖励。

（3）洗衣房的管理。

酒店的洗衣房主要是洗涤客户的布草，故一般划作客房部门管理。洗衣房不单独核算，一切成本费用均包含在客房营业费用的各有关项目中。洗衣房费用的节约和浪费，直接影响客房费用水平，所以也必须加强管理。

洗衣房人员每天向楼层送交洗净布草的同时，接回待洗的脏布草。交接时，双方在"布草洗涤登记簿"做交接签收。见表 4-20。

客人的衣服可能价格昂贵，如丢失，赔偿的损失很大，所以必有妥善保管。为了分清责任，防止丢失，送洗时交接双方应在"洗衣交接簿"登记签收。见表 4-21。

表 4-20　　　　　　　　　　　　　　　　布草洗涤登记簿

品名 项目	双人被套	单人被套	双人床单	单人床单	枕套	床罩	毛巾	浴巾	地巾	台布	台裙	餐巾
送洗												
交回												
差异												
原因												
客房仓库保管员：　　　　　　　　　　　　　　洗衣房经手人：												

表 4-21　　　　　　　　　　　　　　　　洗衣交接簿

序号	顾客姓名	受理时间	品名	数量	受理人	交加时间	送交人	备注

2. 人力资源管理

一般而言，客房员工要占全店总数的 30％以上，因此，人工费用是客房部经营管理费用中的大项，人力资源管理工作也是不容忽视的。在这方面，管理者可从多方面着手：

①提高人员的劳动效率。可以加强对员工的岗位培训，合理布局相关设施，采用先进设备，来最大限度地挖掘劳动力的潜能。

②提高自身管理水平。管理者自己要加强业务学习，平时工作中要善于观察，善于思考和总结，不断提高自身业务素养，真正起到领头羊的作用。

充分调动员工的工作积极性，培养员工的主人翁意识，降低员工的流动的频率。因为员工的频繁流动必然要增加酒店在招聘、培训、督导等方面的资金投入，从而也使得客房成本费用上升。

3. 物品控制

大多数酒店对一次性物品都是按照标准用量进行发放，虽然满足了客人的需求，但却存在着隐性成本浪费。如住店客人打开的香皂是否必须全部换掉，住客用剩的手纸、单人住客的牙刷是否都需一日一换等。另外，洁净完好的香皂盒，浴液是否回收和利用，这更是一种成本的流失。总之，对一次性物品必须实行按实际用量发放，否则，就会造成物控失效，物品流失。

4. 能源管理

客房部每日需消耗大量的能源，其中有些是必需的（客人的正常使用），有些则常因失控造成的，如面盆、浴盆，坐便的长流水；房间、卫生间的长明灯；空房、空调和暖瓶热水 24 小时都处于供应状态（可在客人到店前四小时做好准备）；服务员清扫卫生间时，房间内的灯没及时关闭等，在无形的能源消耗中，也随之产生了无形成本浪费。

5. 备品管理

客房的备品管理是加强成本控制的一个重要环节，每日数以千计件用品的流动、使用和保管，稍有疏忽，便会出现如交叉污染、保洁不当，运送、洗涤过程中的划伤，保存过程中出现的潮湿发霉等问题，造成经营成本的加大。备品管理对成本的影响也是不可忽视方面。

4.4.3　应付职工薪酬的核算

职工薪酬，是指企业为获得职工提供的服务或解除劳动关系而给予的各种形式的报酬或补偿。职工薪酬包括短期薪酬、离职后福利、辞退福利和其他长期职工福利。企业提供给职工配偶、子女、受赡养人、已故员工遗属及其他受益人等的福利，也属于职工薪酬。职工薪酬的内容如图 4-7 所示。

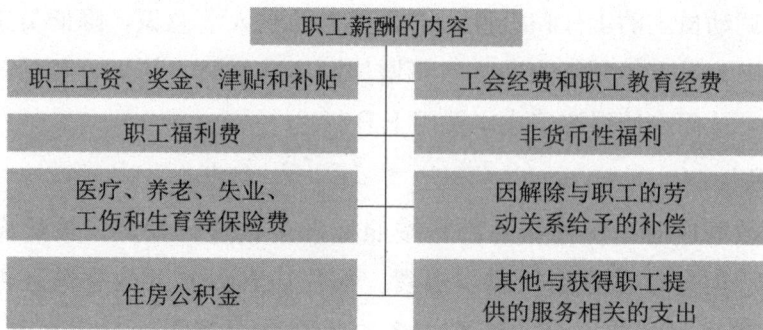

图 4-7　职工薪酬的内容

1. 应付职工薪酬的具体运用

为了核算应付给职工的各种薪酬，企业应设置"应付职工薪酬"科目。本科目应当按照"工资""职工福利""社会保险费""非货币性福利""住房公积金""工会经费""职工教育经费""解除职工劳动关系补偿"等应付职工薪酬项目进行明细核算。应付工资不论是否在当月支付，都应通过"应付职工薪酬"科目核算。"应付职工薪酬"账户属于负债类账户，用于核算企业应付给职工的工资总额。该账户贷方反映应付的工资总额；借方反映实际支付的工资总额。本账户期末一般无余额，如果有余额，贷方余额表示应付未付的工资总额；如为借方余额则表示多付的工资总额。本账户的明细分类账户应根据企业的具体情况，按照职工的类别、工资总额的组成内容等设置。见表 4-22。

表 4-22　　　　　　　　　　　应付职工薪酬会计科目编码的设置

科目代码	总分类科目（一级科目）	明细分类科目		是否辅助核算	辅助核算类别
		二级科目	三级科目		
2211	应付职工薪酬				
221101	应付职工薪酬	工资、奖金、津贴、补贴	项目	是	部门
221102	应付职工薪酬	货币性福利	项目	是	部门
221103	应付职工薪酬	社会保险费	项目	是	部门
221104	应付职工薪酬	非货币性福利	项目	是	部门
221105	应付职工薪酬	住房公积金	项目	是	部门
221106	应付职工薪酬	工会经费	项目	是	部门

科目代码	总分类科目（一级科目）	明细分类科目		是否辅助核算	辅助核算类别
		二级科目	三级科目		
221107	应付职工薪酬	职工教育经费	项目	是	部门
221108	应付职工薪酬	解除职工劳动关系补偿	项目	是	部门
221109	应付职工薪酬	其他	项目	是	部门

应付职工薪酬的具体账务处理见表 4-23。

表 4-23 应付职工薪酬的账务处理

财务情况	账务处理
从银行提取现金备发工资时	借：库存现金 　　贷：银行存款
支付工资时	借：应付职工薪酬 　　贷：库存现金
从工资中扣还的各种款项（如代垫的房租、家属医药费、个人所得税等）	借：应付职工薪酬 　　贷：其他应收款 　　　　应交税费——应交个人所得税
职工在规定时间未领的工资，由发放的单位及时交回财务部门	借：库存现金 　　贷：其他应付款

"应付职工薪酬——工资"科目月末有余额，贷方余额为累计应付未付工资，借方余额为累计多付工资。在企业各月工资总额相差不多的情况下，按照重要性要求，也可以按照当月实际支付的工资额进行分配，采用这种方法，"应付职工薪酬——工资"科目月末没有余额。账务处理如图 4-8 所示。

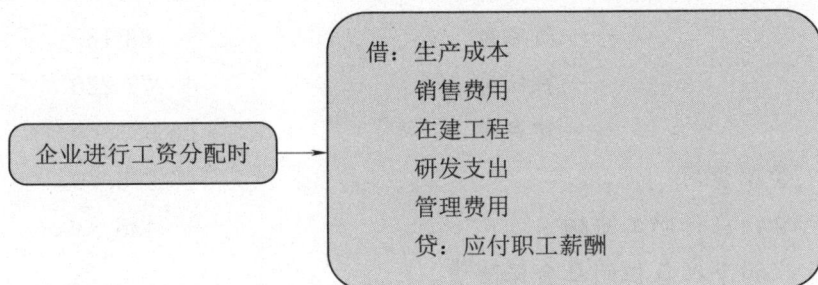

图 4-8 分配工资时的账务处理

【例 4-11】锦绣城大酒店 2020 年 5 月工资结算表，见表 4-24。

表 4-24 工资结算汇总表 单位：元

部门	岗位工资	补贴	考勤扣款	应付工资合计	代扣个人社保合计	代扣企业社保合计	代扣个人公积金	税前工资	个人所得税	实发工资
客房部	242 000	14 240	542	255 698	28 126.78	102 279.20	30 683.76	196 887.46	16 780	180 107.46
商品部	157 900	0	0	157 900	17 369	63 160	18 948	121 583	8 930	112 653
餐饮部	193 400	0	350	193 050	21 235.50	77 220	23 166	148 648.50	1 290	147 358.50
健身部	65 320	1 249	110	66 459	7 310.49	26 583.60	7 975.08	51 173.43	879	5 0294.43
行政部门	363 200	2 542	0	365 742	40 231.62	146 296.80	43 889.04	281 621.34	3 420	278 201.34
合计	1 021 820	18 031	1 002	1 038 849	114 273.39	415 539.60	124 661.88	799 913.73	31 299	768 614.73

根据工资结算业务，作会计分录如下：

（1）分配工资费用。

借：主营业务成本——客房部 255 698

——商品部 157 900

——餐饮部 193 050

——健身部 66 459

管理费用 365 742

贷：应付职工薪酬 1 038 849

（2）计提企业负担的社会保险费。

借：主营业务成本——客房部 102 279.20

——商品部 63 160

——餐饮部 77 220

——健身部 26 583.60

管理费用 146 296.80

贷：应付职工薪酬 415 539.60

（3）代扣个人负担的社会保险费。

借：应付职工薪酬 114 273.39

贷：其他应付款——社会保险费 114 273.39

（4）代扣个人负担的公积金。

借：应付职工薪酬　　　　　　　　　　124 661.88

　　贷：其他应付款——公积金　　　　　　　　124 661.88

（5）结转代扣个人所得税 31 299 元。

借：应付职工薪酬　　　　　　　　　　31 299

　　贷：应交税费——应交个人所得税　　　　　　31 299

（6）通过银行转账方式，实际发放工资 768 614.73 元。

借：应付职工薪酬　　　　　　　　　　768 614.73

　　贷：银行存款　　　　　　　　　　　　768 614.73

2. 应付社会保险费和住房公积金

应由职工个人负担的社会保险费和住房公积金，属于职工工资的组成部分应根据职工工资的一定比例计算，应由企业负担的社会保险费和住房公积金，应在职工为其提供服务的会计期间，根据职工工资的一定比例计算。账务处理如图 4-9 所示。

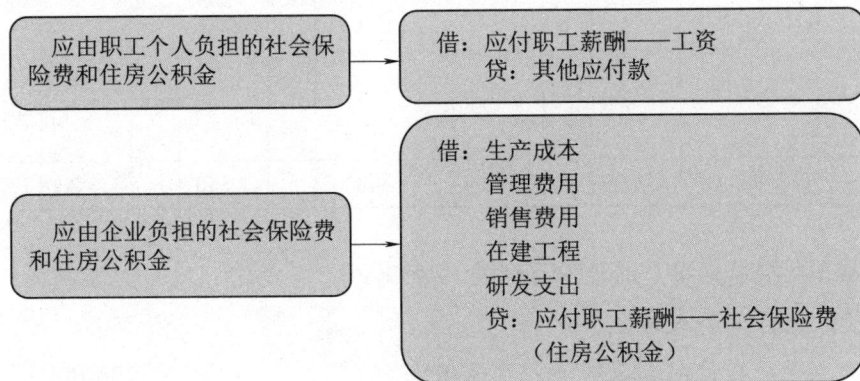

图 4-9　应付社会保险费和住房公积金的账务处理

新规定

国务院办公厅印发《降低社会保险费率综合方案》规定，从2019年5月1日起，降低城镇职工基本养老保险单位缴费比例。目前单位缴费比例高于16%的省份，可降至16%；同时，继续阶段性降低失业保险和工伤保险费率

【例4-12】2020年1月31日，信雅大酒店本月工资总额980 000元，根据规定，分别按照职工工资总额的一定比例计提"五险一金"。养老保险费单位缴款比例为16%，个人缴款比例为8%；医疗保险费单位缴款比例为7%，个人缴款比例2%；失业保险费单位缴款比例2%，个人缴款比例1%；工伤保险费单位缴款比例为1%；生育保险费单位缴款比例0.8%；住房公积金单位缴款比例为12%，个人缴款比例为12%。具体数据见表4-25。

表4-25　　　　　　　　　　社会保险金、住房公积金计算表

2020 年 1 月 31 日

项目	养老保险		医疗保险		失业保险		工伤保险		生育保险		住房公积金		合计
	比例	金额	比例	金额	比例	金额	比例	金额	比例	金额	比例	金额	
计算基数	—	980 000	—	980 000	—	980 000	—	980 000	—	980 000	—	980 000	
企业负担	16%	156 800	7%	68 600	2%	19 600	1%	9 800	0.8%	7 840	12%	117 600	380 240
个人负担	8%	78 400	2%	19 600	1%	9 800	—	—	—	—	12%	117 600	225 400
合计	—	235 200	—	88 200	—	29 400	—	9 800	—	7 840	—	235 200	605 640

企业计提社保费、公积金会计分录如下：

借：主营业务成本　　　　　　　　　　　　　　380 240

　　贷：应付职工薪酬——养老保险　　　　　　　　156 800

　　　　　　　　　　——医疗保险　　　　　　　　68 600

　　　　　　　　　　——失业保险　　　　　　　　19 600

　　　　　　　　　　——工伤保险　　　　　　　　9 800

　　　　　　　　　　——生育保险　　　　　　　　7 840

　　　　　　　　　　——住房公积金　　　　　　　117 600

登记会计凭证，见表4-26。

表 4-26　　　　　　　　　　　　　　　**记账凭证**

2020 年 1 月 31 日　　　　　　　　　　字第××号

摘要	会计科目	借方金额 万	千	百	十	万	千	百	十	元	角	分	贷方金额 万	千	百	十	万	千	百	十	元	角	分	记账
结转 1 月企业计提社保费共计 380 240 元	主营业务成本				3	8	0	2	4	0	0	0												√
	应付职工薪酬——养老保险															1	5	6	8	0	0	0	0	
	应付职工薪酬——医疗保险																6	8	6	0	0	0	0	√
	应付职工薪酬——失业保险																1	9	6	0	0	0	0	√
	应付职工薪酬——工伤保险																	9	8	0	0	0	0	√
	应付职工薪酬——生育保险																	7	8	4	0	0	0	√
	应付职工薪酬——住房公积金															1	1	7	6	0	0	0	0	√
合　计			¥	3	8	0	2	4	0	0	0			¥	3	8	0	2	4	0	0	0		

会计主管：单春明　　　　记账：陈熠　　　　审核：张燕　　　　制单：王晓

计提应由个人缴纳的社保费、公积金，账务处理如下：

借：应付职工薪酬——工资　　　　　　　　　　　225 400

　　贷：其他应付款——养老保险费　　　　　　　78 400

　　　　　　　　　——医疗保险费　　　　　　　19 600

　　　　　　　　　——失业保险　　　　　　　　9 800

　　　　　　　　　——住房公积金　　　　　　　117 600

登记会计凭证，见表 4-27。

表 4-27　　　　　　　　　　　　　　　　**记账凭证**

2020 年 1 月 31 日　　　　　　　　　　　　字第××号

摘要	会计科目	借方金额												贷方金额												记账
		万	千	百	十	万	千	百	十	元	角	分	万	千	百	十	万	千	百	十	元	角	分	
结转1月个人支付社保费共计225 400元	应付职工薪酬——工资				2	2	5	4	0	0	0	0												√
	其他应付款——养老保险																7	8	4	0	0	0	0	√
	其他应付款——医疗保险																1	9	6	0	0	0	0	√
	其他应付款——失业保险																	9	8	0	0	0	0	√
	其他应付款——公积金																1	1	7	6	0	0	0	√
				¥	2	2	5	4	0	0	0	0			¥	2	2	5	4	0	0	0	0	

会计主管：单春明　　　记账：陈熠　　　审核：张燕　　　制单：王晓

上缴时。

```
借：应付职工薪酬——养老保险费                  156 800
              ——医疗保险费                   68 600
              ——失业保险                     19 600
              ——工伤保险                      9 800
              ——生育保险                      7 840
              ——住房公积金                   117 600
    其他应付款——养老保险费                    78 400
              ——医疗保险费                   19 600
              ——失业保险                      9 800
              ——住房公积金                   117 600
    贷：银行存款                             605 640
```

登记会计凭证，见表 4-28。

表 4-28

记账凭证

摘要	会计科目	借方金额 千	百	十	万	千	百	十	元	角	分	贷方金额 万	千	百	十	万	千	百	十	元	角	分	记账
上缴 1 月份社保费共计 605 640 元	应付职工薪酬——养老保险			1	5	6	8	0	0	0	0												√
	应付职工薪酬——医疗保险				6	8	6	0	0	0	0												√
	应付职工薪酬——失业保险				1	9	6	0	0	0	0												√
	应付职工薪酬——工伤保险					9	8	0	0	0	0												√
	应付职工薪酬——生育保险					7	8	4	0	0	0												√
	应付职工薪酬——公积金			1	1	7	6	0	0	0	0												√
	其他应付款——养老保险					7	8	4	0	0	0												√
	其他应付款——医疗保险				1	9	6	0	0	0	0												√
	其他应付款——失业保险					9	8	0	0	0	0												√
	其他应付款——公积金			1	1	7	6	0	0	0	0												√
	银行存款														6	0	5	6	4	0	0	0	√
合　计		¥	6	0	5	6	4	0	0	0				¥	6	0	5	6	4	0	0	0	

会计主管：单春明　　　　记账：陈熠　　　　审核：张燕　　　　制单：王晓

3. 应付工会经费和职工教育经费的计提与使用

工会经费是按照国家规定由企业负担的用于工会活动方面的经费（2%），职工教育经费是按国家规定由企业负担的用于职工教育方面的经费（8%）。

新规定

根据《财政部 税务总局关于企业职工教育经费税前扣除政策的通知》（财税〔2018〕51号）规定，企业发生的职工教育经费支出，不超过工资薪金总额8%的部分，准予在计算企业所得税应纳税所得额时扣除；超过部分，准予在以后纳税年度结转扣除。职工教育经费的税前扣除原则：必须实际发生，企业该项支出，必须实际发生，仅仅计提，而未实际发生的支出不得企业所得税前扣除。比如某酒店按工资总额计提了8%的职工教育经费，如果这笔钱当期没有支出，则应当时行纳税调增。

为了反映工会经费和职工教育经费的提取和使用情况，应在"应付职工薪酬"科目下设"工会经费"和"职工教育经费"明细科目。账务处理如图4-10所示。

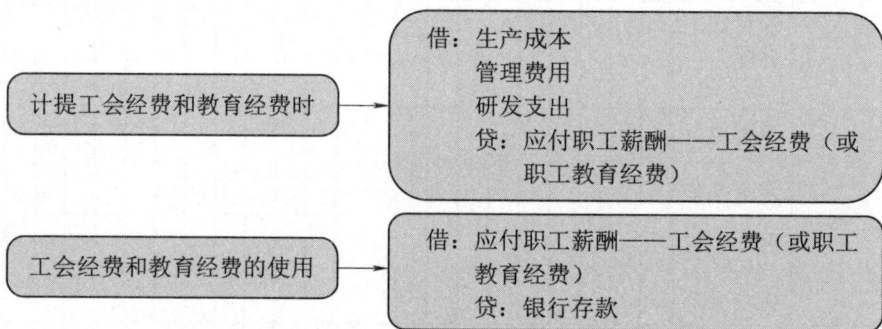

图 4-10 应付工会经费和职工教育经费的账务处理

【例4-13】信雅大酒店按照职工工资总额980 000元的2%和8%计提工会经费和职工教育经费。填制的原始凭证见表4-29。

表 4-29   工会经费、职工教育经费计算表

2020 年 3 月 5 日   单位：元

项目	工会经费		职工教育经费		合计
	比例	金额	比例	金额	
计算基数		980 000			98 000
应付职工薪酬	2%	19 600	8%	78 400	

①计提时：

借：生产成本   98 000

    贷：应付职工薪酬——工会经费（或职工教育经费） 98 000

②上交时。

借：应付职工薪酬——工会经费（或职工教育经费） 98 000

    贷：银行存款   98 000

4. 企业年金缴存与账务处理

企业年金，是指企业及其职工在依法参加基本养老保险的基础上，自愿建立的补充养老保险制度。根据 2018 年 2 月 1 日实行的人力资源和社会保障部、财政部联合印发《企业年金办法》（以下简称"办法"）规定，企业年金所需费用由企业和职工个人共同缴纳，基金实行完全积累，为每个参加企业年金的职工建立个人账户。企业缴费每年不超过本企业职工工资总额的 8%，企业和职工个人缴费合计不超过本企业职工工资总额的 12%，具体所需费用由企业和职工协商确定。

《办法》要求，企业缴费应当按照企业年金方案确定的比例和办法计入职工企业年金个人账户，职工个人缴费计入本人企业年金个人账户。企业当期缴费计入职工企业年金个人账户的最高额不得超过平均额的 5 倍。

职工企业年金个人账户中企业缴费及其投资收益，企业可以与职工一方约定其自始归属于职工个人，也可以约定随着职工在本企业工作年限的增加逐步归属于职工个人，完全归属于职工个人的期限最长不超过 8 年。

企业为职工建立的企业年金，属于员工离职后福利计划。且企业在员工提供服务的会计期间，将按计划计算的缴存金额存到指定的账户后，不再承担进一步支付义务，所以属于离职后福利中的设定提存计划。企业每期缴存时作分录，

借：相关成本费用

    贷：应付职工薪酬——企业年金

缴纳时：

借：应付职工薪酬——企业年金

    贷：银行存款

期末，余额在流动负债的应付职工薪酬项目中列报；在报表附注中披露所设立或参与的设定提存计划的性质、计算缴费金额的公式或依据、当期缴

费金额以及期末应付未付金额。

5. 应付非货币性福利

（1）企业以其自产产品作为非货币性福利发放给职工的，应当根据受益对象，按照该产品的公允价值，计入相关资产成本或当期损益，同时确认应付职工薪酬。账务处理如图 4-11 所示。

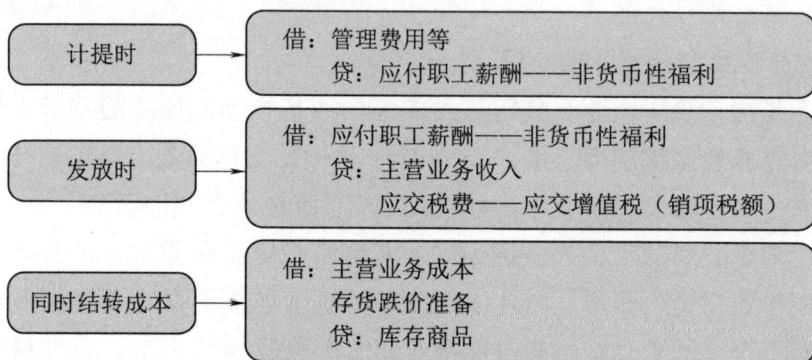

计提时	借：管理费用等 　贷：应付职工薪酬——非货币性福利
发放时	借：应付职工薪酬——非货币性福利 　贷：主营业务收入 　　应交税费——应交增值税（销项税额）
同时结转成本	借：主营业务成本 　存货跌价准备 　贷：库存商品

图 4-11　非货币性职工薪酬的账务处理

（2）企业将拥有的房屋等资产无偿提供给职工使用的，应当根据受益对象，将该住房每期应计提的折旧计入相关资产成本或当期损益，同时确认应付职工薪酬。租赁住房等资产职工无偿使用的，应当根据受益对象，将每期应付的租金计入相关资产成本或当期损益，并确认应付职工薪酬。基本账务处理如图 4-12 所示。

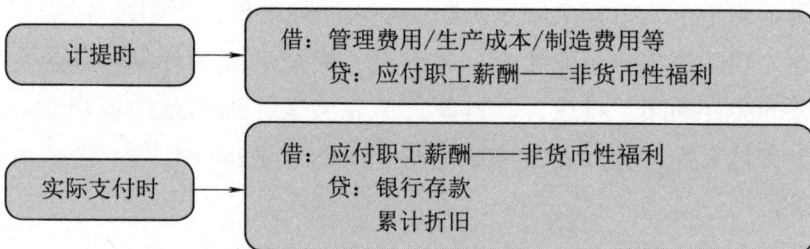

| 计提时 | 借：管理费用/生产成本/制造费用等
　贷：应付职工薪酬——非货币性福利 |
| 实际支付时 | 借：应付职工薪酬——非货币性福利
　贷：银行存款
　　累计折旧 |

图 4-12　非货币性福利费的账务处理

【例 4-14】锦绣城大酒店为部分单身员工租用宿舍，每月租金 31 200 元，编制会计分录如下：

①确认非货币性福利

借：管理费用　　　　　　　　　　　　　　　　　　　　　31 200

　　贷：应付职工薪酬——非货币性福利　　　　　　　　　　31 200

②支付租金时：

借：应付职工薪酬——非货币性福利   31 200

  贷：银行存款   31 200

（3）企业在职工劳动合同到期之前解除与职工的劳动关系，或者为鼓励职工自愿接受裁减而提出给予补偿的建议，同时满足下列条件的，应当确认因解除与职工的劳动关系给予补偿而产生的应付职工薪酬，同时计入当期损益。

①企业已制定正式的解除劳动关系计划或提出自愿裁减建议，并即将实施。该计划或建议应当包括拟解除劳动关系或裁减的职工所在部门、职位及数量；根据有关规定按工作类别或职位确定的解除劳动关系或裁减补偿金额；拟解除劳动关系或裁减的时间。

②企业不能单方面撤回解除劳动关系计划或裁减建议。为了反映解除劳关系补偿的提取和支付情况，应在"应付职工薪酬"科目下设置"辞退福利"明细科目。

由于被辞退职工不能再给企业带来任何经济利益，辞退福利应当计入当期费用而不是资产成本。借记"管理费用"科目，贷记"应付职工薪酬——辞退福利"科目。账务处理如图 4-13 所示。

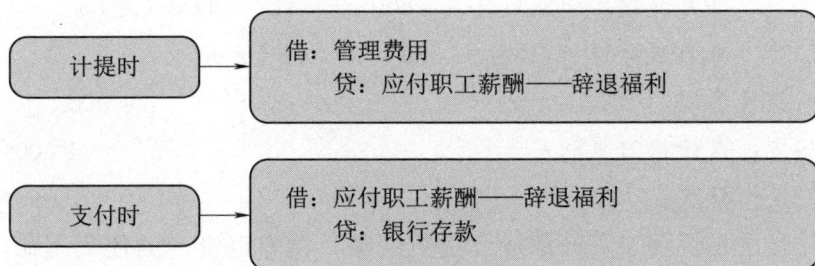

图 4-13   因解除与职工劳动关系给予的补偿账务处理

【例 4-15】锦绣大酒店因撤销一项业务，需要辞退 10 名员工。根据劳动合同的规定，每名员工支付补偿费 60 000 元。

借：管理费用   60 000

  贷：应付职工薪酬——辞退福利   60 000

借：应付职工薪酬——辞退福利   60 000

  贷：银行存款   60 000

4.4.4 客房部折旧、修理、装修的核算

酒店固定资产主要包括房屋、建筑和电梯、中央空调、锅炉等大型设施，很难分清使用部门分摊折旧费用，一般是在管理费用中核算。若是能够分清使用部门的，在销售费用中核算。

1. 固定资产折旧费用的核算

固定资产折旧方法可以采用年限平均法、工作量法、双倍余额递减法、年数总和法等。固定资产折旧方法一经确定，不得随意变更。

（1）年限平均法。

年限平均法又称直线法，是将固定资产的应计折旧额在固定资产使用寿命内平均分摊到各期的一种方法。采用这种方法各期计算的折旧额相等。年限平均法的计算公式如下：

年折旧率＝（1－预计净残值率）÷预计使用年限×100%

月折旧率＝年折旧率÷12

月折旧额＝固定资产原价×月折旧率

【例 4-16】2018 年 1 月 20 日，栗阳酒店购入 50 台挂式空调，每台空调价格 4 800 元，使用年限 5 年，采用年限平均法计提折旧。

每月计提折旧额＝50×4 800÷5÷12＝4 000（元）

每台应计提折旧额＝4 000÷50＝80（元）

借：销售费用　　　　　　　　　　　　　　　　4 000

　贷：累计折旧　　　　　　　　　　　　　　　　　4 000

（2）工作量法。

工作量法是将固定资产的应计提折旧额，在固定资产的使用寿命内按各期完成的工作量进行分摊的一种方法。工作量法的计算公式如下：

单位工作量折旧率＝固定资产原价×（1－预计净残值率）÷预计总工作量

某项固定资产月折旧额＝该项固定资产当月工作量×单位工作量折旧率

【例 4-17】久久大饭店购入一台商务汽车，原值 480 000 元，预计总行驶 1 000 000 千米，预计净残值率为 5%。该汽车本月实际行驶 7 000 千米，本月折旧计算如下：

每公里折旧率＝480 000×（1－5%）÷1 000 000＝0.456（元/千米）

本月折旧额＝7 000×0.456＝3 192（元）

（3）双倍余额递减法。

双倍余额递减法是指在不考虑固定资产预计净残值的情况下，根据每期期初固定资产原价减去累计折旧后的金额和双倍的直线法折旧率计算固定资产折旧的一种方法。计算公式如下：

年折旧率＝2÷预计使用年限×100％

月折旧率＝年折旧率÷12

月折旧额＝每月月初固定资产账面净值×月折旧率

【例4-18】久久大酒店厨房设备原值为240 000元，预计使用年限为5年，预计净残值5 000元，采用双倍余额递减法计提折旧。

年折旧率＝2÷5×100％＝40％

第一年折旧额＝240 000×40％＝96 000（元）

第二年折旧额＝（240 000－96 000）×40％＝57 600（元）

第三年折旧额＝（240 000－96 000－57 600）×40％＝34 560（元）

第四年折旧额＝（240 000－96 000－57 600－34 560－5 000）÷2＝23 420（元）

第五年折旧额＝（240 000－96 000－57 600－34 560－5 000）÷2＝23 420（元）

注意：为简化计算，每年各月折旧额可根据年折旧额除以12个月计算。

（4）年数总和法。

年数总和法又称年限合计法，是指将固定资产的原值减去预计净残值后的余额，乘以一个以固定资产尚可使用寿命为分子、以预计使用寿命逐年数字之和为分母的逐年递减的分数计算每年的折旧额。计算公式如下：

年折旧率＝尚可使用年限÷预计使用寿命的年数总和×100％

月折旧率＝年折旧率÷12

月折旧额＝（固定资产原价－预计净残值）×月折旧率

【例4-19】天外天酒楼的一项机器设备原值为400 000元，预计使用年限为4年，预计净残值2 000元，采用年数总和法计提折旧。

第一年折旧额＝（400 000－2 000）×4÷10＝159 200（元）

第二年折旧额＝（400 000－2 000）×3÷10＝119 400（元）

第三年折旧额＝（400 000－2 000）×2÷10＝79 600（元）

第四年折旧额＝（400 000－2 000）×1÷10＝39 800（元）

【例4-20】2018年2月20日，荥水大酒店购入5台电子显示屏，每台电子显示屏价格12 000元，使用年限5年，无残值。采用年限平均法计提折旧。

$$每月计提折旧额 = 5 \times 12\,000 \div 5 \div 12 = 1\,000（元）$$

$$每台应计提折旧额 = 1\,000 \div 5 = 200（元）$$

借：销售费用   1 000

  贷：累计折旧   1 000

2. 修理费用的核算

一般来说，修理费用通常包括以下费用项目：

（1）物料消耗。这是指修理过程中需要使用和更换的材料和物品。

（2）劳务费用。这是指有关设备修理人员的工资。为简化核算，习惯上固定资产中小修理而支付的工资不作为修理费项目列支，而按职工的原工作部门列支。只有固定资产大修理发生的人工费用才计入企业修理费，并包括支付的奖金、津贴补贴和计提的福利费。

（3）补助费用。这是指企业水电等辅助生产部门为修理工程提供劳务而发生的费用，也包括支付给运输部门的运输费用。

（4）保险费。

（5）其他有关税费。主要是指修理工程领用的物料所需要分摊负担的进项税，也包括其他有关税费。

【例 4-21】信阳大酒店客房检修电路系统，发生费用 17 890 元，用银行存款支付。

借：管理费用——客房——修理费   17 890

  贷：银行存款   17 890

3. 酒店装修费用的核算

酒店是以设施完善、舒适来吸引客人的，每 5～10 年进行一次装修，费用巨大。现行会计制度规定，不允许预提费用。在成本发生时，计入长期待摊费用。会计分录如图 4-14 所示。

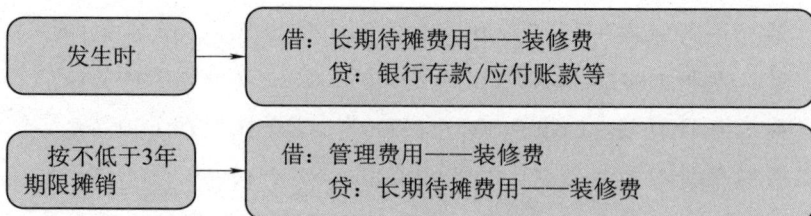

图 4-14　长期待摊费用的账务处理

【例4-22】信阳大酒店将客房、大堂进行全面装修，汇好装饰工程公司承接了该项工程，合同约定装修费用为240万元。2020年5月11日，支付装修费用100万元。10月20日装修完毕，实际发生的装修费用为140万元，经酒店验收合格。支付装修费用140万元。

（1）5月11日，支付工程款时。

借：预付账款   1 000 000
  贷：银行存款   1 000 000

（2）10月20日，装修完毕时。

借：长期待摊费用——固定资产装修   2 400 000
  贷：预付账款   1 000 000
    银行存款   1 400 000

（3）按5年摊销装修费用＝2 400 000÷5＝480 000（元）

每月摊销装修费用＝480 000÷12＝40 000（元）

借：管理费用——客户和大堂——装修费   40 000
  贷：长期待摊费用   40 000

根据发生装修部门性质可计入"销售费用"或"管理费用"。此外，根据新会计准则规定，如果酒店餐饮企业经营场所是经营性租入的，装修费用可先通过"在建工程"科目归集，装修完毕后转入"长期待摊费用"，在租赁期和装修使用年限孰短的期间内摊销。

4.4.5　能源消耗的核算

客房能源消耗主要是电力和燃油。中央空调、热水、洗衣房的能源消耗最大。

借：销售费用——电费或燃料费
  贷：银行存款

虽然洗衣房不单独进行核算，但其成本费用却占客房费用总额的5%以上，并且根据业务需要，该费用要做账外核算。故对洗衣房的能源消耗应进行统计。其中：电费可按洗衣设备的功率和需要运转的时间计算并确定；燃油是锅炉提供烘干机蒸汽的消耗，但与供应客房的热水混在一起，只能由工程部门的技术人员估计各占耗油比例确定各自的燃料费。统计出的洗衣房能源消耗费用是供账外核算洗涤成本之用，不做账外处理。

1. 燃料的核算

餐饮企业购入的各种燃料，与原料及主要材料的核算方法相同，耗用的燃料应区别不同的情况进行核算，饮食业、洗浴业经营中耗用的燃料应列入"主营业务成本"账户，其他服务业和餐饮企业其他部门耗用的燃料作为期间费用直接计入当期损益。这部分期间费用应根据耗用的部门不同，做出不同的账务处理。通常情况下，餐饮部门或者不独立核算的车队耗用的燃料应列入"销售费用"账户；行政管理部门耗用的燃料则应列入"管理费用"账户。

【例4-23】2018年3月，大华饭店餐厅、厨房耗电5 200度，业务部门耗电1 480度，行政管理部门耗电1 280度。商业用电每度1.2元，以银行存款支付，会计分录如下。

借：销售费用   8 016
  管理费用   1 536
   贷：银行存款   9 552

2. 物料用品的核算

餐饮企业的物料用品具有品种繁杂、价格低廉的特点。其购进的核算方法与原料及主要材料的核算方法相同。餐饮企业有关部门或人员在领用物料用品时，应填制领料单，办理领料手续，保管人员应将领料单定期汇总，编制"耗用物料用品汇总表"，连同领料单一并送交财会部门，财会部门复核无误后据以入账。各业务部门领用的物料用品应列入"销售费用"账户；行政管理部门领用的物料用品应列入"管理费用"账户。

【例4-24】2020年2月，丽都酒店餐厅领用花篮45个，单价78元；烟灰缸130个，单价4.5元；紫色桌布55条，单价26元，共计5 525元。酒店办公室领用A4打印纸40包，每包25元；胶带120个，单价5元；圆珠笔140支，单价3元，共计2 020元。作会计分录如下。

销售部门领用花瓶、烟灰缸、紫色桌布＝45×78＋130×4.5＋55×26
              ＝3 510＋585＋1430＝5 525（元）

管理部门领用打印纸、胶带、圆珠笔＝40×25＋120×5＋140×3
            ＝1 000＋600＋420＝2 020（元）

借：销售费用——物料消耗   5 525
  管理费用——办公费   2 020
   贷：原材料——物料用品   7 545

3. 原材料消耗的核算

客房消耗的原材料，一般是向酒店总仓库领用的。其为客人免费提供的牙具、梳子、拖鞋等一次性用品，都是按照客房应住人数提供的。其在领用时的会计分录如下：

借：销售费用——客房——物料消耗

　　贷：原材料——总库

酒店一次性用品日常消耗较大，一般由仓库进货，之后由客房部批量领用，存放于客房部的仓库中，每天按实际用发放。原材料的核算有两种：

（1）移库处理，逐日（月）核销。

①客房批量领出时。

借：原材料——客房仓库——一次性用品（分品名）

　　贷：原材料——总库——一次性用品（分品名）

②每天（或每月）根据客房一次性用品消耗报表。

借：销售费用——客房——物料消耗

　　贷：原材料——客房仓库——一次性用品（分品名）

该核算方法在月末应进行盘点，确认是否账实相符，如不相符则查明原因做相应处理。并且该方法有逐项登记一次性用品，便于物资监管的优点，但是在核算的时候却比较复杂。

（2）倒轧确定消耗量。

客房批量领出时，不作移库处理，按所领数额，列入"业务间接费用"账户。月末按倒计方法，计算出本月实际消耗数额，从"业务间接费用"账户转入"销售费用"账户。

"业务间接费用"账户属于成本类账户，期末可以保留余额。该账户在实务中用于有些费用发生时，不能分清应负担的部门，可以先在此账户进行归集，到了期末再根据实际情况结转到相关成本或费用账户，或有些费用发生后，在当月不能全部转销时，也可先在此账户中核算。

4.4.6 服装费的核算

酒店员工一般都统一着装，星级酒店服装档次较高，价格昂贵。服装费不论采用何种方式核算，都要指定专人户负责，设置备查簿，对发放的服装分部门和领用人登记管理。离职人员还要交还所领服装，避免浪费。服装费发生时，可一次性列入费用或列入低值易耗品，分期摊销。

【例4-25】锦绣大酒店购进1 000套服装，平均每套120元。

（1）采用五五摊销法摊销低值易耗品。

借：销售费用——服装费   60 000

  贷：低值易耗品——服装——库存   60 000

（2）报废时再摊销成本的50%。

借：销售费用——服装费   60 000

  贷：低值易耗品——服装——库存   60 000

第 5 章
酒店餐饮部的会计核算

　　酒店餐饮部是构成酒店的一个重要部门，是酒店经济收入的主要来源，它与客房部、商品部、康乐部作为酒店利润的主要来源。

5.1 酒店餐饮部的基本常识

餐饮部依照酒店的营业及管理政策，全面负责餐饮部的各项预算、策划、运营、督导中西餐、小吃各部经理等严格按照要求完成工作，并按需向客人提供高质量的餐饮服务。

5.1.1 酒店餐饮部的特点

餐饮部是整个酒店员工人数较多的部门之一，其所管辖的区域也是客流量较大的一个地方。因此，餐饮部各岗位人员应该更加努力地做好自己的分内工作，竭尽全力提供给客人最优质的服务。

酒店餐饮部具有三个方面的特点。

1	• 餐饮部收入占有较大的比重，一般酒店的饮食收入占总收入的30%~40%。由于餐饮部每日的就餐人数和人均消费额不固定，所以其收入的可变性很大，酒店应通过各种措施，加强经营管理，突出风味特色，调整好销售结构，扩大销售量，以增加收入；通过精打细算，减少原材料浪费，降低饮食成本
2	• 酒店餐饮部的经营管理同其他生产部门不同，餐饮生产的特点是先有买主后生产，现生产现销售，从客人进入餐厅点菜到成品，都是根据客人个人要求而给予的个性化服务
3	• 饮食制品的成本，只包括所耗用的原材料，也就是组成饮食制品的主料、配料、调料三大类，而燃料、工资和其他费用等，根据现行会计制度规定列入"销售费用"，不计入饭店制品的成本

5.1.2 餐饮部的组织架构

酒店餐饮部的组织架构，如图 5-1 所示。

餐饮总监

总监助理　中餐厅经理　西餐厅经理　宴会厅经理　大堂吧经理　中餐厨师长

餐饮部文员　中餐厅领班　西餐厅领班　宴会厅领班　大堂吧领班　中餐冷菜厨师

中餐厅迎宾员　西餐厅迎宾员　餐务预定员　大堂吧服务员　中式点心厨师

中餐厅服务员　西餐厅服务员　宴会服务员　大堂吧调酒员　打荷厨师

中餐厅传菜员　炉台厨师

中餐厅划菜员

中餐厅酒水员

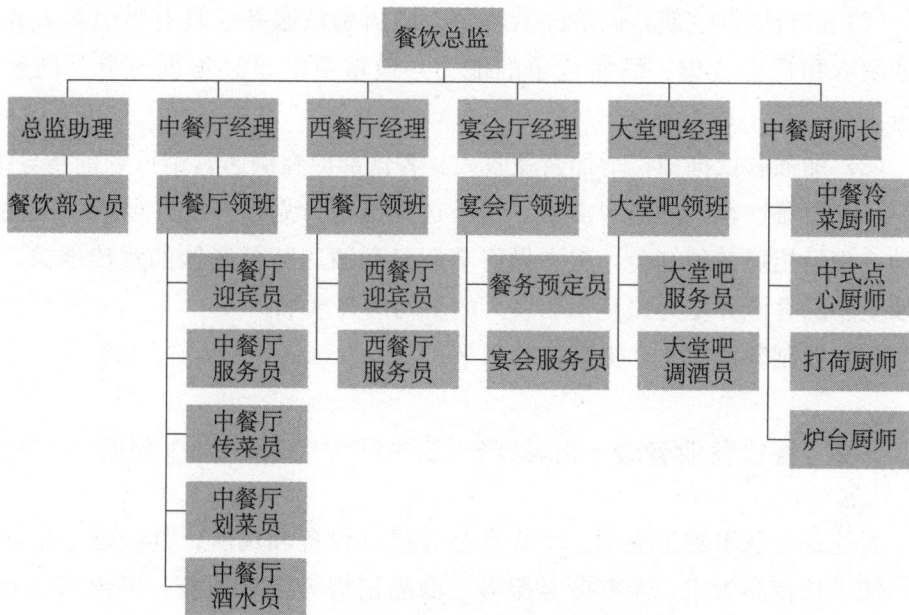

图 5-1　酒店餐饮部的组织架构

5.1.3　餐饮部工作职能

餐饮部工作职能有四个方面，如图 5-2 所示。

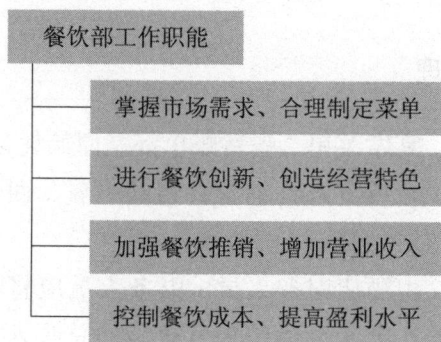

餐饮部工作职能

掌握市场需求、合理制定菜单

进行餐饮创新、创造经营特色

加强餐饮推销、增加营业收入

控制餐饮成本、提高盈利水平

图 5-2　餐饮部工作职能

（1）掌握市场需求，合理制定菜单。餐饮部应了解本酒店目标市场客源的消费特点和餐饮要求，并在此基础上制定出能够迎合目标市场客源的菜单，满足客人对餐饮服务的各种需求。

（2）进行餐饮创新，创造经营特色。酒店餐饮服务应具有吸引客人并与其他酒店和社会餐馆、酒楼竞争的能力，最重要的是必须创造自己的经营特色。

（3）加强餐饮推销，增加营业收入。餐饮部应在酒店营销计划的指导下，研究、分析餐饮客人的消费需求，精心选择推销计划，开展各种形式的促销活动，积极招揽各种宴会，努力做好节假日和酒店特色餐饮的宣传推销，以争取更多的客源并尽力提高来店客人的平均消费水平。

（4）控制餐饮成本，提高盈利水平。

5.2　餐饮营业管理

餐饮部是从事加工烹制、出售食品并提供设备和场所，其经营范围以烹制、加工饮食品为主，兼有劳务服务、商品销售等多种功能。餐饮部在业务经营过程中，同样执行生产、零售和服务三种职能，即一方面从事菜肴和食品的烹制；一方面将烹制品直接供应消费者。在供应过程中，为消费者提供消费场所、用具和服务活动。此外，饮食制品的质量标准和技艺要求复杂，在会计核算上也很难像工业企业那样，按产品逐次逐件进行完整的成本计算，一般只能核算经营单位或经营种类耗用原材料的总成本，以及营业收入和各项费用支出。

5.2.1　餐单管理

点菜单、酒水单、宴席菜单、餐费账单都是原始凭证，应进行账款核对。

（1）每日营业终了，负责人收集所管辖的中餐、西餐、吧台、面点等分菜单，并应与点菜单核对相符。

（2）经整理后，交由酒店财务人员。财务人员应将收到的原始单据与餐饮营业日报表核对相符；吧台商品销售日报表的总收入，应与餐饮营业日报表酒水销售收入相符。

常见的餐单有以下几种：

1. 点菜单

点菜单专用于散客点菜，点菜单的项目可根据实际需要设置。最后结算餐费时根据点菜单所列菜品及金额合并计算。

2. 宴席菜单

宴席菜单用于包桌客人，由餐厅服务员根据顾客商定的菜谱、桌数、用膳时间、价格等填写。

3. 分菜单

由于菜肴、面点、冷菜等不是全部由厨房一处供应，所以在填制点菜单时，要按不同供应部门填写。

4. 加菜单

客人在用餐过程中，如需要加菜，由前台服务员填写菜单。

5. 酒水单

酒水单是前台据以发货和登记付出实物的凭证，酒水单不能随意涂改。

6. 餐费账单

餐费账单是由收银员分别根据宴席菜单、点菜单、加菜单、酒水单等登记后与客人结算的账单。

5.2.2 餐饮吧台的监控

吧台向客人提供酒水、香烟、小食品、餐巾纸等服务，只按酒水单交付实物，不直接收款，由收银台统一与客人结算。但是，如果制度不严格，也会产生实物丢失或对不上账的情形。

（1）吧台领用结算单时，必须办理登记手续，妥善保管。

（2）结算单在使用时必须联号，不得空号，更不能隔本使用。使用过的结算单必须全部上缴财务部。

（3）根据结算程序，每份结算单上必须有商品员、收银员、值台服务生的签名；客人要求结账时，服务生必须持结算单及所有的点单（点菜单、酒水单、多功能单、标准单）一同交由客人审核，无结算单，服务生有权拒绝受理。

5.3 餐饮部收入的核算

餐饮部门的主营业务收入包括以下五个方面，见表 5-1。

表 5-1 餐饮部门的主营业务收入

分类	说明
餐费收入	包括餐饮部门所取得的各种正餐收入、早点收入、夜宵收入、宴会收入等
冷热饮收入	是指餐饮部门所取得的各种饮料及酒水收入
服务费收入	是指餐饮部门按客人消费的一定比例收取的服务费收入
小卖部收入	是指餐饮部门为客人提供各种商品如香烟、纸张等所取得的收入
其他收入	是指餐饮部门为客人提供上述服务以外的各种杂项收入,如场租费、开瓶费等

5.3.1 餐饮部的销售收款方式

餐饮部门供应的饮食品种类多且数量零星。从销售方式看,有服务到桌销售也有自助式销售。从收款方式看,有先消费后付款,也有先付款后消费。具体方法有以下四种,如图 5-3 所示。

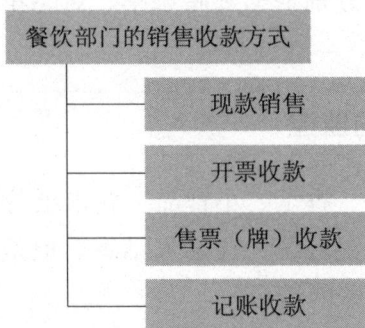

图 5-3 餐饮部门的销售收款方式

具体说明见表 5-2。

表 5-2 餐饮部门的销售收款方式

分类	说明
现款销售	"一手交钱,一手交货",服务员出售饭菜的同时收取款项
开票收款	是指顾客在服务员的引导下,选好座位,点菜后有服务员直接开票收款
售票(牌)收款	采用这种方式,顾客先到柜台交款买票(牌),然后将票(牌)自行或有服务员送到厨房加工制作饮食品;加工制作完毕后,叫号凭票自行领取或由服务员相应按票把饭菜送到餐桌
记账收款	又分为转账结算和信用卡结算。转账结算一般对所有往来关系的单位或个人使用;信用卡结算是指客人凭信用卡用餐

5.3.2 餐饮部收入的账务处理

餐饮业务在当天营业结束后，由收款员根据"收款核对表""收款登记表"和"产销核对表"等凭证，汇总编制"营业收入日报表"与所收库存现金一并交财会部门。或由收款人自行填写库存现金解款单存至银行，凭银行解款单回单向财会部门报账。销售收入的库存现金，不得用于列支其他开支，如有长短款，应在"营业收入日报表"中分别填列，不得以长补短。账务处理如图 5-4 所示。

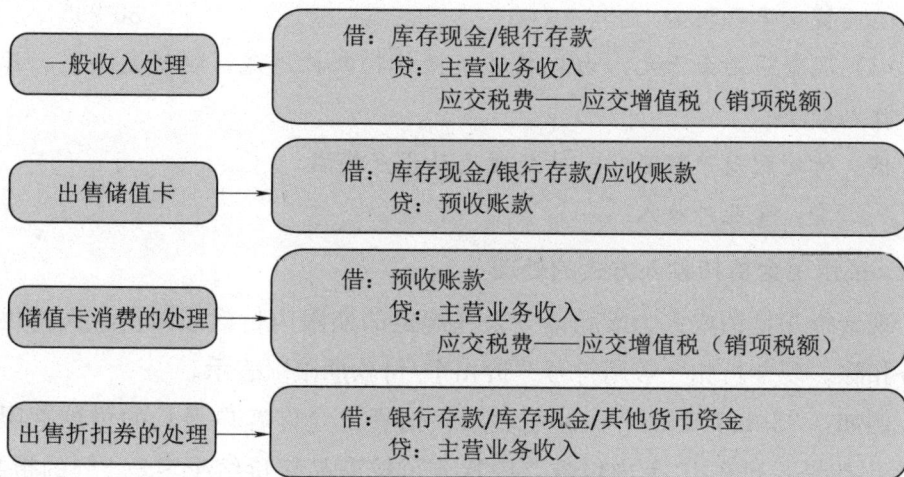

```
一般收入处理  →  借：库存现金/银行存款
                 贷：主营业务收入
                     应交税费——应交增值税（销项税额）

出售储值卡    →  借：库存现金/银行存款/应收账款
                 贷：预收账款

储值卡消费的处理 → 借：预收账款
                 贷：主营业务收入
                     应交税费——应交增值税（销项税额）

出售折扣券的处理 → 借：银行存款/库存现金/其他货币资金
                 贷：主营业务收入
```

图 5-4　营业收入的账务处理

1. 一般收入的账务处理

【例 5-1】2020 年 8 月 15 日，华侨大酒店餐饮营业部报送的"营业收入日报表"，列明应收金额 30 290 元，实收库存现金 30 295 元，库存现金已存银行，溢余现金 5 元，原因待查。见表 5-3。

表 5-3　　　　　　　　　　　营业收入日报表项目

项目	应收金额（元）	实收金额（元）	溢款（＋）备注	缺款（一）（元）	备注
菜品收入	15 750	15 750	0	0	
酒水收入	14 540	14 545	5	0	
合计	30 290	30 295	5		

（1）根据营业收入日报表，作会计分录如下。

借：库存现金　　　　　　　　　　　　　　　　　　　　　30 295

　　贷：主营业务收入——菜品收入　　　　　　　　　　14 858.49

　　　　　　　　　　——酒水收入　　　　　　　　　　13 716.98

　　　　应交税费——应交增值税（销项税额）　　　　　1 714.53

　　　　待处理财产损溢——待处理流动资产损溢　　　　　　　　5

（2）根据存款单回单联，做会计分录如下。

借：银行存款　　　　　　　　　　　　　　　　　　　　　30 295

　　贷：库存现金　　　　　　　　　　　　　　　　　　　30 295

（3）现查明溢余 5 元，为收款员误操作收款机造成，经研究决定，作营业外收入处理。

借：待处理财产损溢——待处理流动资产损溢　　　　　　　　5

　　贷：营业外收入　　　　　　　　　　　　　　　　　　　　5

2. 采用现金折扣收入方式的处理

现金折扣是债权人为鼓励债务人在规定的期限内付款而向债务人提供的债务扣除。现金折扣一般用符号"折扣率/付款期限"表示。

例如，"2/10，1/20，n/30"表示：销货方允许客户最长的付款期限为 30 天，如果客户在 10 天内付款，销货方可按商品售价给予客户 2% 的折扣，如果客户在 20 天内付款，销货方可按商品售价给予客户 1% 的折扣，如果客户在 21 天至 30 天内付款，将不能享受现金折扣。

现金折扣发生在企业销售商品之后，现金折扣在销售时按总价（即按照扣除现金折扣前的金额）入账。在收款时，要区分是否在折扣期限内收到款项。如果在折扣期限内收到款项，少收的部分要记入财务费用。即现金折扣在实际发生时计入当期财务费用。

【例 5-2】锦绣城大酒店为一般纳税人企业，是莱亚医药公司招待客户的指定饭店。为此，双方经过协商确定，以一个月为结算时间，锦绣城大酒店给予现金折扣条件为：2/10，1/20，n/30，不考虑增值税。莱亚医药公司本次消费金额为 26 288 元。

（1）销售实现时，按销售总价确认收入。

借：应收账款　　　　　　　　　　　　　　　　　　　　　26 288

贷：主营业务收入（26 288÷1.06）　　　　　　24 800
　　　　　应交税费——应交增值税（销项税额）　　　　1 488

　　（2）如果莱亚医药公司月结的第 10 天付款，则按销售总价 24 800 元的 2% 享受现金折扣 496（24 800×2%）元，实际付款 25 792（26 288 － 496）元。

　　借：银行存款　　　　　　　　　　　　　　　　25 792
　　　　财务费用　　　　　　　　　　　　　　　　　 496
　　　贷：应收账款　　　　　　　　　　　　　　　　26 288

　　（3）如果莱亚医药公司月结的第 20 天付款，则按销售总价 24 800 元的 1% 享受现金折扣 248（24 800×1%）元，实际付款 26 040（26 288 － 248）元。

　　借：银行存款　　　　　　　　　　　　　　　　26 040
　　　　财务费用　　　　　　　　　　　　　　　　　 248
　　　贷：应收账款　　　　　　　　　　　　　　　　26 288

　　（4）如果莱亚医药公司在超过月结的第 21 天付款，则按全额付款。

　　借：银行存款　　　　　　　　　　　　　　　　26 288
　　　贷：应收账款　　　　　　　　　　　　　　　　26 288

【例 5-3】锦绣城大酒店财务部依据营业部门报送的"营业收入日报表"，列明应收 142 040 元，其中餐饮收入 73 140 元，酒水收入为 43 460 元，吧台收入 25 440 元。其中现金为 61 450 元，信用卡收入 80 590 元。

　　根据营业收入日报表，作会计分录如下。

　　借：库存现金　　　　　　　　　　　　　　　　61 450
　　　　其他货币资金——信用卡　　　　　　　　　80 590
　　　贷：主营业务收入　　　　　　　　　　　　 134 000
　　　　　应交税费——应交增值税（销项税额）　　 8 040

【例 5-4】五洲大酒店 1 月 6 日的"主营业务收入日报表"中列示当日应收款的总额为 36 676 元。当日实际收款 36 626 元。会计部门根据"主营业务收入日报表""内部交款单"和"送款簿"回单等，编制会计分录如下。

借：银行存款　　　　　　　　　　　　　　　　36 626

　　待处理财产损溢——待处理流动资产损溢　　　　50

　　　贷：主营业务收入　　　　　　　　　　　　34 600

　　　　　应交税费——应交增值税（销项税额）　　2 076

假定上述的 50 元短款经批准列做销售费用，编制会计分录如下。

借：销售费用　　　　　　　　　　　　　　　　　50

　　　贷：待处理财产损溢——待处理流动资产损溢　　50

（3）若上述的 50 元短款应由责任者赔偿，则编制会计分录如下。

借：其他应收款　　　　　　　　　　　　　　　　50

　　　贷：待处理财产损溢——待处理流动资产损溢　　50

5.4　餐饮制品毛利率的计算

毛利率是毛利与销售收入（或营业收入）的百分比，其中毛利是收入和相对应的营业成本之间的差额。

5.4.1　酒店毛利率的核算

酒店毛利率的特点如下：

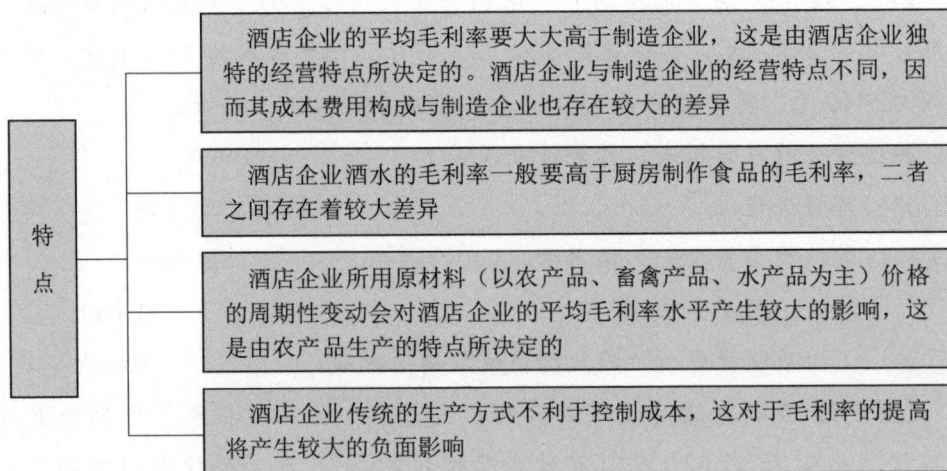

特点

- 酒店企业的平均毛利率要大大高于制造企业，这是由酒店企业独特的经营特点所决定的。酒店企业与制造企业的经营特点不同，因而其成本费用构成与制造企业也存在较大的差异
- 酒店企业酒水的毛利率一般要高于厨房制作食品的毛利率，二者之间存在着较大差异
- 酒店企业所用原材料（以农产品、畜禽产品、水产品为主）价格的周期性变动会对酒店企业的平均毛利率水平产生较大的影响，这是由农产品生产的特点所决定的
- 酒店企业传统的生产方式不利于控制成本，这对于毛利率的提高将产生较大的负面影响

餐饮毛利率的作用归纳起来，有以下三个方面。

	酒店为了经营上的需要，保持酒店的档次并保证公道的利润，通常是通过制定毛利率来控制食品的价格
作用	经营菜肴的餐厅，不但品种多，而且新的品种还不断增加；特别是有些季节性原料，价格波动很大。因此餐厅必须常常调剂或制定新的销售价格。制定价格的根据，一是经营食品菜肴的原料消耗，二是毛利率，二者缺一不可
	反映服务质量的主要指标

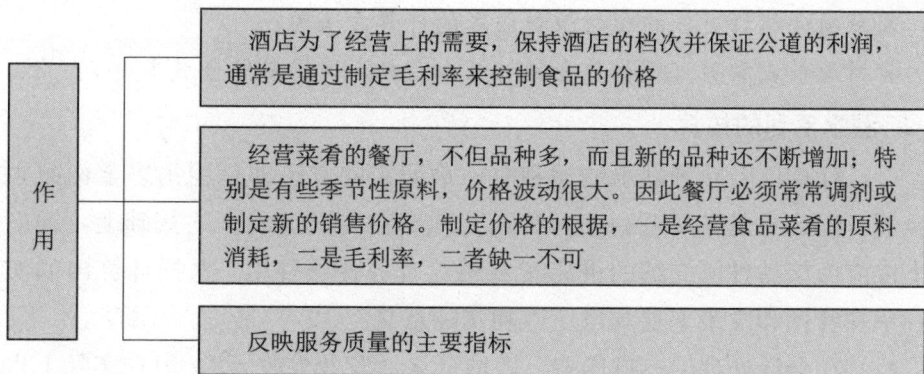

餐饮部食品毛利核算管理如下：

（1）餐饮部是酒店重要营业收入部门，应认真贯彻"部门是成本中心"的原则，加强经营管理，搞好成本毛利核算，不断提高经济效益。

（2）把好食品鲜活原料验收关，验收时应严格检验原料的质量，认真核对价格和数量，复称重量，对不合格的或短斤缺两原料坚决拒收。

（3）严格掌握配料标准，并尽可能提高原材料的综合利用率，在保证质量的前提下，合理使用原料，做到"主料主用，次料次用，边角料充分利用"。

（4）食品毛利与酒水毛利分开计算，各餐厅、酒吧酒水实行总额制，使用多少领货多少，避免浪费和积压。

（5）各厨房按实际需要填写领料单，逐日由餐饮部成本核算员计算出各厨房的当日毛利率及月度毛利率，做到日清日结。

（6）定期分析毛利情况，找出毛利率高低的原因（餐饮部毛利率控制在50％左右），发现问题及时采取措施。

1. 厨房毛利的核算

【例5-5】东方酒店餐饮部某月开单金额为150万元（其中酒水金额30万元），打折和免单合计为2万元，代金券消费金额为20万元、实收金额（含现金、支票、信用卡和挂账）为128万元，食材原料成本为50万元，退菜金额（已出菜）为2万元。

厨房综合毛利率＝（150－30－50＋2）÷（150－30＋2）×100％＝59.02％。

通过厨房综合毛利率计算方法可以得出：

厨房综合成本率＝50÷（150－30＋2）×100％＝40.98％

则每项金额所对应的食材原料成本的计算方法为：

食材原料成本＝（开单总金额—酒水金额）×厨房综合成本率

2. 酒水毛利的核算

（1）计算单个品种酒水的毛利时，最通常的方法即是用销售金额减去进货金额，但这只是名义毛利率。实际毛利率在名义毛利率的基础上，还应再加上供应商该品种所交纳的进店费及瓶盖费等各项费用。这样计算出的实际毛利率在管理和决策上更具可比性和实际意义。

（2）在会计处理上，进店费一般应计入"营业外收入"，但它实际上也相当于酒店企业由于销售外购酒水而获得的毛利润。进店费由于支付方式的不同（分一次性支付和分期支付），还应考虑到货币的时间价值问题。

（3）自制饮料的毛利率核算则更为简单，用销售金额减去原料成本金额即可，但应注意，由于自制饮料的用水量较大，并需要一些专门的设备，因而在衡量其收益时也应将水的成本及制冰机、过滤器等设备的摊销考虑进去。

5.4.2 提升餐饮毛利率的方法

提升餐饮毛利率的方法有以下几个方面，如图 5-5 所示。

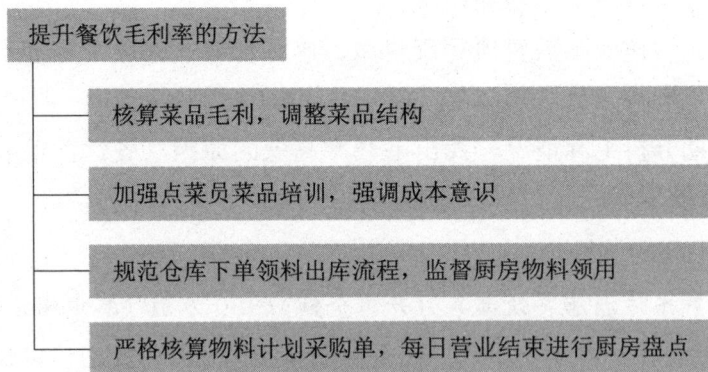

图 5-5　提升餐饮毛利率的方法

（1）根据实际情况制定一系列的调整计划，优化菜品结构，控制餐饮成本。对一些销量低、毛利率低的"双低"菜品直接淘汰，重新换上一些时令新菜品。重新制作菜谱，把一些毛利高，品相好的菜品增加图片放置在显眼位置，增加吸引力。

（2）在调整新的菜品后，利用空闲时间由厨师对服务人员进行菜品知识培训，详细讲解菜品的原料、加工方法、口味特点、出品时间以及每道菜品的毛利率，强调每张点菜单的菜品原料搭配与毛利率搭配。

（3）仓库领料的随意性是造成厨房物料积压与浪费的一个重要原因。要想解决厨房的浪费问题，就要把好仓库这个物料的源头关，制定严格的领料流程，控制原材料成本。

（4）对厨房现有物料进行一次大盘点，分门别类按照顺序摆放，并标注清楚，做到清晰明了。

5.5　餐饮制品销售价格的制定

餐饮制品的销售价格是在配料定额成本的基础上加毛利额构成。

餐饮制品的销售价格是在配料定额成本的基础上加毛利额构成的，如有上级统一规定价格标准的，应按照上级规定执行；没有统一规定的价格，则应根据原材料配料定额成本，加上按上级规定的毛利率或加成率计算求得毛利额或加成额，来确定餐饮制品的销售价格。

餐饮制品销售价格的计算，见表5-4。

表 5-4 　　　　　　　　　　　　餐饮制品销售价格的计算

分类	说　明
自制品销售价格的计算	计算投料定额成本。投料定额成本是指产品生产前，根据投料数量计算的一种定额成本，是制定售价的依据。投料成本是根据投料定额计算出来的，将投料数量定额乘以单价，然后相加即求出投料成本，是自制品的计划成本。餐饮制品一般不易对每种制品按其实际耗用原材料分别核算成本，因为餐饮制品一般边做边卖。为了准确衡量生产用料以及制定自制品的销售价格，企业必须实行原材料投料定额制度，正确规定各种饭菜的投料标准
外购商品销售价格的确定	餐饮部为了更好地满足顾客的需要，除了自制餐饮品外，还销售一些外购商品。这些外购商品的价格是根据购进成本加上一定的毛利额确定的采用餐饮业领料制或以存计耗的办法。外购商品与自制食品统一算方法，在会计核算上将外购商品列入库存商品账户核算，自制餐饮品列入原材料账户核算，月末统一计算成本

餐饮制品售价一般是根据成本加上利润率定价。酒店企业定价方法有销售毛利率法、成本毛利率法。

5.5.1 销售毛利率法

销售毛利率法是以售价为基数，先确定各种饮食制品的毛利率（毛利额占售价的百分比），再用倒扣方式确定饮食制品的售价。其计算公式如下：

$$售价＝原材料成本÷（1－销售毛利率）$$

$$销售毛利率＝毛利额÷营业收入×100\%$$

【例 5-6】锦绣城大酒店西餐厅规定煎牛肉每份配料价 45 元，规定毛利率 40%，求每份煎牛肉售价。

每份煎牛肉售价＝45÷（1－40%）＝75（元）

5.5.2 成本毛利率法

成本毛利率法亦称外加毛利率法，是以饮食制品的成本价格为基数，按确定的成本毛利额加成本计算出销售价格的方法。计算公式如下：

$$成本毛利率＝毛利额÷成本价×100\%$$

【例 5-7】锦绣城大酒店西餐厅出售新奥尔良烤肉比萨一个成本为 38 元，如核定其外加毛利率是 50%，求其单价。

新奥尔良烤肉比萨单价＝38×（1＋50%）＝57（元）

采用销售毛利率法计算餐饮制品的售价，有利于核算管理，但计算较为麻烦；采用成本毛利率法计算饮食制品的售价，其核算较为简便，但不能满足管理上的需要。为了既满足管理上的需要，又简化计算手续，可采用换算的方法将销售毛利率计算为成本毛利率，其计算公式如下：

$$成本毛利率＝销售毛利率÷（1－销售毛利率）$$

比如，销售毛利率为 45%，将其换算为成本毛利率。

成本毛利率＝45%÷（1－45%）＝82%（小数四舍五入）

5.6 餐饮部成本的核算

所谓餐饮成本核算，不仅包括餐饮产品成本核算，还包括燃料、人工成本、水电费等销售费用，甚至还包括由于管理疏漏造成的损失。

任何一个酒店里，主要成本的控制在很大程度上决定了餐饮管理能否实现财务目标，因而，很多都特别重视主要成本控制。目前，很多饭店的成本控制非常重视原材料成本和营业成本中的人工成本，下面简单介绍这两项成本，见表5-5。

表5-5　　　　　　　　　　　主要成本因素说明

分类	说　　明
原材料成本	是餐饮经营活动中食品和饮料产品的销售成本，其在餐饮成本中所占比例最高，占餐饮收入的比重也最大，是餐饮部门的主要支出。我国餐饮原料（食品、饮料）的成本率在45%左右
人工成本	是指在餐饮生产经营活动中耗费的人工劳动的货币表现形式，它包括工资、福利费、劳保、服装费和员工餐费用。人工成本率仅次于食品、饮料的成本率，因而，也是餐饮成本中的重要支出。目前，国内餐饮业中人工成本占营业额的20%左右

餐饮成本核算方法及基本流程，具体见表5-6。

表5-6　　　　　　　　　　餐饮成本核算方法及基本流程

方法及流程	每天审核餐饮、娱乐酒水领入、出库及结存数量；审查每天各营业点的收入账单
	抽查核对各楼层的点菜单、酒水单与账单所附的酒水单、点菜单是否相符，并审核价格是否正确
	每天审核酒店优、免账单的记账是否正确、手续是否齐全，审核无误后输入电脑，月底汇总编制酒店应酬明细表及开支汇总表
	定期进行市场调查，将市场价格与近期采购价格相比较，及时将信息反馈给采购部和财务部，及时控制菜价，并将调查情况报财务部
	每月月底对厨房及食堂进行实物盘点，根据实物数按成本价进行核算，并做假退料的账务处理
	在成本明细账与总账相对无误以后，根据当月各营业点的收入总数，编制成本报表，计算出各营业点酒水、香烟、食品的正确毛利额和毛利率。对当月毛利率波动较大的应进行分析，找出原因，并通知相关的部门采取措施，有效控制成本

5.6.1　餐饮部原材料的管理

原材料采购工作是酒店餐饮部经营过程中一个很重要的环节，它直接影响着酒店的经济效益。但采购工作涉及的方面很多，其中不确定因素也有很多，管理起来就有了很大难度，一旦出现问题，将影响整个餐厅的运营与声誉。因此，做好采购工作，就一定要熟悉各种原料的采购标准。

1. 原材料的概念

原材料是指企业用于制造产品并构成产品实体的购入物品，以及购入的用产品生产但不构成产品实体的辅助性物资等。

2. 原材料的分类

（1）按原材料的性能和用途分类，可分为食品材料和服务业材料。

①食品材料是指餐饮业专用的食品材料、调料，见表5-7。

②服务材料一般是指其他服务性行业的内容，在餐饮服务业中很少用到。

表 5-7　　　　　　　　　　　　　　　食品材料的分类

分类	说　　明
食品原材料	又分为主食类和副食类。主食类，如大米、面粉、芝麻、小豆、绿豆和其他杂粮等生产诸食品的主要材料；副食类，包括肉类、鱼类、蛋禽类、山珍海味类、干鲜类、罐头制品类等生产各类菜肴的主要材料
调料	包括油、盐、酱、醋、糖和其他用于生产菜肴和主食品的各种调料

（2）按原材料的储存和管理分类，可分为入库管理材料和直拨使用材料，见表5-8。

表 5-8　　　　　　　　　　　　　　　原材料的分类

分类	说　　明
入库管理材料	是指餐饮服务小企业或餐厅购入或加工制作后，需入库待用的材料，如油、粮、干货、调料等主要原材料。购进后应验收入库，专人保管，设置材料明细账，建立明晰的领料手续，保持合理库存
直拨使用材料	餐饮服务小企业或餐厅购入或加工制作后，直接交付使用。不入库管理的各种材料。如蔬菜、鱼、肉、鸡、鸭等鲜活食品，这类材料一般保持期短，容易质变，一般是当天用当天采买，购进后直接交厨房验收使用，不入库保管

5.6.2　原料及主要材料购进的核算

原材料核算主要包括两个账户：在途物资账户和原材料账户。

1. "在途物资"账户

在途物资科目核算企业采用实际成本（或进价）进行材料、商品等物资的日常核算、货款已付尚未验收入库的在途物资的采购成本。

在途物资科目可按照供应单位和物资品种进行明细核算。见表 5-9。

表 5-9 在途物资会计科目编码的设置

科目代码	总分类科目（一级科目）	明细分类科目	
		二级科目	三级科目
1402	在途物资		
140201	在途物资	物资品种	物资名称
140202	在途物资	物资品种	物资品种
140203	在途物资	物资品种	物资品种

在途物资的主要账务处理，如图 5-6 所示。

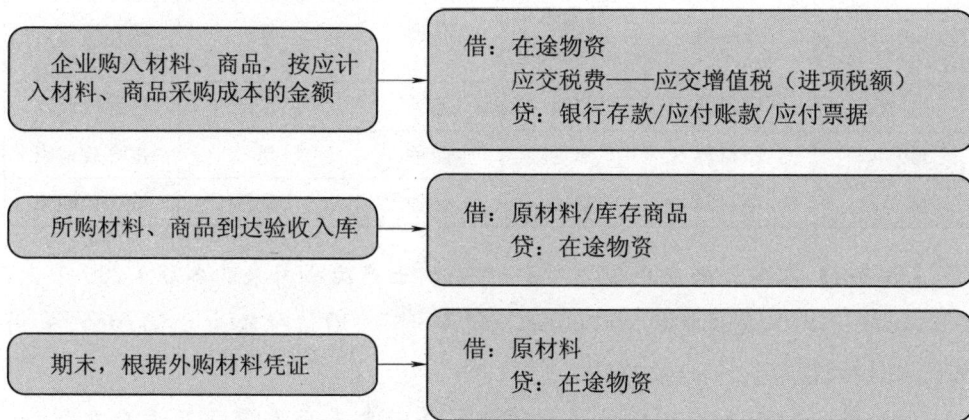

图 5-6 在途物资的主要账务处理

餐饮部门购进原材料，一种是以厨房、生产加工车间提出的"原材料请购单"为依据，采购员应提供多家供应商的报价并报经同意后办理采购手续。购进后将原材料直接交生产部门，由其验收签字后，办理出入库手续后连同发票交财会部门入账；另一种是仓库保管员按照定额管理要求提出的"原材料请购单"为依据，采购员采购后交仓库验收，经填写"入库单"后交财务部门入账。

2. "原材料"账户

对于"原材料"科目，还需说明一些问题。"原材料"是资产类账户，用以核算企业库存各种原材料的实际成本，当购进原材料验收入库和原材料发生盘盈时，借方记入本科目；当耗用原材料和原材料发生盘亏时，贷方计入本科目；余额在借方，表示企业库存原材料的实际成本。"原材料"账户除按材料类别设置二级账户进行核算以外，还应按品种设置明细账进行明细核算。见表 5-10。

表 5-10 原材料会计科目编码的设置

科目代码	总分类科目（一级科目）	明细分类科目		是否辅助核算	辅助核算类别
		二级科目	三级科目		
1403	原材料				
140301	原材料	食材	品种	是	按存放地点
140302	原材料	配料	品种	是	按存放地点
140303	原材料	外购半成品	品种	是	按存放地点
140304	原材料	调料	品种	是	按存放地点
140305	原材料	干货	品种	是	按存放地点
140306	原材料	其他	品种	是	按存放地点

【例 5-8】鑫鑫大酒店于 2020 年 2 月向阳土产品公司采购冬菇 1 200 千克，每千克 75 元，不含税货款 90 000 元，税率 9%，增值税额为 8 100 元，采用托收承付结算。

（1）银行转来土产品公司托收凭证，并附来专用发票联及运杂费凭证，经审核无误后，当即承付，作分录如下。

借：在途物资——冬菇 90 000

应交税费——应交增值税（进项税额） 8 100

贷：银行存款 98 100

（2）上述材料运到，由仓库验收入库，根据仓库送来的入库单，经审核无误后，作分录如下。

借：原材料——原料及主要材料——干货类（冬菇） 98 100

贷：在途物资——冬菇 98 100

"在途物资"是资产类账户，用以核算企业采购的尚未到达及虽已到达但尚未验收入库的在途材料。

但饮食业和服务业的原材料主要是在同城采购的，往往是钱货两清。为了简化核算手续，大多可以直接在"原材料"账户核算。

酒店饮食服务业采购原材料，平时取得的主要是普通发票，普通发票上列示的单价和金额是含税单价和含税金额。

【例5-9】东方大酒店餐饮部2018年2月2日发生以下业务：

(1)从阜外二小粮店购进红豆和黑豆，取得普通发票，扣除率9%。列明红豆320千克，单价6元，金额1 920元；黑豆540千克，单价5元，金额2 700元，税额415.80元。货款尚未支付。已验收入库。

借：原材料——原料及主要材料——粮食类   4 204.2
     应交税费——应交增值税（进项税额）   415.80
  贷：应付账款——大丰粮店   4 620

(2)购进猪肉取得普通发票，列明猪肉880千克，单价32元，金额28 160元；草鱼330千克，每千克18元，金额5 940元，税额3 069元。均以银行存款支付；已由厨房直接领用，作分录如下。

借：原材料——原料及主要材料——水产   31 031
     应交税费——应交增值税（进项税额）   3 069
  贷：银行存款   34 100

同时，结转成本。

借：主营业务成本——餐饮业务   31 031
  贷：原材料——原料及主要材料——水产   31 031

5.6.3 餐饮部原材料内部调拨财务核算

企业内部不独立核算的单位之间原材料的调拨是原材料的内部移库，在核算上原材料总账的金额不发生增减变动，仅在明细账上反映为此增彼减的会计分录。内部仓库之间的调拨，调整原材料保管部门的明细账户。

【例5-10】2020年2月12日，英格酒店餐饮部由中餐厅仓库调拨给快餐厅仓库一批原材料，计价7 900元，根据内部调拨单，编制会计分录如下。

借：原材料——快餐厅   7 900
  贷：原材料——中餐厅仓库   7 900

内部厨房之间的调拨。因厨房的原材料已从"原材料"账户转入"主营业务成本"账户，因此对"原材料"账户所属明细账户不做调整，仅调整"主营业务成本"账户所属明细账。

【例 5-11】2020 年 2 月 12 日，江南酒店餐饮部由第一厨房拨给第二厨房副食品一批，计 9 320 元。做会计分录如下：

借：主营业务成本——第二厨房　　　　　　　　　　9 320
　　贷：主营业务成本——第一厨房　　　　　　　　　　　　9 320

5.6.4　餐饮原材料盘点方法

由于餐饮产品具有种类多和数量零星的特点，因此在实际工作中，如果按每一菜（或主食品）核算其单位成本，成本计算的工作将十分繁重。为了减轻成本计算的工作量，餐饮产品的成本通常按全部或大类计算。其总成本的计算与结转可分别采用"永续盘存法"和"实地盘存法"。

由于饮食制品品种繁多、数量零星、现做现卖、生产和销售紧密相连，一般不能按食品逐次逐件进行成本计算，所以产品成本的计算方法应与生产特点和管理要求相适应。有两种现行方法来计算饮食制品的原材料消耗。

1. 永续盘存制

永续盘存法是指按厨房实际领用的原材料数额计算与结转已销餐饮产品总成本的一种方法。按照核算要求和实行"永续盘存制"，餐饮核算员应将每日所领物品的领料单加以汇总算出当日的食品成本额，通过每天的餐饮营业收入，计算出当日的毛利及毛利率，使餐饮部能较好地控制营业成本。月末，通过借"主营业务成本"，贷"原材料"账户结转餐饮成本，对于已领用的原材料期末未消耗的部分，作耗用成本调整，调整公式：

实际耗用原材料成本＝厨房月初结余额＋本月领用额±本月
调入（出）额－厨房月末盘存额

此法适用于实行领料制的餐饮企业，因为如原材料的耗用实行领料制，则所领用的原材料月末不一定全部被耗用，还会有一些在制品和未出售的制成品；同样，月初还会有已领未用的原材料、在制品及尚未出售的制成品。若不考虑这些因素，则会影响成本的准确计算。因此，应对未耗用的原材料、在制品、未出售的制成品进行盘点，并编制厨房原材料、在制品、制成品盘存表，并以此作为退料的依据来计算实际耗用额凭以结转成本。

【例 5-12】 群星大酒店餐饮部进行餐饮产品生产而领用的各种原材料成本均直接计入"主营业务成本"账户。2020 年 3 月，"主营业务成本"账户的余额为 198 000 元，本月"主营业务成本"账户的发生额（即所领用各种原材料的成本）为 112 000 元，月末厨房剩余原材料的盘存额为 8 000 元。根据"主营业务成本"账户的记录和"厨房盘存表"，已销餐饮产品的总成本为：

已销餐饮产品的总成本＝198 000＋112 000－8 000＝302 000（元）

为了简化核算手续，月末也可不办理假退料手续，按以下公式计算本月耗用原材料总成本。

本月耗用原材料总成本＝操作间月初原材料结存额＋本月原材料
领用额－操作间月末原材料盘存额

对月末盘存的在制品和未售出的成品中所含原材料数量，可按配料定额折合计算。

领料制核算法的优缺点：核算手续完备，各环节责任明确，但日常核算手续烦琐、工作量大，月末要组织人员盘点。

2. 实地盘存制

实地盘存法是按照实际盘存原材料的数额，例挤本期已销餐饮产品所消耗原材料成本的一种方法。这种方法只适用于小型的酒店企业。月终，通过盘点库存原材料和厨房已领未用的原材料，计算出月末原材料的实际结存额，然后"以存计销"。

实地盘存制适用于没有条件实行领料制的餐饮部门。在平时领用原材料时，不填写领料单，不进行账务处理，月末将厨房剩余材料、在制品、制成品的盘点金额加上库存原材料的盘存金额，倒挤出耗用的原材料成本。计算公式如下：

本月耗用原材料成本＝原材料月初仓库和厨房结存额＋本月购进
总额－月末仓库和厨房盘存总额

月末根据倒挤出的原材料总成本，借"主营业务成本"，贷记"原材料"。

此法优缺点：平时核算工作量小，但不利于管理，只适用于规模小的餐饮业。

【例 5-13】 广州大饭店店中餐厅"原材料"账户的月初余额为 8 300 元，本月购入材料总额为 161 000 元。月末，根据盘存表计算仓库和厨房结存总额 7 700 元。采用盘存计耗法计算耗用的原材料成本。

耗用材料成本＝8 300＋161 000－7 700＝161 600（元）

根据计算结果，编制会计分录如下。

借：主营业务成本   161 600

    贷：原材料   161 600

采用这种方法，虽手续简便但因平时材料出库无据可查，会将一些材料的丢失、浪费、贪污计入主营业务成本，不利于加强企业管理、降低成本和维护消费者利益。相比之下，采用"永续盘存制"计算产品成本，虽然手续烦琐，却因材料出库有据可查，对耗费材料的成本计算就能比较准确，从而有利于加强企业管理、降低产品成本。

第 6 章
酒店商品部的会计核算

　　酒店商品部的基本任务是满足宾客的购物需求，增加酒店的营业收入，为宾客提供优质服务，促进旅游商品的生产和发展。本章详细讲解了商品部的会计核算，包括商品购进、销售、进销差价、调价与削价、内部调拨等方面的会计核算。

6.1 酒店商品部的基本常识

商品部的经营收入是酒店总收入的重要组成部分。酒店商品部多数设在一层、二层或地下一层等人方便到达之处，其入口应兼顾住店客人和社会客人进出，应避免噪声对客房的影响。

商品部的基本任务是满足宾客的购物需求，增加酒店的营业收入，为宾客提供优质服务，促进旅游商品的生产和发展。

6.1.1 商品部的作用

商品部的作用体现在以下几个方面。

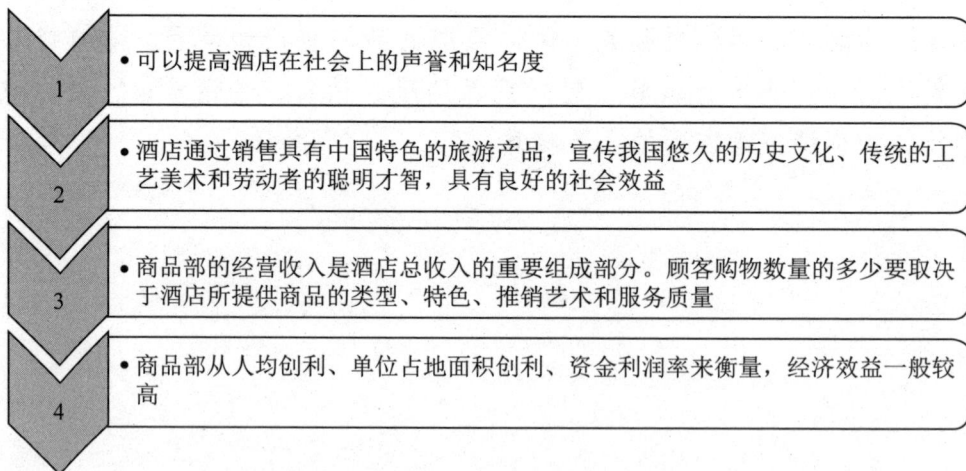

1	• 可以提高酒店在社会上的声誉和知名度
2	• 酒店通过销售具有中国特色的旅游产品，宣传我国悠久的历史文化、传统的工艺美术和劳动者的聪明才智，具有良好的社会效益
3	• 商品部的经营收入是酒店总收入的重要组成部分。顾客购物数量的多少要取决于酒店所提供商品的类型、特色、推销艺术和服务质量
4	• 商品部从人均创利、单位占地面积创利、资金利润率来衡量，经济效益一般较高

6.1.2 商品部的功能特征

酒店商品部的功能特征表现在以下几个方面：

商业性	• 酒店商品部的主要功能是销售商品，满足顾客的购物需求。其装饰设计应在满足顾客购物、心理与行为需要的基础上，把提高经营效益吸引与方便顾客，便于营销与管理放在首位
展示性	• 商品的陈列展示是为了便于顾客从中获得更多的商品信息，产生广告效应，以招来更多的顾客购买
文化性	• 酒店商品部既是商业活动开展的空间，也是大众文化传播的场所，它必然产生一种特有的商业文化。其装饰设计要体现各种商品的文化内涵，同时也要适应来自不同国家的购物审美心理
休闲性	• 光顾酒店商场的客人并不一定都会产生购买行为，有的商品部仅是一种观赏、消遣活动。所以商场在装饰设计时也应注意到陈列商品的观赏效果及休闲特点
商务性	• 酒店商品部为顾客提供用到的服务，如介绍讲解、购物迎送、修理配换、通信联络等，使顾客得到方便、快捷、热情的购物服务

6.1.3　提高商品部经济效益的途径

提高商品部经济效益的途径有以下几个方面，如图 6-1 所示。

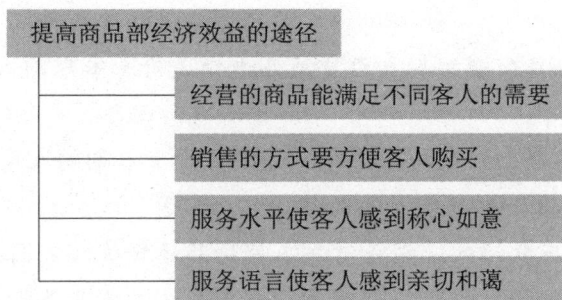

提高商品部经济效益的途径

- 经营的商品能满足不同客人的需要
- 销售的方式要方便客人购买
- 服务水平使客人感到称心如意
- 服务语言使客人感到亲切和蔼

图 6-1　提高商品部经济效益的途径

6.2　商品进销差价的核算

商品进销差价是指采用售价核算的情况下，其商品售价与进价之间的差额即为商品进销差价。

6.2.1 商品进销差价的定义

商品进销差价是指采用售价核算的情况下，其商品售价与进价之间的差额。如商品售价 8 元，进价 6 元，则 2 元就是这种商品的进销差价。本科目的期末贷方余额，反映企业库存商品的商品进销差价。

6.2.2 商品进销差价的账务处理

商品进销差价的主要账务处理如下。

（1）购入、加工收回以及销售退回等增加的库存商品，按商品售价，借记"库存商品"科目，按商品进价，贷记"银行存款""在途物资""委托加工物资"等科目，按售价与进价之间的差额，贷记本科目。

（2）月末，分摊已销商品的进销差价，借记本科目，贷记"主营业务成本"科目。

销售商品应分摊的商品进销差价，按照以下公式计算：

已销商品应分摊的进销差价，按以下方法计算：

商品进销差价率＝月末分摊前本科目余额÷（月末"库存商品"科目余额＋本月"主营业务收入"科目贷方发生额）×100％

本月销售商品应分摊的进销差价＝本月"主营业务收入"科目贷方发生额×商品进销差价率

月末分摊前本科目余额＝期初存货商品进销差价＋本期购入商品进销差价

所以：

商品进销差价率＝（期初库存商品进销差价＋本期购入商品进销差价）÷（期初库存商品售价＋本期购入商品售价）×100％

本期已售商品应分摊的进销差价＝本期商品销售收入×商品进销差价率

本月销售商品应分摊的商品进销差价＝本月"主营业务收入"科目贷方发生额×商品进销差价率

委托代销商品和委托加工物资可用上月的商品进销差价率计算应分摊的进销差价。商品进销差价率各月之间比较均衡的，也可采用上月的差价率计算分摊本月已销商品应负担的进销差价，并应于年度终了，对商品的进销差价进行核实调整。

本科目应按商品类别或实物负责人设置明细账，进行明细核算。本科目的期末贷方余额，反映尚未分摊的商品进销差价。

【例6-1】2020年4月1日，和兴大酒店购入旗袍100件，进价为65 000元（不含增值税），销售价为84 000元，增值税税率为13%，货款已支付，旗袍上架展示销售。该酒店采用售价核算库存商品，编制会计分录如下。

借：库存商品　　　　　　　　　　　　　　　　　　84 000
　　应交税费——应交增值税（进项税额）　　　　　8 450
　　贷：银行存款　　　　　　　　　　　　　　　　　　73 450
　　　　商品进销差价　　　　　　　　　　　　　　　　19 000

6.3　商品购进的核算

商品购进是指商品部以销售为目的购进商品的经营活动。商品购进是商品部业务经营活动的起点，是商品部整个经营活动中的重要一环，具有十分重要的意义。

6.3.1　商品购进的过程

商品购进的一般过程如下：

制定计划	• 一般每月一次，由采购员听取营业员、保管员、核算员意见，分析同期、前期历史资料和现实库存情况，制订采购计划，报经理批准后，由采购员具体执行
外出采购	• 采购员根据采购计划，注意轻重缓急，到有关工厂、批发等单位组织进货
提货	• 对少量商品，采购员一般采取自提方法；对数量多、分量重的商品，采购员把提货单交商品部储运部门在规定日期内提货入库
入库	• 商品入库要经过验收。与此同时，各环节要做一系列的账务工作，使得进货单位正常流转

6.3.2　商品购进的账务处理

【例6-2】2020年6月5日，锦绣城大酒店商品部从本市某公司购入本地特产一批，进价75 000元，售价92 000元（不含税），进项税额9 750元。货款以转账支票付讫，商品由商品部验收，根据相关发票，编制会计分录如下。

（1）支付价款时，按商品进价、进项税额分别转账。

借：在途物资——商品部   75 000

     应交税费——应交增值税（进项税额）   9 750

    贷：银行存款   84 750

（2）商品入库时，为简化库存商品日常核算工作，平时商品部以库存商品售价（进价＋毛利）加上销项税额入账（假设税率为13％），商品入库时的售价应包含销项税额在内。商品进销差价由毛利加上售价的销项税额组成。

借：库存商品——商品部（92 000＋11 960）   103 960

    贷：在途物资——商品部   75 000

       商品进销差价——商品部   28 960

6.4 商品销售的核算

商品销售是指商场部通过货币交易出售商品的经营活动。商品销售（包括服务）是商场部经营活动的终点，是商场部整个经营活动中最重要的一环。

6.4.1 商品销售的一般过程

商品销售的一般过程如下：

商品上柜	• 营业员在每天营业结束前应注意货架，货柜上商品存量情况，并根据销量规律，填写领货单送仓库。仓库一般在第二天营业前将商品送至柜台，营业员验收后，放入货柜、货架
接待宾客	• 接待宾客是商品销售的中心环节，由招呼宾客、了解需要、展示商品、帮助挑选、主动介绍、开票结算、包装付货和与客道别等一系列小环节组成
售后服务	• 商品成交还不是经营活动的终结，还应有一系列的售后服务相配合，使客人更加满意
交款结账	• 营业结束，营业员应仔细地清点货款，及时交至核算员，集中收银的商场，此项工作由收银员负责。营业员或收银员在交款时，应填写交款单

6.4.2　商品销售的账务处理

商品销售的核算方法如下：

（1）平时通过"主营业务收入"和"主营业务成本"分别反映商品销售金额和已销商品的进价成本。

（2）在"售价金额核算法"下，应将已销售商品所分摊的进销差价调减销售成本，已销商品的进销差价是月末通过一定的计算方法求得，无法逐笔随同销售成本进行调整，而是月末做一次调整。

【例6-3】2020年1月，东方酒店商品部从本市某公司购入广式糕点，进价为12 300元，售价16 500元（不含税），进项税额1 599元。货款以转账支票付讫，商品由商品部验收，按专用发票，编制会计分录如下。

（1）支付价款时，按商品进价、进项税额分别转账。

借：在途物资——商品部　　　　　　　　　　　　　12 300
　　应交税费——应交增值税（进项税额）　　　　　　1 599
　　　贷：银行存款　　　　　　　　　　　　　　　　　　　13 899

（2）商品入库时，为简化库存商品日常核算工作，平时商品部以库存商品售价（进价＋毛利）加上销项税额入账（税率为13%），商品入库时的售价应包含销项税额在内。假设毛利4 200元，销项税额2 145元。

借：库存商品——商品部（12 300＋4 200＋2 145）　18 645
　　　贷：在途物资——商品部　　　　　　　　　　　　　　12 300
　　　　　商品进销差价——商品部（毛利4 200元＋销项税额2 145元）
　　　　　　　　　　　　　　　　　　　　　　　　　　　　6 345

（3）销售时。

借：银行存款　　　　　　　　　　　　　　　　　　18 645
　　　贷：主营业务收入　　　　　　　　　　　　　　　　　18 645

6.5　鲜果等商品的核算

鲜果类商品具有售价变动大、容易干耗、腐烂变质，损耗数量难以掌握、交易频繁且数量零星等特点，因此核算时，有其独自的特点。

6.5.1　鲜果类商品经营的特点

鲜果类商品经营的特点有如下几个方面。

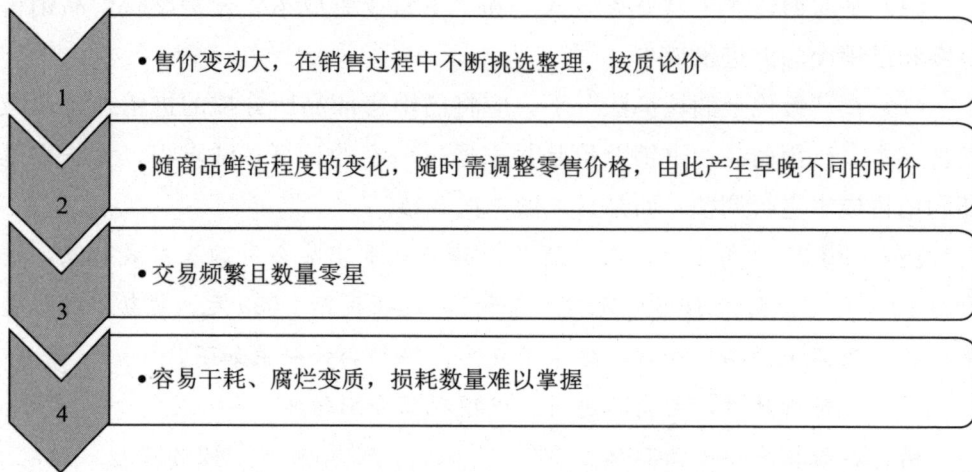

1 •售价变动大，在销售过程中不断挑选整理，按质论价

2 •随商品鲜活程度的变化，随时需调整零售价格，由此产生早晚不同的时价

3 •交易频繁且数量零星

4 •容易干耗、腐烂变质，损耗数量难以掌握

6.5.2　鲜果类商品的核算要点

鲜果类商品的核算要点如下。

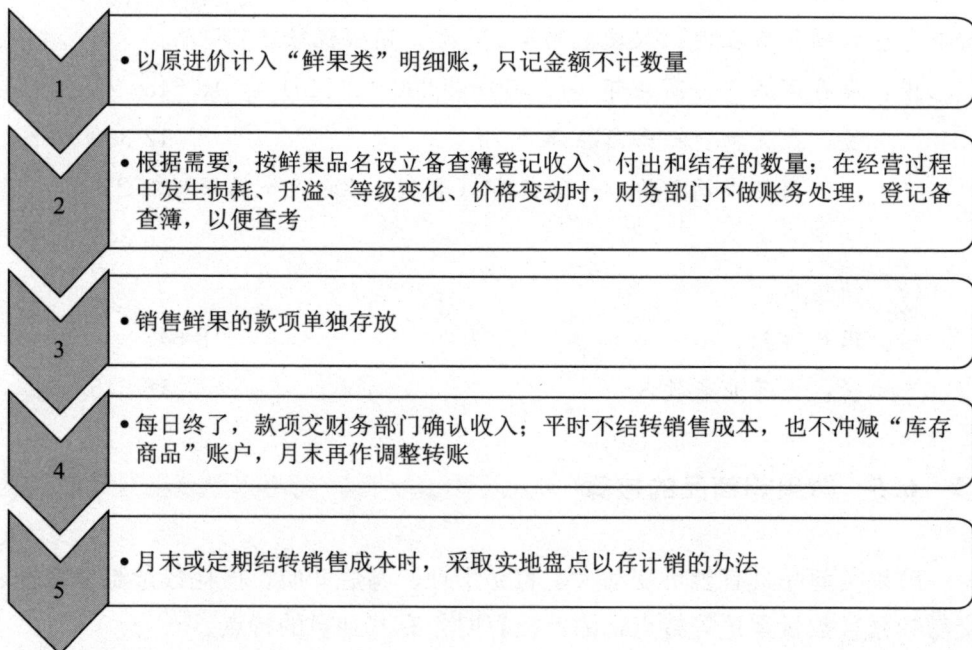

1 •以原进价计入"鲜果类"明细账，只记金额不计数量

2 •根据需要，按鲜果品名设立备查簿登记收入、付出和结存的数量；在经营过程中发生损耗、升溢、等级变化、价格变动时，财务部门不做账务处理，登记备查簿，以便查考

3 •销售鲜果的款项单独存放

4 •每日终了，款项交财务部门确认收入；平时不结转销售成本，也不冲减"库存商品"账户，月末再作调整转账

5 •月末或定期结转销售成本时，采取实地盘点以存计销的办法

进价核算法下，已销商品的销售成本计算公式如下：

$$本期商品销售成本=\frac{期初结存}{商品成本}+\frac{本期收入}{商品成本}-\frac{本期非销售}{发出商品成本}-\frac{期末盘存}{商品成本}$$

【例 6-4】新华大酒店销售香蕉，2020 年 2 月，期初香蕉库存 30 斤，金额 120 元；2 月份一共采购香蕉 1 600 斤，每斤 3.8 元；销售香蕉 1 590 斤，共 8 000 元。期末库存 40 斤，金额 140 元。

（1）2020 年 2 月，新华大酒店编制会计分录如下。

  借：库存现金   8 000

    贷：主营业务收入——香蕉   8 000

（2）月底结转成本，编制会计分录如下。

  借：主营业务成本——香蕉（120＋1 600×3.8－140）6 060

    贷：库存商品——香蕉   6 060

说明：对于鲜果等在销售中产生自然损耗的商品，平时不结转成本，月底结转销售成本。编制会计分录的同时，要设置备查簿，登记数量变化。

6.6 商品调价和削价的核算

商品调价是指企业因经营需要或政策等原因，提高或降低商品销售价格的行为。商品削价是指企业的商品由于残损变质或质量低劣，不能按原售价出售；或由于商品款式陈旧过时，不适应市场的需要；或由于企业经营管理不善，造成商品呆滞积压等原因，企业对这类有问题的商品，只能按低于原进价的售价出售，即进行削价处理，以减少库存积压，加速资金周转。

6.6.1 商品调价的财务处理

商品调价时，应对调价商品进行实地盘点，根据实际库存商品的数量计算出应调整的差额，由实物负责人填制"商品差价调整单"，送财会部门在财务软件中进行账务处理。调整商品售价只影响"库存商品"与"商品进销差价"两个账户。

调高商品进销差价调高销售价时，按调增的差价总额。

  借：库存商品——××实物负责小组   ×××

    贷：商品进销差价   ×××

调低销售价时，按调减差价总额。

借：商品进销差价　　　　　　　　　　　　　×××

　　贷：库存商品——××实物负责小组　　　　　　×××

商品在经营过程中，往往会因进价变动和供求关系等原因，而需要调整销售价格。商品调价除了影响"库存商品"的账面余额外，也必然影响商品的进价与售价之间的差额，财务部门应根据业务部门填制的"调价商品差价调整单"对"库存商品"和"商品进销差价"账户进行调整。

【例 6-5】五日酒店经决定调高旅行箱售价。该旅行箱每只原售价为 350元，调整为 280 元，经盘点实存 50 只。根据"调价商品差价调整单"，会计处理如下：

（350—280）×50＝3 500（元）

借：库存商品——商场实物负责人　　　　　　　　3 500

　　贷：商品进销差价　　　　　　　　　　　　　　　3 500

6.6.2　商品削价的账务处理

酒店商品部的库存商品，由于保管或管理不善等原因，会出现商品残缺、变质等情况影响原使用价值，必须进行削价处理。确定削价处理时，由实物负责人填制"残损商品削价报告单"，经审核无误后，据以进行账务处理。

（1）削价后的新售价低于原进价时，除将原售价与原进价的差额冲减"商品进销差价"外，低于原进价的部分，列入"待处理财产损溢"账户，待批准后处理。

（2）削价后的新售价不低于原进价时，只是减少了收入，未构成实际财产损失，其低于原售价的部分可直接冲减"商品进销差价"账户。

【例 6-6】2020 年 4 月，东方酒店商品部削价处理 100 件女式披肩，原进价每件 120 元，原售价 180 元。现因存量过多，削价为 130 元，编制会计分录如下。

借：商品进销差价［（180—130）×100］　　　　　5 000

　　贷：库存商品——女式披肩　　　　　　　　　　　5 000

6.7　商品盘点短缺和溢余的核算

商品盘点是商品部"售价金额核算和实物负责"制的一项重要内容，也是加强商品管理、考核商品资金运转情况的重要环节。

6.7.1　商品盘点的概念

商品盘点是对商品实物数量、金额的清点和核对。通过盘点可以摸清家底，掌握各类商品的实存数量，了解库存结构是否合理，从而为商品排队，进一步组织商品打下基础。

在储存过程中，由于自然条件的影响、人为的过失和其他原因，往往会发生数量上的溢缺，造成商品的实存数量与账存数量不符。为了保证账货相符，及时发现业务经营和商品管理中的问题，总结经验，改进工作，必须加强商品盘点工作。

为了提高商品盘点工作的质量，一般应作好以下几项工作。

1　• 加强商品的日常管理。商品摆设、陈列要有固定货位，同类商品不同规格要有序堆放，避免串号混淆等

2　• 作好"三清、两符"。"三清"是票证数清、现金点清、往来手续结清；"两符"是账账（即部门账和柜组账）相符、账单（即账簿与有关单据）相符

3　• 采用先进的盘点方法一般可采用复式平行盘点法，即组织两套班子，平行盘点，互相核对复查的盘点方法

6.7.2　商品盘点的账务处理

酒店商场每月末必须进行一次全面盘点，若盘存金额与应存金额不符，应查明原因编制"商品溢余（短缺）报告单"，经领导审批后，交财务部门作账务处理。

1. 商品盘点溢余的核算

商品盘点溢余是指商品盘存金额大于账面结存金额的差额。造成溢余的

原因是多方面的，包括商品自然升溢和多收、少付的差错等因素。商品清查盘点发现的溢余，在未查清原因或未批准处理前，借记"库存商品"账户，同时按进销差价金额，记入"待处理财产损溢——待处理流动资产损溢"和"商品进销差价"账户。待查明原因后进行处理，再从"待处理财产损溢"账户转入有关账户。

2. 商品盘点短缺的核算

商品盘点短缺是指商品盘存金额小于账面结存金额的差额。造成短缺的原因也是多方面的，包括商品自然损耗，少收、多付的差错，以及贪污、盗窃等因素。商品清查盘点发现的短缺，在未查清原因或未批准处理前，为使账货相符，先调整账面，按短缺商品售价记入"库存商品"账户，同时按上月末进销差价率计算短缺商品的进价和进项税额，以及进销差价金额，分别记入"应交税费——应交增值税（进项税额）""待处理财产损溢——待处理流动资产损溢"和"商品进销差价"账户。待查明原因后，再从"待处理财产损溢"账户转入有关账户。

【例6-7】旭日大酒店2020年2月月末盘点，食品负责小组实际库存金额大于账面结存金额200元，按上月末分类差价率10%计算，进销差价金额为20元，原因待查，编制会计分录如下。

借：库存商品——食物小组　　　　　　　　　200
　　贷：待处理财产损溢——待处理流动资产损溢　　　　　180
　　　　商品进销差价　　　　　　　　　　　　　　　　　20

经查，属于无法查明原因，冲减销售费用。

借：待处理财产损溢——待处理流动资产损溢　　180
　　贷：销售费用　　　　　　　　　　　　　　　　　　180

6.8　商品内部调拨的核算

商品内部调拨是指企业所属不独立核算单位的营业组、门市部之间调剂余缺而进行的商品调拨。

调拨商品时，一般由调出单位填制一式数联"商品内部调拨单"，作为调拨双方办理商品交接、转账之用。

6.8.1 商品内部调拨的表现形式

（1）各营业柜组或门市部之间为了调剂商品余缺所发生的商品转移。

（2）设有专职仓库保管员，对在库商品单独进行核算和管理的企业，当营业柜组、门市部向仓库提取商品时，所发生的商品调拨转移。

6.8.2 商品内部调拨的账务处理

商品内部调拨的账务处理如下：

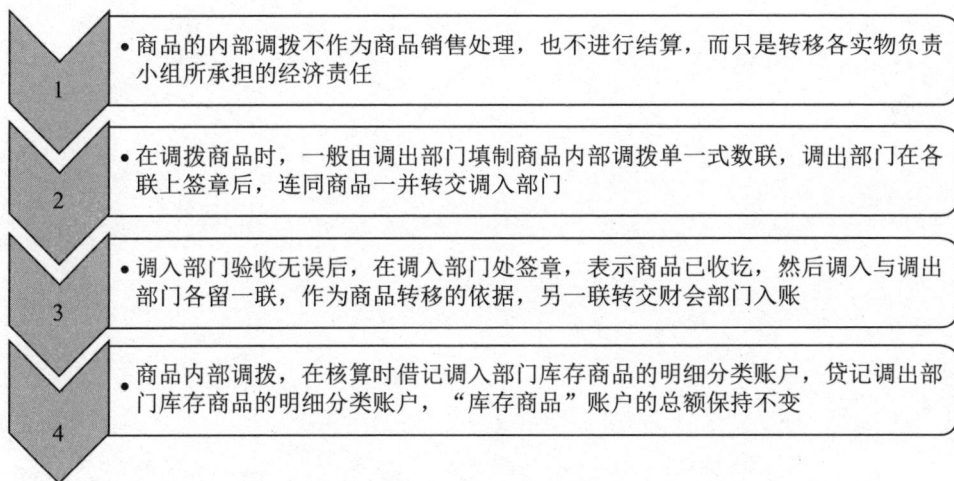

1 • 商品的内部调拨不作为商品销售处理，也不进行结算，而只是转移各实物负责小组所承担的经济责任

2 • 在调拨商品时，一般由调出部门填制商品内部调拨单一式数联，调出部门在各联上签章后，连同商品一并转交调入部门

3 • 调入部门验收无误后，在调入部门处签章，表示商品已收讫，然后调入与调出部门各留一联，作为商品转移的依据，另一联转交财会部门入账

4 • 商品内部调拨，在核算时借记调入部门库存商品的明细分类账户，贷记调出部门库存商品的明细分类账户，"库存商品"账户的总额保持不变

财会部门接到商品调拨单及时调整账面记录，会计分录如下。

借：库存商品——××实物负责小组（调入方）　　　×××
　　贷：库存商品——××实物负责小组（调出方）　　　×××
借：商品进销差价——××实物负责小组（调出方）　×××
　　贷：商品进销差价——××实物负责小组（调入方）　×××

内部商品调拨，只是在企业内部各营业组之间的转移，因此"库存商品"总分类账户余额不变，只是在"库存商品"明细账中进行调整。"商品进销差价"账户如果未按实物负责小组进行明细分类核算，也可不必进行调整。

【例6-8】锦绣城大酒店在深圳南山路和福田路各设置一个分店，从南山路分店调往福田路分店1 000套被褥，金额共120 000元，财务部门交到商品调拨单时编制会计分录如下。

借：库存商品——福田路分店　　　　　　　　　120 000

贷：库存商品——南山路分店　　　　　　　　　　　120 000

　　商品进销差价2 000元，如果账户未按实际负责小组进行明细分类核算则可不必进行调整，否则要进行账务处理。编制会计分录如下。

　　借：商品进销差价——福田路分店　　　　　　　　　2 000
　　　贷：商品进销差价——南山路分店　　　　　　　　　　2 000

第 7 章
酒店康乐部的会计核算

一般来说，酒店除了具有住宿、餐饮、商场外，还设置康乐部门，即健身娱乐的场所，包括康体活动、娱乐活动、美容美发等形式。

7.1 酒店康乐部概述

康乐部是增加酒店附加值的一个重要手段，康乐项目是否完善，是衡量一个星级酒店的重要指标。

7.1.1 康乐部的作用

在欧美、日本等发达国家，酒店康乐业的发展比较成熟。我国酒店康乐业起步较晚，但发展很快，康乐服务在社会生活中的重要性日益突出。

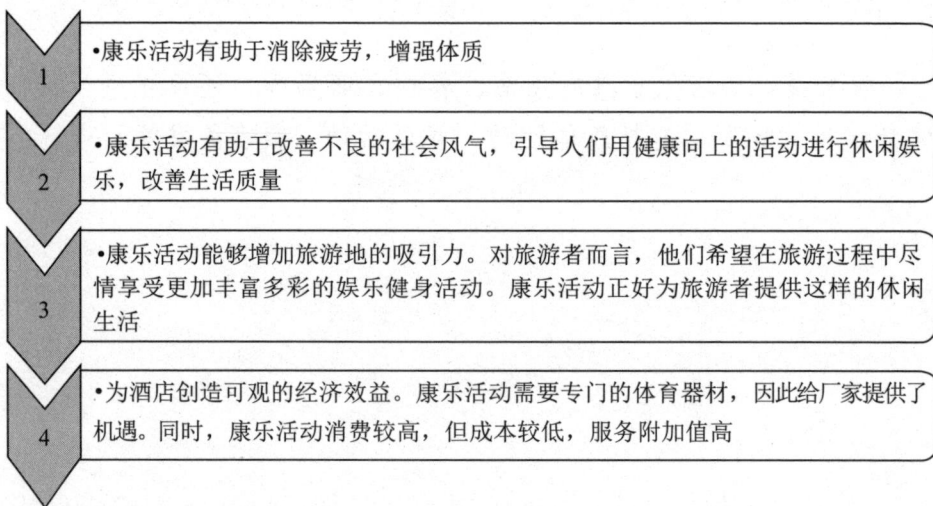

1 •康乐活动有助于消除疲劳，增强体质

2 •康乐活动有助于改善不良的社会风气，引导人们用健康向上的活动进行休闲娱乐，改善生活质量

3 •康乐活动能够增加旅游地的吸引力。对旅游者而言，他们希望在旅游过程中尽情享受更加丰富多彩的娱乐健身活动。康乐活动正好为旅游者提供这样的休闲生活

4 •为酒店创造可观的经济效益。康乐活动需要专门的体育器材，因此给厂家提供了机遇。同时，康乐活动消费较高，但成本较低，服务附加值高

7.1.2 康乐部的地位

在现代饭店中，康乐部的地位越来越重要。许多饭店已经发展成为集餐饮、住宿、购物、康乐为一体的综合性经济实体。

1	• 扩大饭店的服务范围，是酒店等级的重要标志。在有关规定中，对三级、四级、五星级酒店的康乐设施标准均有明确规定
2	• 康乐项目是某些饭店的必备条件和主要经营方向。对度假型酒店而言，除提供一般服务项目外，康乐项目更是其必备条件和主要经营方向。因此度假饭店应具备完善的康乐设施，如保龄球、台球、网球、美容美发、付费点播影视剧等项目
3	• 康乐项目是吸引客源、延长住店时间的重要手段。如推出娱乐项目、改善康乐设施设备条件等，提高客房出租率，延长客人住宿时间
4	• 康乐部是酒店营业收入的重要来源

7.1.3　康乐部的组织机构与职权

对于康乐设施和项目较少的酒店，康乐部一般归属于客房部或餐饮部；对于康乐设施和项目较多的酒店，康乐部一般与客房部、餐饮部等并列为酒店的主要部门。康乐部的组织结构图如图 7-1 所示。

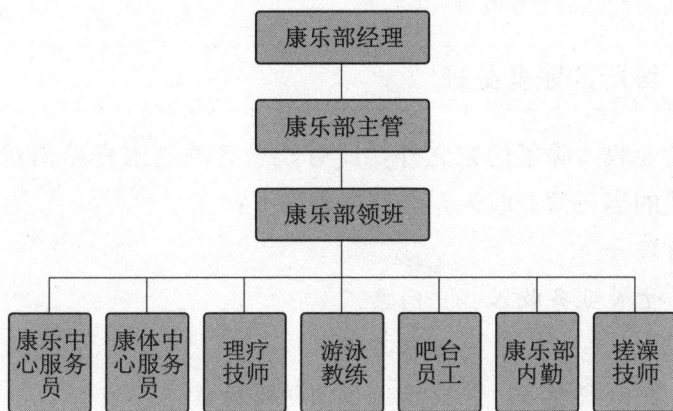

图 7-1　康乐部组织机构

7.2　康乐部的会计核算

由于康乐部的服务项目较多，一般会分开核算。

7.2.1 舞厅的管理

舞厅的营业收入是出售门票的收入，可以用门票张数控制，搞好吧台经营能增加门票的收入。

在制定门票价格时，对巨额的设备投资和装修费用，一般是按两年半左右使用期计入票价千分之一。毛利率一般控制在50%～70%，门票价格可按以下公式计算：

$$门票价格 = \frac{全部设备投资和装修费用}{（每场接待人数 \times 销售率）} \times 1‰ + \frac{每场各项直接费用}{（每场接待人数 \times 销售率）}$$
$$\div （1 - 毛利率）$$

【例7-1】锦绣城大酒店的舞厅设备投资和装修费用总额为480 000元，每场接待能力是600人，门票销售率为90%，每场员工费用为6 000元，目标毛利率为80%。

则：

$$每张门票价格 = \frac{480\ 000}{600 \times 90\%} \times 1‰ + \frac{6\ 000}{600 \times 90\%} \div （1 - 80\%）$$
$$= 0.89 + 55.56$$
$$= 56.45（元）$$

7.2.2 舞厅的账务处理

舞厅的营业收入除了门票之外，还有娱乐者的酒水食品消费。根据营业日报表所反映的当天营业收入，会计处理如下：

借：库存现金
  贷：主营业务收入——门票
       ——食品酒水
  应交税费——应交增值税（销项税额）

【例7-2】2019年12月1日某酒店舞厅营业日报表，见表7-1。

表7-1   **舞厅营业日报表**   单位：元

营业收入		当天应支付的费用	备注
项目	金额		
门票收入	10 027.60	日场费用	

营业收入		当天应支付的费用	备注
项目	金额		
其中：日场	5 013.80	乐队报酬	2 400
夜场	5 013.80	歌手报酬	1 400
吧台收入	27 560	夜场费用	
其中：日场	6 890	乐队报酬	2 500
夜场	20 670	歌手报酬	1 700
合计	37 587.60	合计	8 000

根据舞厅营业日报表，编制会计分录。

借：库存现金   37 587.60

    贷：主营业务收入——门票   9 460

               ——吧台收入   26 000

      应交税费——应交增值税（销项税额）   2 127.60

虽然支付给乐队、歌手、演员的报酬一般是每 10 天结算一次，但还是应根据营业日报表反映的应付报酬数额编制会计分录，如图 7-2 所示。

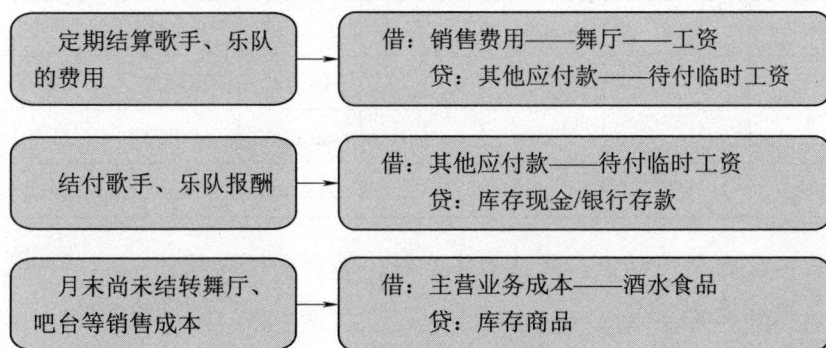

定期结算歌手、乐队的费用	借：销售费用——舞厅——工资 贷：其他应付款——待付临时工资
结付歌手、乐队报酬	借：其他应付款——待付临时工资 贷：库存现金/银行存款
月末尚未结转舞厅、吧台等销售成本	借：主营业务成本——酒水食品 贷：库存商品

图 7-2 支付员工费用的账务处理

结算乐队、歌手费用。

借：销售费用——舞厅——工资   8 000

    贷：其他应付款   8 000

借：其他应付款   8 000

    贷：库存现金   8 000

7.3 洗浴中心的会计核算

洗浴中心是酒店康乐部的重要部门之一，它一般有蒸浴、桑拿、淋浴、按摩等整套设施，并附设有吧台为顾客提供酒水、香烟和食品。

洗浴中心对外服务时要根据服务内容编制顾客服务账单。每日营业终了，根据服务账单编制营业日报表，随后连同当日已结算的账款一起交给财务部门。

【例7-3】锦绣大酒店2020年1月康乐部收入明细见表7-2。

表7-2　　　　　　　　　　　　康乐部收入明细表　　　　　　　　　单位：元

收入项目	计价单位	单价	收入合计		其中		备注
			服务量	金额	酒店收入	服务收入	
桑拿	人/次	50	200	10 000	8 200	1 800	
足浴	人/次	20	650	13 000	11 000	2 000	
足底按摩	人/次	40	400	16 000	7 000	9 000	
修脚	人/次	20	100	2 000	800	1 200	
鲜花浴	人/次	80	110	8 800	6 000	2 800	
牛奶浴	人/次	100	50	5 000	3 400	1 600	
饮料	—	—	—	18 700	18 700	—	
酒水	—	—	—	69 800	69 800	—	
合计	—	—	—	143 300	124 900	18 400	

假设不考虑相关税费，根据上述资料，编制会计分录。

借：库存现金　　　　　　　　　　　　　　　　143 300

　　贷：主营业务收入——桑拿　　　　　　　　　　　8 200

　　　　　　　　　　——足浴　　　　　　　　　　　11 000

　　　　　　　　　　——足底按摩　　　　　　　　　7 000

　　　　　　　　　　——修脚　　　　　　　　　　　800

　　　　　　　　　　——鲜花浴　　　　　　　　　　6 000

　　　　　　　　　　——牛奶浴　　　　　　　　　　3 400

　　　　　　　　　　——饮料　　　　　　　　　　　18 700

——酒水	69 800
其他应付款——应付服务分成	18 400

①支付服务分成时。

借：其他应付款　　　　　　　　　　　　　　　18 400
　　贷：库存现金　　　　　　　　　　　　　　　18 400

②月末结转成本，假设酒水成本45 000元，饮料12 900元。

借：主营业务成本——酒水　　　　　　　　　　45 000
　　　　　　　　——饮料　　　　　　　　　　12 900
　　贷：库存商品　　　　　　　　　　　　　　57 900

7.4 电子游戏厅的会计核算

酒店电子游戏厅一般采用自助投币的方式，顾客可向收银员购买游戏币。

（1）电子游戏厅的收银员根据业务量的多少向财务部门领取一定数量的游戏币作为周转使用。

（2）营业前，游戏机的存币柜是锁的，每天营业结束时由收银员会同负责人一起打开清点游戏币的数量，然后填制一式两联的"电子游戏机营业收入游戏币缴交单"，财务人员签收完毕退回收银员作为留底单据。

酒店应在"其他应收款"和"其他应付款"账户下设"库存游戏币"和"发行游戏币"两个明细账户，核算酒店电子游戏厅核算。

【例7-4】锦绣城大酒店发行电子游戏币4 800枚，每枚定价2元，由出纳员保管。电子游戏厅的收银员领取3 500枚作为周转用，当天营业结束时开启游戏机的存币柜清点游戏币，共3 100枚，交还财务部。收银员所收到的营业收入的现金6 000元向财务部兑换等值游戏币。会计分录如下：

（1）发行游戏币时。

借：其他应收款——库存游戏币（4 800×2）　　9 600
　　贷：其他应付款——发行游戏币　　　　　　9 600

（2）电子游戏厅的服务员领取游戏币时。

借：其他应收款——游戏币周转金（3 500×2）　7 000
　　贷：其他应收款——库存游戏币　　　　　　7 000

（3）收到游戏厅交回的游戏币时。

借：其他应收款——库存现金（3 100×2）　　　　6 200

　　贷：主营业务收入——电子游戏　　　　　　　　　　6 200

（4）收银员用现金兑换游戏币时。

借：库存现金　　　　　　　　　　　　　　　　6 000

　　贷：其他应付款——库存游戏币　　　　　　　　　　6 000

第 8 章
固定资产的核算

　　酒店固定资产一般包括房屋建筑、客车、中央空调、厨房设备等大型设施，是经营过程中的重要生产资料。

　　固定资产，是指同时具有下列特征的有形资产：

　　(1) 为生产商品，提供劳务，出租或经营管理而持有的；

　　(2) 使用寿命超过一个会计年度；

　　(3) 固定资产为有形资产。

8.1　固定资产科目的设置

为了对固定资产进行会计核算，企业一般需要设置"固定资产""累计折旧""工程物资""在建工程""固定资产清理"等科目，核算固定资产取得、计提折旧、处置等情况。

"固定资产"科目借方登记企业增加的固定资产原价，贷方登记企业减少的固定资产原价，期末借方余额，反映企业期末固定资产的账面原价。"固定资产"科目一般分为三级，企业除了应设置"固定资产"总账科目，还应设置"固定资产登记簿"和"固定资产卡片"，按固定资产类别、使用部门和每项固定资产进行明细核算，见表8-1。

表8-1　　　　　　　　　　固定资产会计科目编码的设置

科目代码	总分类科目（一级科目）	明细分类科目		是否辅助核算	辅助核算类别
		二级科目	三级科目		
1601	固定资产				
160101	固定资产	房屋及建筑物	项目	是	部门
160102	固定资产	厨房设备	项目	是	部门
160103	固定资产	运输车辆	项目	是	部门
160104	固定资产	办公设备	项目	是	部门
160105	固定资产	电子设备	项目	是	部门
160106	固定资产	融资租入固定资产	项目	是	部门

8.1.1 固定资产初始计量

企业外购固定资产的成本，包括购买价款、相关税费和使固定资产达到预定可使用状态前所发生的可归属于该项资产的运输费、装卸费、安装费和专业人员服务费（不含可抵扣的增值税进项税额）等。

固定资产入账成本＝买价＋装卸费＋运输费＋安装费＋专业人员服务费等

提示：一般纳税人购入固定资产支付的增值税，可以作为进项税抵扣。小规模纳税人购入固定资产支付的增值税不可以抵扣，直接计入固定资产的成本。账务处理如图 8-1 所示。

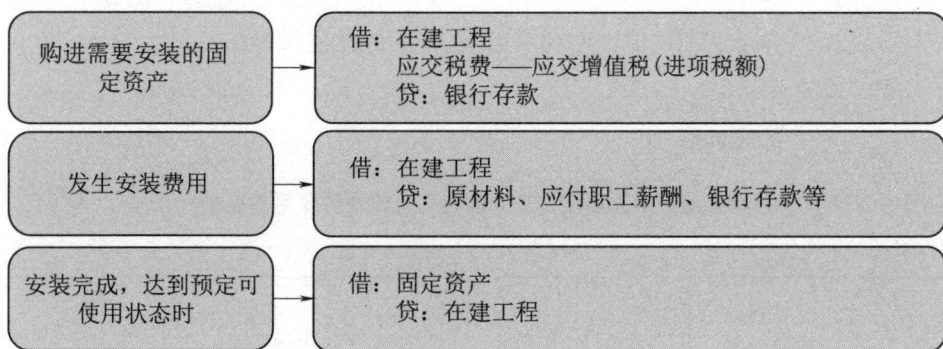

图 8-1　外购固定资产账务处理

新规定

《财政部税务总局关于设备器具扣除有关企业所得税政策的通知》（财税〔2018〕54号）规定，企业在2018年1月1日至2020年12月31日期间新购进的设备、器具，单位价值不超过500万元的，允许一次性计入当期成本费用在计算应纳税所得额时扣除，不再分年度计算折旧；单位价值超过500万元的，仍按企业所得税法实施条例、《财政部 国家税务总局关于完善固定资产加速折旧企业所得税政策的通知》（财税〔2014〕75号）、《财政部 国家税务总局关于进一步完善固定资产加速折旧企业所得税政策的通知》（财税〔2015〕106号）等相关规定执行。

【例 8-1】2020 年 4 月 1 日，锦绣城大酒店客房部从光华机械制造有限公司购入 5 台需要安装的电梯，每台 180 000 元，增值税 23 400 元，运杂费 545 元（运输公司增值税率为 9%）。按合同约定，设备由供货方安装，安装费 1 100 元。全部款项中买价和增值税尚未支付。见表 8-2。

（1）购入设备时，采购成本＝180 000×5＋500＝900 500（元）

电梯的进项税额＝23 400×5＝117 000（元）

运费的进项税额＝545÷（1＋9%）×9%＝45（元）

借：在建工程——电梯　　　　　　　　　　　　　900 500

　　应交税费——应交增值税（进项税额）　　　　117 045

　　　贷：应付账款　　　　　　　　　　　　　　　　1 017 000

　　　　　银行存款　　　　　　　　　　　　　　　　　　545

（2）支付安装费用时。

借：在建工程　　　　　　　　　　　　　　　　　1 100

　　　贷：银行存款　　　　　　　　　　　　　　　　　1 100

（3）2020年4月26日，电梯安装完毕并交付使用时。

借：固定资产　　　　　　　　　　　　　　　　　901 600

　　　贷：在建工程　　　　　　　　　　　　　　　　901 600

表 8-2　　　　　　　锦绣城大酒店固定资产（设备）验收交付使用交接单

编号：NO.00031　　　　　　　　2020年4月26日　　　　　　　　单位：元

供货商	实业制造有限公司	合同科目代码	GT098	发票科目代码	略	收货日期	2020年4月26日		
资金来源	银行存款	用途	工地使用						
序号	固定资产（设备）名称	设备类别	设备科目代码	规格型号	单位	数量	单价	安装费	运费（不含税）	金额	总计
1	XTJN电梯				台	5	180 000	1 100	500		901 600
2											
3											
4											
5											
合计											
部门		部门负责人		经办人		部门		部门负责人	经办人		
采购部门		采购部				使用部门		客房部			
验收部门		质检部				财务部门					

自 2019 年 4 月 1 日起，纳税人取得不动产或者不动产在建工程的进项税额不再分 2 年抵扣。

8.1.2　固定资产折旧的核算

根据财政部、税务总局《关于设备器具扣除有关企业所得税政策的通知》（财税〔2018〕54 号）规定，房屋、建筑物以外的固定资产单价不超过 500 万元允许一次性计入当期成本费用。单价超过 500 万元折旧年限如下：

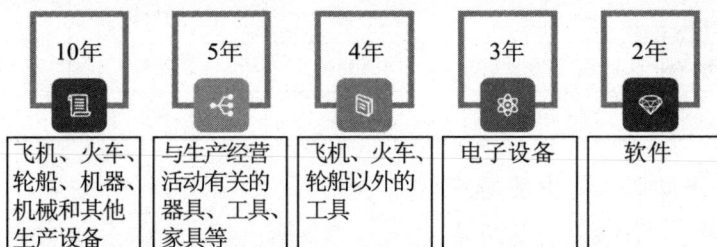

10年	5年	4年	3年	2年
飞机、火车、轮船、机器、机械和其他生产设备	与生产经营活动有关的器具、工具、家具等	飞机、火车、轮船以外的工具	电子设备	软件

以上固定资产由企业自选其一：①缩短折旧年限（不低于 60%）；②或采取加速折旧的方法。

固定资产按月计提折旧，企业通过编制"固定资产折旧计算表"作为固定资产折旧账务处理的依据，每月计提折旧时，可以在上月计提的折旧额的基础上，根据上月固定资产的增减变动情况调整计算出当月应计提的折旧额，计算方法如下：

当月应计提折旧额＝上月计提的折旧额＋上月增加固定资产应计提的折旧额－上月减少固定资产应计提的折旧额

每月计提的折旧额应按固定资产用途计入相关资产的成本或者当期损益费用。

固定资产应当按月计提折旧，计提的折旧应通过"累计折旧"科目核算，并根据用途计入相关资产的成本或者当期损益。见表 8-3。

表 8-3　　　　　　　　　　　　　固定资产折旧

形　式	记入科目
企业自行建造固定资产过程中使用的固定资产	计提的折旧计入在建工程成本
基本生产车间	计提的折旧应计入制造费用
管理部门	计提的折旧应计入管理费用
销售部门	计提的折旧应计入销售费用
经营租出的固定资产	计提的折旧应计入其他业务成本

【例8-2】 南京大酒店 2020 年 2 月 28 日编制的固定资产折旧计算表，见表 8-4。

表 8-4 固定资产折旧计算表 单位：元

使用部门	上月折旧额	上月增加固定资产应提折旧额	上月减少固定资产应提折旧额	本月折旧额
中餐厨房	32 400	18 000	11 000	39 400
西餐厨房	24 000	5 400	6 800	22 600
行政管理部门	29 540	2 200	12 000	19 740
经营性租出	22 800	4 468	3 708	23 560
合计	108 740	30 068	33 508	105 300

借：生产成本——中餐厨房   39 400

           ——西餐厨房   22 600

      管理费用   19 740

      其他业务成本   23 560

    贷：累计折旧   105 300

登记会计凭证，见表 8-5。

表 8-5 记账凭证

2020 年 2 月 28 日   字第××号

摘 要	会计科目	借方金额 千	百	十	万	千	百	十	元	角	分	贷方金额 千	百	十	万	千	百	十	元	角	分	记账
计提各部门折旧费用 105 300 元	生产成本——中餐厨房				3	9	4	0	0	0	0											√
	生产成本——西餐厨房				2	2	6	0	0	0	0											√
	管理费用				1	9	7	4	0	0	0											√
	其他业务成本				2	3	5	6	0	0	0											√
	累计折旧												1	0	5	3	0	0	0	0	0	√
合 计		¥	1	0	5	3	0	0	0	0	0	¥	1	0	5	3	0	0	0	0	0	

会计主管：单春明   记账：陈熠   审核：张燕   制单：王晓

8.2 固定资产的后续支出

固定资产后续支出，是指固定资产在使用过程中发生的更新改造支出、修理费用等。基本账务处理，如图 8-2 所示。

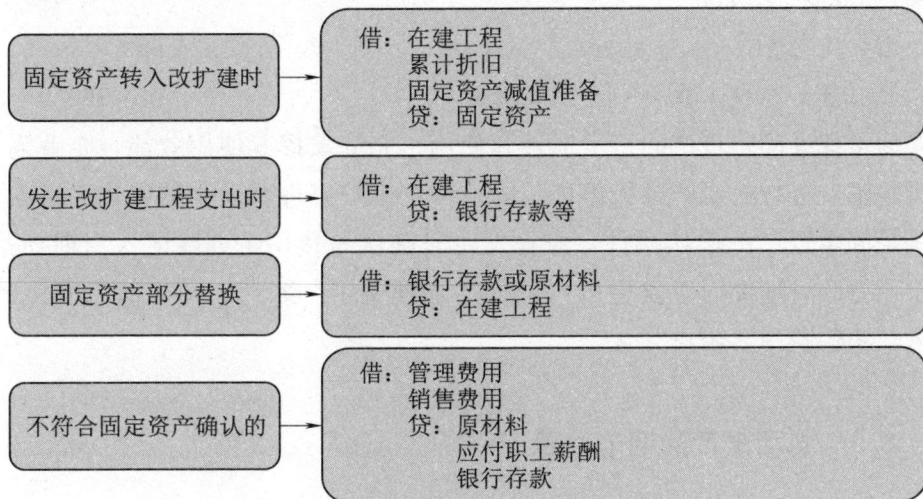

图 8-2 固定资产的后续支出账务处理

【例 8-3】锦绣城大酒店对厨房设备进行改扩建，会计资料如下：

①2020 年 1 月 3 日，锦绣城大酒店自行建成通风设备，成本 328 000 元，预计使用 10 年，预计净残值率为 4%，累计折旧 145 000 元，未发生减值。

②2020 年 4 月，完成了改扩建工程。共发生支出 49 200 元，全部以银行存款支付。改建中废弃的原有部件变卖收入 7 240 元已存入银行。

③该生产线达到预定使用状态后，预计使用年限延长 4 年，残值率仍为 4%，折旧方法仍使用年限平均法。

(1) 2020 年 1 月 3 日，结转生产线原账面价值。

借：在建工程——生产线改造   183 000

  累计折旧   145 000

  贷：固定资产   328 000

(2) 2020 年 4 月 5 日，支付工程款。

借：在建工程——生产线改造   49 200

  贷：银行存款   49 200

（3）2020 年 4 月 5 日，改建中被废弃部件的变价收入。

借：银行存款　　　　　　　　　　　　　　　　7 240

　　贷：在建工程——生产线改造　　　　　　　　　　7 240

（4）2020 年 4 月 6 日，工程完工交付使用，改造后的固定资产账面价
值＝183 000＋49 200－7 240＝224 960（元）。

借：固定资产　　　　　　　　　　　　　　　　224 960

　　贷：在建工程——生产线改造　　　　　　　　　　224 960

为了保证固定资产的正常运转和使用，充分发挥其使用效能，企业需要
对固定资产进行必要的维护修理。固定资产维护修理所发生的支出，通常不
能满足固定资产的确认条件，应在发生时确认为费用，直接记入当期损益。
其中，行政管理部门等发生的，记入"管理费用"账户，其他部门发生的，
记入"销售费用"账户。

8.3　固定资产的期末计量

固定资产的期末计量包括两个方面：一是通过实地盘点清查反映资产的
实有数量，进行账实核对；二是按一定的方法对企业的固定资产进行计价，
以反映其期末价值。

8.3.1　固定资产清查的核算

企业对固定资产清查过程中盘盈、盘亏的固定资产，应填制固定资产盘
盈、盘亏报告表，并及时查明原因，分清责任，按规定程序报批处理。

1. 固定资产盘盈

企业在清查中盘盈的固定资产，作为前期差错处理。盘盈的固定资产通
过"以前年度损益调整"科目核算。

【例 8-4】2019 年年底，锦绣城大酒店在财产清查中发现 2018 年未入账的
不需要安装的一台冷藏设备，估计该设备八成新，同类设备的市场价格为
112 700 元（假定其价值与计税基础不存在差异）。见表 8-6。

借：固定资产　　　　　　　　　　　　　　　　112 700

　　贷：以前年度损益调整　　　　　　　　　　　　　112 700

2. 固定资产盘亏

企业在清查中盘亏的固定资产，通过"待处理财产损溢——待处理固定资产损溢"科目核算，盘亏造成损失的，通过"营业外支出——盘亏损失"科目核算，计入当期损益。

【例 8-5】2019 年年底，锦绣城大酒店在财产清查中盘亏一台通风设备，该设备账面原价 836 500 元，已提折旧 554 000 元，未计提减值准备。见表 8-6。

表 8-6   固定资产盘盈、盘亏报告表

单位名称：锦绣城大酒店   2019 年 12 月 31 日   第 001 号

固定资产代码	固定资产名称	单位	盘 盈				盘亏或毁损				理由书编号	附注
			数量	市场价	成新率	入账价值	数量	固定资产入账价值	已提折旧	计提减值	账面价值		
001	冷藏设备	台	1	112 700	80%	112 700							
002	通风设备	台					1	836 500	554 000	0	282 500		

单位领导：×× 　技术（设备）主管：×× 　会计机构负责人：×× 　制表人：××

（1）盘亏固定资产时。

借：待处理财产损溢——待处理固定资产损溢　　　282 500
　　累计折旧　　　　　　　　　　　　　　　　　554 000
　　　贷：固定资产　　　　　　　　　　　　　　　　　　836 500

（2）报经批准转销盘亏损失时。

借：营业外支出——固定资产盘亏损失　　　　　　282 500
　　　贷：待处理财产损溢——待处理固定资产损溢　　　　282 500

8.3.2　固定资产减值的核算

资产负债表日，固定资产可收回金额低于其账面价值的，企业应将该固定资产的账面价值减记至可收回金额，同时确认为资产减值损失，计提固定

资产减值准备。固定资产减值损失一经确认，在以后会计期间不得转回。账务处理如图 8-3 所示。

账面净值＝固定资产的折余价值＝固定资产原价－计提的累计折旧
账面价值＝固定资产的账面原价－计提的累计折旧－计提的减值准备

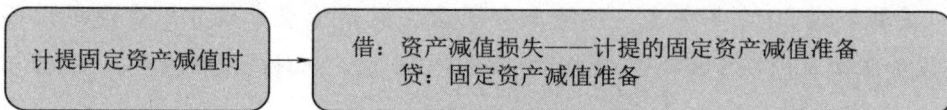

计提固定资产减值时 → 借：资产减值损失——计提的固定资产减值准备
贷：固定资产减值准备

图 8-3　固定资产减值的账务处理

【例 8-6】顺风大酒店 2018 年 1 月购入设备价值 784 000 元，预计使用 5 年，预计净残值 4 200 元，采用年限平均法计提折旧。2019 年末清查时发现，该设备市价大幅度下跌且近期内无望恢复。经计算该设备可回收金额为 229 900 元，此前未计提过减值准备。

已计提折旧额＝（784 000－4 200）÷5×2＝311 920（元）

2018 年末应计提固定资产减值准备＝（784 000－311 920）－229 900＝242 180（元）

借：资产减值损失——固定资产减值损失　　　　　242 180
　　贷：固定资产减值准备　　　　　　　　　　　　　　242 180

自 2020 年起，每年计提折旧额应调整为（229 900－4 200）÷4＝56 425（元）。

8.4　固定资产的处置

1. 固定资产的处置及其终止确认

所谓固定资产处置，通常就是指企业固定资产的出售和对报废、毁损固定资产的处理。此外，企业因对外投资、非货币性资产交换、债务重组等原因转出固定资产，也属于固定资产处置。

2. 固定资产出售、报废或毁损的核算

企业对出售固定资产，应设置"资产处置损益"账户；报废或毁损的固定资产，设置"固定资产清理"账户进行核算。报废和毁损固定资产所得净收益，应计入营业外收入（"非流动资产处置利得"项目），如为净损失应计

入营业外支出（属于正常的处理损失，计入"非流动资产处置损失"项目）。

3. 对外投资、非货币性资产交换、债务重组等固定资产的核算

企业因对外投资、非货币性资产交换、债务重组等原因转出的固定资产，一般也通过"固定资产清理"账户进行核算，具体处理应按有关会计准则的规定进行处理。

【例 8-7】锦绣城大酒店报废一台厨房设备，原价 578 000 元，已提折旧 256 000 元，未计提减值准备，报废资产的残料变价 17 850 元已存入银行，支付清理费用 5 900 元，设备清理完毕。

（1）结转厨房设备账面价值。

借：固定资产清理	322 000
累计折旧	256 000
贷：固定资产——厨房设备	578 000

（2）支付清理费用。

借：固定资产清理	5 900
贷：银行存款	5 900

（3）残料变价收入存入银行。

借：银行存款	17 850
贷：固定资产清理	17 850

（4）结转固定资产清理。

借：营业外支出——非流动资产处置损失	310 050
贷：固定资产清理	310 050

第 9 章
无形资产

　　无形资产，是指企业为生产商品或者提供劳务、出租给他人，或为管理目的而持有的、没有实物形态的非货币性长期资产。企业设置无形资产科目以核算企业持有的无形资产成本，包括专利权、非专利技术、商标权、著作权、土地使用权等。本科目可按无形资产项目进行明细核算，期末借方余额，反映企业无形资产的成本。

9.1　无形资产科目的具体运用

无形资产同时满足下列条件的，才能予以确认：

（1）与该无形资产有关的经济利益很可能流入企业；

（2）该无形资产的成本能够可靠地计量。

无形资产科目的设置，见表 9-1。

表 9-1　　　　　　　　　　无形资产会计科目编码的设置

科目代码	总分类科目（一级科目）	明细分类科目		是否辅助核算	辅助核算类别
		二级科目	三级科目		
1701	无形资产				
170101	无形资产	土地使用权	项目	是	部门
170102	无形资产	著作权	项目	是	部门
170103	无形资产	商标权	项目	是	部门
170104	无形资产	非专利技术	项目	是	部门
170105	无形资产	特许使用权	项目	是	部门
170106	无形资产	其他	项目	是	部门

【例 9-1】2018 年 1 月 1 日，天外天酒楼开始自行研究开发一项新技术，截至当年年末该项目研究各项工作已经完成，共发生 213 300 元（假定均以银行存款支付）。2019 年 1 月进入开发阶段，共发生 390 300 元，并符合开发支出予以资本化的条件，其中材料费用 189 000 元、研发人员薪酬 117 000 元、以银行存款支付相关费用 84 300 元。2020 年 3 月末，研发的新技术达到预定使用用途，形成一项非专利技术，确认为企业的无形资产。

（1）2018 年，项目研发阶段发生的支出。

借：研发支出——费用化支出   213 300

  贷：银行存款   213 300

（2）2018 年，结转项目费用化支出。

借：管理费用   213 300

  贷：研发支出——费用化支出   213 300

（3）2019 年，项目开发阶段发生的、予以资本化条件的支出。

借：研发支出——资本化支出   390 300

  贷：原材料   189 000

    应付职工薪酬   117 000

    银行存款   84 300

（4）2020 年 3 月末，研究开发的新技术达到预定用途。

借：无形资产——非专利技术   390 300

  贷：研发支出——资本化支出   390 300

9.2 无形资产的摊销

  企业应当按月对无形资产进行摊销。无形资产的摊销额一般应当计入当期损益。企业自用的无形资产，其摊销金额计入管理费用，出租的无形资产，其摊销金额计入其他业务成本，某项无形资产包含的经济利益通过所生产的产品或其他资产实现的，其摊销金额应当计入相关资产成本。如图 9-1 所示。

账面净值＝账面余额－累计摊销

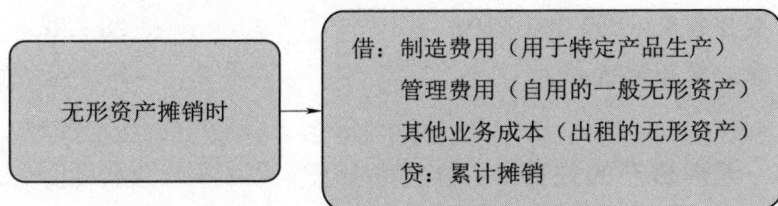

图 9-1 无形资产的摊销账处理

  无形资产的应摊销金额为其成本扣除预计残值后的金额。已计提减值准备的无形资产，还应扣除已计提的无形资产减值准备累计金额。使用寿命有限的无形资产，其残值应当视为零，但下列情况除外：

（1）有第三方承诺在无形资产使用寿命结束时购买该无形资产；

（2）可以根据活跃市场得到预计残值信息，并且该市场在无形资产使用寿命结束时很可能存在。

企业摊销无形资产，应当自无形资产可供使用时起，至不再作为无形资产确认时止。

企业选择的无形资产摊销方法，应当反映与该项无形资产有关的经济利益的预期实现方式。无法可靠确定预期实现方式的，应当采用直线法摊销。

无形资产的摊销金额一般应当计入当期损益（管理费用、其他业务成本等）。某项无形资产所包含的经济利益通过所生产的产品或其他资产实现的，其摊销金额应当计入相关资产的成本。

企业至少应当于每年年度终了，对使用寿命有限的无形资产的使用寿命及摊销方法进行复核。无形资产的使用寿命及摊销方法与以前估计不同的，应当改变摊销期限和摊销方法。

企业应当在每个会计期间对使用寿命不确定的无形资产的使用寿命进行复核。如果有证据表明无形资产的使用寿命是有限的，应当估计其使用寿命，按使用寿命有限的无形资产的有关规定处理。

【例9-2】2020年1月12日，四川饭店从其他公司购入一项商标权，以银行存款支付买价和有关费用合计287 200元。估计该项商标权的使用寿命为10年。假定这项无形资产的净残值均为零，并按直线法摊销。

按年进行摊销时。

借：管理费用（287 200÷10）　　　　　　　　　28 720

　　贷：累计摊销　　　　　　　　　　　　　　　　　　28 720

9.3　无形资产的处置

企业出售无形资产，应将所得价款与该项无形资产的账面价值之间的差额，计入当期损益（营业外收入或营业外支出）。如图9-2所示。

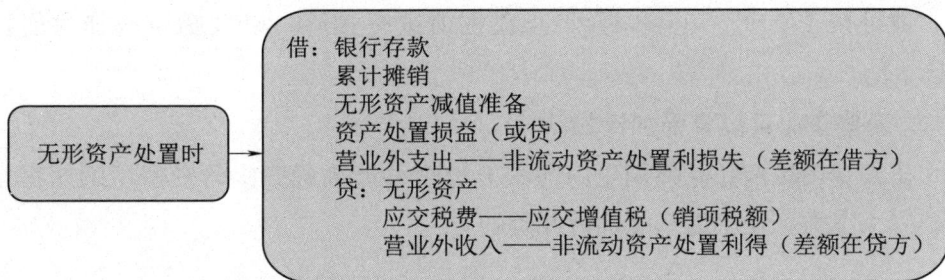

图 9-2　无形资产的处置账务处理

【例 9-3】 四川饭店拥有 A 专利技术，根据市场调查，用其生产的产品已没有市场，决定应予转销。转销时，该项专利技术的账面余额为 654 330 元，摊销期限为 10 年，采用直线法进行摊销，已累计摊销 373 400 元，假定该项专利权的残值为零，已累计计提的减值准备为 201 000 元，假定不考虑其他相关因素。

借：累计摊销 373 400

无形资产减值准备 201 000

营业外支出——处置非流动资产损失 79 930

贷：无形资产——专利权 654 330

9.4　无形资产税收优惠

财政部、税务总局、科技部联合印发《关于企业委托境外研究开发费用税前加计扣除有关政策问题的通知》（财税〔2018〕64 号）、《关于提高研究开发费用税前加计扣除比例的通知》（财税〔2018〕99 号）即：企业开展研发活动中实际发生的研发费用，未形成无形资产计入当期损益的，在按规定据实扣除的基础上，在 2018 年 1 月 1 日至 2020 年 12 月 31 日期间，再按照实际发生额的 75％在税前加计扣除；形成无形资产的，在上述期间按照无形资产成本的 175％在税前摊销。

1. 什么是加计扣除

按照税法规定在实际发生额的基础上，再加成一定比例，作为计算应纳税所得额时的扣除数额的一种税收优惠政策。例如，税法规定研发费用可实行 170％加计扣除政策，如果企业当年开发新产品研发费用实际支出为 100

元，就可按 170 元（100×170％）在税前进行扣除，以鼓励企业加大研发投入。

2. 哪些企业可以享受加计扣除

研发费用税前扣除适用于财务核算健全并能准确归集研发费用的居民企业。以下三类企业不能享受加计扣除：

- 非居民企业
- 核定征收企业
- 财务核算不健全，不能准确归集研究开发费用的企业

第 10 章
酒店税费的核算

目前，我国企业涉及的应纳税种较多，主要有增值税、消费税、城市维护建设税、教育费附加、车辆购置税、印花税、个人所得税和企业所得税等。近一二年，国家税务总局在税收方面又陆续颁布一些优惠政策，如何运用这些政策，本章会详细阐述。

10.1　酒店企业如何抵扣和缴纳增值税

自 2016 年 5 月 1 日酒店业执行增值税政策以来，酒店业的增值税管理日趋完善。酒店取得的收入大致有：餐饮收入、客房收入、租赁收入、会议收入、销售商品收入等，那么这些收入如何抵扣和缴纳增值税呢？

10.1.1　一般纳税人和小规模纳税人的认定

我国现行增值税对纳税人实行分类管理的管理模式，以发生应税行为的年销售额为标准，将纳税人分为一般纳税人和小规模纳税人，二者在计税方法、适用税率（征收率）、凭证管理等方面都不相同。

根据财政部、税务总局《关于统一增值税小规模纳税人标准的通知》（财税〔2018〕33 号）规定：自 2018 年 5 月 1 日开始，小规模纳税人增值税纳税标准从不同行业年应征增值税销售额 50 万元以下、年应税销售额在 80 万元以下，统一改为年应征增值税销售额 500 万元及以下，见表 10-1。

表 10-1　　　　　　　　　纳税人资格划分标准

划分标准	从事货物生产或者提供应税劳务的纳税人，以及以从事货物生产或者提供应税劳务为主，并兼营货物批发或者零售的纳税人	批发或零售的纳税人	销售服务、销售无形资产、销售不动产
小规模纳税人	年应税销售额≤500 万元	年应税销售额≤500 万元	应税服务年销售额≤500 万元
一般纳税人	年应税销售额＞500 万元	年应税销售额＞500 万元	应税服务年销售额＞500 万元

增值税小规模纳税人适用简易计税方法，依照 3% 的征收率计算缴纳增

值税（即：不含税销售额×3％），与原先5％的营业税税率相比，其税收负担直接下降约40％；增值税一般纳税人适用6％的增值税税率。

10.1.2　酒店收入构成及适用税率

酒店业不同收入应该分别核算，分别纳税，见表10-2。

表10-2　　　　　　　　　　　　酒店收入及适用税率

种类	明细	税率
主营收入	住宿收入、餐饮收入、娱乐收入	6％
服务收入	长包房、洗衣、商务中心提供的打印、复印、传真、翻译、快递服务、秘书	6％
	美容、美发、按摩、桑拿、氧吧、足疗、沐浴	6％
	酒店送餐	6％
	专车接送	仅就实际取得的住宿费收入按6％计税
	专车接送（另行收费）	9％
	会务服务（提供场地、且包括整理、打扫、饮水等服务，应按照"会议展览服务"计税）	6％
销售收入	商品部、迷你吧等	按所售商品的适用税率计税
	避孕药品和用具	免征增值税
	会员卡	6％
租赁收入	停车费收入	9％
	将场地出租给银行安放ATM机、给其他单位或个人做卖场	9％
	动产租赁	13％
	不动产租赁	9％
其他收入	电话费收入	9％
	客人支付的物品损坏赔款收入	6％

10.1.3　增值税科目设置

1. 增值税会计科目设置明细

2016年12月3日，财政部发布了《财政部关于印发〈增值税会计处理规定〉的通知》（财会〔2016〕22号）。该文件对企业涉及增值税业务的会计处理进行了规范，适用于全面"营改增"后的所有企业。根据（财会〔2016〕22号）文件规定，一般纳税人企业增值税相关会计科目设置，见表10-3。

表 10-3　　　　　　　　　一般企业增值税基本会计科目设置明细表

科目代码	总分类科目 （一级科目）	明细分类科目	
		二级科目	三级科目
2221	应交税费		
222101	应交税费	应交增值税	
22210101	应交税费	应交增值税	进项税额
22210102	应交税费	应交增值税	已交税金
22210103	应交税费	应交增值税	减免税款
22210104	应交税费	应交增值税	转出未交增值税
22210105	应交税费	应交增值税	销项税额抵减
22210106	应交税费	应交增值税	出口抵减内销 产品应纳税额
22210107	应交税费	应交增值税	销项税额
22210108	应交税费	应交增值税	进项税额转出
22210109	应交税费	应交增值税	出口退税
22210110	应交税费	应交增值税	转出多交增值税
222102	应交税费	预交增值税	
222103	应交税费	待抵扣进项税额	
222104	应交税费	待认证进项税额	
222105	应交税费	待转销项税额	
222106	应交税费	简易计税	
222107	应交税费	转让金融商品 应缴增值税	
222108	应交税费	代扣代交增值税	
222109	应交税费	未交增值税	
2221010	应交税费	增值税留抵税额	

小规模纳税人只需在"应交税费"科目下设置"应交增值税"明细科目，不需要设置上述专栏及除"转让金融商品应交增值税""代扣代交增值税"外的明细科目。

2. 增值税借贷方科目专栏

增值税会计核算有一个典型的特征，就是一些会计科目分专栏核算，借方专栏永远只能在借方，不放到贷方核算；贷方专栏只能在贷方，不能放到借方专栏核算。遇到退货、退回或其他情况，所购货物应冲销调账的，用红字登记。具体借方、贷方专栏见表 10-4。

表 10-4 增值税科目专栏明细表

	增值税借方科目专栏		增值税贷方科目专栏
1	进项税额	1	销项税额
2	已交税金	2	出口退税
3	减免税款	3	进项税额转出
4	出口抵减内销产品应纳税额	4	转出多交增值税
5	销项税额抵减		
6	转出未交增值税		

10.1.4 增值税发票

目前国家税务局的发票主要有：增值税专用发票、增值税普通发票、机动车销售统一发票和增值税电子普通发票。

1. 增值税发票代码

根据《国家税务总局关于统一编印 1995 年增值税专用发票代码的通知》（国税函发〔1995〕18 号）规定，增值税发票代码由 10 位数字组成。

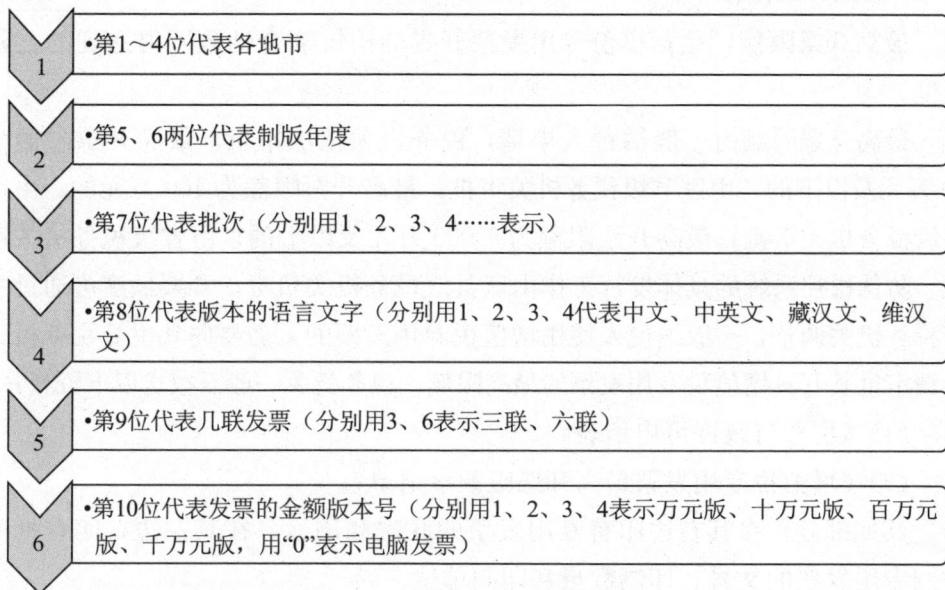

1. 第1~4位代表各地市

2. 第5、6两位代表制版年度

3. 第7位代表批次（分别用1、2、3、4……表示）

4. 第8位代表版本的语言文字（分别用1、2、3、4代表中文、中英文、藏汉文、维汉文）

5. 第9位代表几联发票（分别用3、6表示三联、六联）

6. 第10位代表发票的金额版本号（分别用1、2、3、4表示万元版、十万元版、百万元版、千万元版，用"0"表示电脑发票）

某增值税专用发票代码为 1100191130，可以解读为北京市 2019 年第一批印刷的中文版三联发票。

2. 增值税发票的联次

（1）专用发票联次。

根据《国家税务总局关于修订〈增值税专用发票使用规定〉的通知》（国税发〔2006〕156号）第四条规定："专用发票由基本联次或者基本联次附加其他联次构成，基本联次为三联：发票联、抵扣联和记账联"。

发票联，作为购买方核算采购成本和增值税进项税额的记账凭证；

抵扣联，作为购买方报送主管税务机关认证和留存备查的凭证；

记账联，作为销售方核算销售收入和增值税销项税额的记账凭证。

其他联次用途，由一般纳税人自行确定。

（2）普通发票联次。

增值税普通发票的格式、字体、栏次、内容与增值税专用发票完全一致，按发票联次分为两联票和五联票两种，基本联次为两联，第一联为记账联，销货方用作记账凭证；第二联为发票联，购货方用作记账凭证。此外为满足部分纳税人的需要，在基本联次后添加了三联的附加联次，即五联票，供企业选择使用。

3. 最高开票限额

最高开票限额，是指单份专用发票开具的销售额合计数不得达到的上限额度。

最高开票限额由一般纳税人申请，税务机关依法审批。最高开票限额为10万元及以下的，由区县级税务机关审批；最高开票限额为100万元的，由地市级税务机关审批；最高开票限额为1 000万元及以上的，由省级税务机关审批。防伪税控系统的具体发行工作由区县级税务机关负责。开票额度可通过主管税务机关调整，一般纳税人使用增值税专用发票的，需要向其主管税务机关申请审批其开具增值税专用发票的最高限额，税务机关一般需报送以下资料：

（1）《税务行政许可申请表》。

（2）《增值税专用发票最高开票限额申请单》。

其他部分，在其右边印有专用发票的联次和用途，在其左边，印有批准印制专用发票的文号、印制数量和印制单位。

4. 不合规发票的识别与风险

不合规发票是指不符合税收、财务法律法规规定的发票，包括领购、开具、使用、缴销等过程中的不合规情况。

根据《增值税专用发票使用规定》（国税发〔2006〕156 号）的规定，专用发票应按下列要求开具：

（1）项目齐全，与实际交易相符；

（2）字迹清楚，不得压线、错格；

（3）发票联和抵扣联加盖财务专用章或者发票专用章；

（4）按照增值税纳税义务的发生时间开具。

对不符合上列要求的专用发票，购买方有权拒收。

不合规发票的税收风险有如下几个方面。

（1）增值税的风险。

根据《中华人民共和国增值税暂行条例》第九条规定，纳税人购进货物、劳务、服务、无形资产、不动产，取得的增值税扣税凭证不符合法律、行政法规或者国务院税务主管部门有关规定的，其进项税额不得从销项税额中抵扣。

（2）企业所得税的风险。

根据《国家税务总局关于发布〈企业所得税税前扣除凭证管理办法〉的公告》（国家税务总局公告 2018 年第 28 号）第十二条规定，企业取得私自印制、伪造、变造、作废、开票方非法取得、虚开、填写不规范等不符合规定的发票，以及取得不符合国家法律、法规等相关规定的其他外部凭证，不得作为税前扣除凭证。

（3）土地增值税的风险。

根据《国家税务总局关于营改增后土地增值税若干征管规定的公告》（国家税务总局公告 2016 年第 70 号）第五条规定，"营改增"后，土地增值税纳税人接受建筑安装服务取得的增值税发票，应按照《国家税务总局关于全面推开营业税改征增值税试点有关税收征收管理事项的公告》（国家税务总局公告 2016 年第 23 号）规定，在发票的备注栏注明建筑服务发生地县（市、区）名称及项目名称，否则不得计入土地增值税扣除项目金额。

5. 增值税专用发票的认证

增值税专用发票的认证有多种方式：

（1）网上"勾选认证"。网上认证比较方便，效率较高。

（2）自购终端"扫描认证"。企业可购买增值税专用发票认证专用设备，每年有服务费，相对便利一些。自行认证通不过的，可以去办税大厅通过税务机关工作人员认证。

（3）去办税大厅"扫描认证"。不具备上述条件的纳税人可以选择去税务局大厅进行"扫描认证"，一般通过办税大厅的自助认证终端进行，也可以通过大厅前台工作人员认证。

6. 增值税发票"三流一致"的规定

增值税实务中的"三流"，是指货物流、资金流、发票流。"三流一致"是指货物（或提供劳务的单位）、资金（所支付款项的单位）、发票（开具抵扣凭证的销货单位）的流向必须一致，否则不得抵扣增值税进项税额。

具体来说，"三流一致"不仅要求收款方、开票方和货物销售方或劳务提供方必须是同一个经济主体，而且付款方、货物采购方或劳务接受方必须是同一个经济主体。如果在经济交易过程中，不能保证资金流、票流和物流（劳务流）相互统一，则会出现票款不一致，涉嫌虚开发票，将被税务部门稽查判定为虚列支出，虚开发票，承担一定的行政处罚甚至遭到刑事处罚的法律风险。

7. 相关规定

（1）因企业购进食宿费服务，可以按规定进行抵扣，建议酒店餐饮业提供住宿服务按照相关规定开具发票。

（2）向消费者个人销售服务，无形资产或不动产不得开具增值税专用发票。

10.1.5 进项税额管理

一般纳税人购进货物或者接受应税劳务，所支付或者负担的增值税为进项税额。需要注意的是，并不是纳税人支付的所有进项税额都可以从销项税额中抵扣，下面分别介绍哪些应税项目是可以抵扣的，哪些应税项目是不可以抵扣的。

1. 准予抵扣的进项税额项目及适用税率

进项税额抵扣有认证抵扣和计算抵扣两种方式，实务企业一般在日常办公管理、职工福利、生产经营过程会产生大量的增值税专用发票，符合政策规定抵扣范围内的经济管理事项，需要抵扣凭证以及相应票据的支持。当期销项税额小于当期进项税额不足抵扣时，其不足部分可以结转下期继续抵扣。

以下项目均需取得合法的增值税扣税凭证，见表 10-5。

表 10-5 日常项目抵扣表

具体项目	税率	征收率
从一般纳税人购进农产品	按增值税专用发票上注明的税额抵扣计算进项税额	—
从小规模购进初级农产品	按发票上的金额（或买价）和 9％的扣除率计算进项税额	—
向农业生产者个人购进自产农产品	按照注明的农产品买价和 9％的扣除率计算进项税额	—
酒店租入停车场给客人提供服务	9％	3％
电费、材料、用具、设备、经营用车辆等	13％	3％
购置不动产	9％	5％
房屋租赁	9％	5％
煤炭制品（非居民用煤炭制品）	13％	3％
购买暖气、自来水、冷气、热水、煤气、石油液化气、天然气、沼气、居民用煤炭制品	9％	3％
电话服务	基础电信 9％，增值电信 6％	—
发布广告	6％	3％
交通运输服务	9％	3％

根据《财政部 税务总局 海关总署关于深化增值税改革有关政策的公告》（财政部 税务总局 海关总署公告 2019 年第 39 号）文件规定：

增值税一般纳税人发生增值税应税销售行为或者进口货物，原适用 16％税率的调整为 13％；原适用 10％税率的调整为 9％。

纳税人购进农产品，原适用 10％扣除率的调整为 9％。纳税人购进用于生产或者委托加工 13％税率货物的农产品，按照 10％的扣除率计算进项税额。

原适用 16％税率且出口退税率为 16％的出口货物劳务，出口退税率调整为 13％；原适用 10％税率且出口退税率为 10％的出口货物、跨境应税行为，出口退税率调整为 9％。

适用 13% 税率的境外旅客购物离境退税物品，退税率为 11%；适用 9% 税率的境外旅客购物离境退税物品，退税率为 8%。

2. 可抵扣进项税额凭证

全面营业税改增值税后，可以认证抵扣或者计算抵扣的凭证大致有 9 种，分别是一般纳税人常用的"增值税专用发票"，"货物运输业增值税专用发票"，"机动车销售统一发票"，进口环节取得的"海关进口增值税缴款书"，"中华人民共和国税收缴款凭证"，"农产品销售发票"，"农产品收购发票"以及道路、桥、闸通行费，"××地方税务机关监制发票"。其他基本内容见表10-6。

表 10-6 抵扣凭证

	抵扣凭证种类	出具方	抵扣金额
1	增值税专用发票	销售方或通过税务机关代开	注明的增值税税额
3	机动车销售统一发票	销售方	注明的增值税税额
4	海关进口增值税缴款书	海关	注明的增值税税额
5	税收缴款凭证	税务机关	注明的增值税税额
6	生产或委托加工 13% 税率的农产品销售发票	销售方	买价×10%
7	农产品收购发票	购货方	买价×9%
8	道路、桥、闸通行费	高速公路运营方	发票上注明的金额÷(1+3%)×3%
		一级公路、二级公路、桥、闸运营方	发票上注明的金额÷(1+5%)×5%
9	土地出让金省级以上（含）财政部门监（印）制的财政票据	政府相关部门	票据上注明的金额÷(1+9%)×9%

3. 不得抵扣的进项税额

- 1 • 用于非增值税应税项目、免征增值税项目、集体福利或者个人消费的购进货物或者应税劳务
- 2 • 非正常损失的购进货物及相关的应税劳务
- 3 • 非正常损失的在产品、产成品所耗用的购进货物或者应税劳务
- 4 • 国务院财政、税务主管部门规定的纳税人自用消费品

5	・以上第1项至第4项规定的货物的运输费用和销售免税货物的运输费用
6	・小规模纳税人不得抵扣进项税额。但是，一般纳税人取得由税务所为小规模纳税人代开的增值税专用发票，可以将专用发票上填写的税额作为进项税额计算抵扣
7	・进口货物，在海关计算缴纳进口环节增值税额时，不得抵扣发生在中国境外的各种税金
8	・因进货退出或折让而收回的进项税额，应从发生进货退出或折让当期的进项税额中扣减
9	・按简易办法征收增值税的优惠政策，不得抵扣进项税额

4. 特殊情形下进项税额的确定

（1）一般纳税人兼营免税项目或者非增值税应税劳务而无法划分不得抵扣的进项税额的，按下列公式计算不得抵扣的进项税额：

不得抵扣的进项税额＝当月无法划分的全部进项税额×当月免税项目销售额、非增值税应税劳务营业额合计÷当月全部销售额、营业额

（2）合计购进货物或者应税劳务，取得的增值税扣税凭证不符合法律、行政法规或者国务院税务主管部门有关规定的，其进项税额不得从销项税额中抵扣。

10.1.6 可以抵扣进项税额的账务处理

增值税一般纳税人主要账务处理，见表 10-7。

表 10-7   增值税进项税额主要账务处理

财务情景	账务处理
采购等业务进项税额允许抵扣的账务处理	借：在途物资/原材料/库存商品/生产成本/无形资产/固定资产/管理费用等 　　应交税费——应交增值税（进项税额） 贷：应付账款/应付票据/银行存款等
采购等业务进项税额不得抵扣的账务处理	借：相关成本费用或资产科目 　　应交税费——待认证进项税额 贷：银行存款/应付账款等 经税务机关认证后。 借：相关成本费用或资产科目 贷：应交税费——应交增值税（进项税额转出）

财务情景	账务处理
货物等已验收入库但尚未取得增值税扣税凭证的账务处理	借：原材料/库存商品/固定资产/无形资产 　　贷：应付账款
购买方作为扣缴义务人的账务处理	借：生产成本/无形资产/固定资产/管理费用 　　应交税费——应交增值税（进项税额） 　　贷：应付账款等 　　　　应交税费——代扣代交增值税 实际缴纳代扣代缴增值税时，按代扣代缴的增值税额 借：应交税费——代扣代交增值税 　　贷：银行存款

1. 辅导期内进项税额的处理

辅导期一般纳税人应当在"应交税费"科目下增设"待抵扣进项税额"明细科目，核算尚未交叉稽核比对的专用发票抵扣联、海关进口增值税专用缴款书以及运输费用结算单据（以下简称"增值税抵扣凭证"）注明或者计算的进项税额。账务处理如图 10-1 所示。

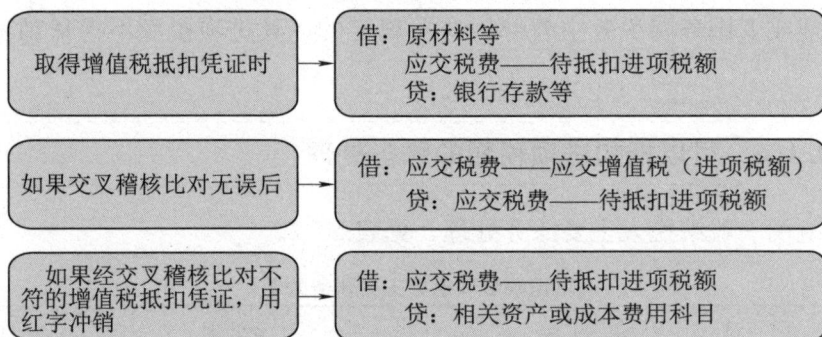

取得增值税抵扣凭证时	借：原材料等 　　应交税费——待抵扣进项税额 　　贷：银行存款等
如果交叉稽核比对无误后	借：应交税费——应交增值税（进项税额） 　　贷：应交税费——待抵扣进项税额
如果经交叉稽核比对不符的增值税抵扣凭证，用红字冲销	借：应交税费——待抵扣进项税额 　　贷：相关资产或成本费用科目

图 10-1　辅导期内进项税额的账务处理

【例 10-1】正阳大酒店经税务局批准，进入一般纳税人辅导期。2020 年 5 月，该企业营业收入指标已经符合一般纳税人认定标准，当月采购商品收到 13 张增值税专用发票，不含税金额为 34 500 元，进项税额为 2 070 元，该企业会计人员将已通过认证但未反馈回来比对信息。

5 月增值税纳税申报时，会计人员在申报抵扣销项税额，致使 6 月该企业增值税留抵进项税额 500 元。

（1）该企业正确的账务处理如下：

①取得增值税抵扣凭证时，将支付或计算提取的增值税进项税额计入"应交税费——待抵扣进项税额"明细科目借方。

　　借：库存商品　　　　　　　　　　　　　　　　34 500

　　　　应交税费——待抵扣进项税额　　　　　　　2 070

　　　　贷：银行存款　　　　　　　　　　　　　　　　36 570

②如果交叉稽核比对无误后。

　　借：应交税费——应交增值税（进项税额）　　　2 070

　　　　贷：应交税费——待抵扣进项税额　　　　　　　2 070

③如果经交叉稽核比对不符的增值税抵扣凭证（实务要中红字冲销）。

　　借：应交税费——待抵扣进项税额　　　　　　　2 070

　　　　贷：库存商品　　　　　　　　　　　　　　　　2 070

（2）该企业5月份调整分录为：

①调整多抵扣的进项税额。

　　借：应交税费——待抵扣进项税额　　　　　　　2 070

　　　　贷：应交税费——应交增值税（进项税额转出）　2 070

②将应交未交的增值税税额转入未交增值税。

　　借：应交税费——应交增值税（转出未交增值税）　1 570

　　　　贷：应交税费——未交增值税（2 070－500）　1 570

注意：如果税务机关要求企业补交增值税滞纳金，也是由于企业的原因导致的延迟缴纳，应该补交滞纳金。但是一般金额较小，性质不大，与税务机关充分沟通，可在实务中解决。

2. 日常业务可抵扣增值税进项税的实务操作

按照税法规定，企业购进货物或应税劳务，按照规定取得并保存增值税扣税凭证，其进项税额可以从销项税额中抵扣。

【例10-2】锦绣城大酒店4月份从林曦农贸有限公司采购一批面粉，销售方的增值税专用发票上注明的价款85 000元，增值税额7 650元，另用现金支付运费218元。面粉已验收入库，款项已通过银行支付。原始单据见表10-8、10-9、10-10。

表 10-8

深圳增值税专用发票

442017240  发票联 No：021927432

开票日期：2020 年 4 月 9 日

购货单位	名 称：锦绣城大酒店 统一社会信用代码：L1432010201892298D 地址、电话：深圳市龙岗区樱花大街12号 0755-69105234 开户行及账号：中国银行深圳市樱花支行123521475789				密码区		略		
货物或应税劳务名称	规格型号	单位	数量	单价	金额	税率（％）	税额
面粉		公斤	1 000	85	¥85 000	9%	¥7 650
价税合计（大写）	⊗玖万贰仟陆佰伍拾元整					（小写）¥92 650	

销货单位	名 称：林曦农贸有限公司 统一社会信用代码：365801020189365D 地址、电话：深圳市福田区丽水街33号 0755-69103452 开户行及账号：中国银行深圳市丽水支行123521472113	备注	林曦农贸有限公司 365801020189365D 发票专用章

收款人：陶冶	复核：张尹	开票人：顾铭	销货单位：

表 10-9

11236012

货物运输业增值税专用发票

开票日期：2020 年 4 月 9 日

承运人及社会统一信用代码	顺风快递有限公司 1122237865340923690		密码区	略	
实际受票方及社会统一信用代码	锦绣城大酒店 L1432010201892298D				
收货人及社会统一信用代码	锦绣城大酒店 L1432010201892298D	发货人及纳税人识别号		林曦农贸有限公司 统一社会信用代码： 365801020189365D	
起运地、经由、到达地					

费用项目及金额	费用项目 运费	金额 222	费用项目	金额	运输货物信息	面粉
	合计金额	218	税率 9%	税额 18	机器编号	
价税合计（大写）	⊗贰佰壹拾捌元整				小写¥218	
	车种车号		车船吨位		备注	
	主管税务机关及代码	前山区税务局				

收款人 ××	复核人 ××	开票人 ××	承运人（章）

表 10-10

中国工商银行
转账支票存根（深）
IV000321
科　　　目：
对方科目：
出票日期：2020 年 4 月 9 日

| 收款人：林曦农贸有限公司 |
| 金　额：92 650 |
| 用　途：支付面粉款 |

单位主管：李磊　　　　会计：程浩

（1）进项税额＝7 650＋200×9％＝7 668（元）

（2）面粉采购成本＝85 000＋200＝85 200（元）

借：材料采购——面粉　　　　　　　　　　　　　　　85 200

　　应交税费——应交增值税（进项税额）　　　　　　7 668

　　贷：银行存款　　　　　　　　　　　　　　　　　　92 650

　　　　库存现金　　　　　　　　　　　　　　　　　　218

根据以上资料，编制记账凭证见表 10-11。

表 10-11　　　　　　　　　　　　　　记账凭证

2020 年 4 月 9 日　　　　　　　　　　字第×××号

摘　要	会计科目	借方金额										贷方金额										记账
		千	百	十	万	千	百	十	元	角	分	千	百	十	万	千	百	十	元	角	分	
收到 1 000 公斤面粉 共计 92 868 元	材料采购——面粉				8	5	2	0	0	0	0											√
	应交税费—— 应交增值税 （进项税额）					7	6	6	8	0	0											√
	银行存款													9	2	6	5	0	0	0		√
	库存现金																2	1	8	0	0	√
合　计			¥	9	2	8	6	8	0	0			¥	9	2	8	6	8	0	0		

会计主管：××　　　记账：××　　　审核：××　　　制单：××

3. 购进免税农产品的增值税会计处理

《财政部 税务总局 海关总署关于深化增值税改革有关政策的公告》（财政部 税务总局 海关总署公告 2019 年第 39 号）规定纳税人购进农产品，原适用 10% 扣除率的，扣除率调整为 9%。纳税人购进用于生产或者委托加工 13% 税率货物的农产品，按照 10% 的扣除率计算进项税额。

酒店采购的直接材料如果是初级农产品，按供应对象不同，分为计算抵扣和凭票抵扣两种方式。对于直接从农业生产者企业和个人采购农产品采用计算抵扣方式：

$$进项税额＝买价×扣除率$$

按购入农业产品的买价和规定的扣除率计算的进项税额，借记"应交税费——应交增值税（进项税额）"科目，按买价扣除按规定计算的进项税额后的差额，借记"材料采购""在途物资"等科目，按应付或实际支付的价款，贷记"应付账款""银行存款"等科目。

【例 10-3】夏威夷酒店购入农产品一批，价款 42 300 元，农产品扣除率为 9%，货物已入库，货款已用银行存款支付。见表 10-12。

表 10-12　　　　　　　　　××国家税务局通用机打发票

发票联

开票日期：2020 年 5 月 15 日

出售人		梁旭	出售人收款账号			6222 0978 0000 04547
收购业务类别		大米	出售人地址			××村
出售人身份证号		1110 1119 8405 06332				
货物或劳务名称	规格型号	数量	单位	单价		金额
大米		10 000	公斤	4.23		42 300
会计金额（大写）	⊗肆万贰仟叁佰元整			金额（小写）		42 300
付款方名称	夏威夷酒店					
付款方税号	9657 9604 2742 443			开票人		吴海
填票人		验收人			收购单位（盖章）	

进项税额＝42 300×9％＝3 807（元）

借：材料采购——大米　　　　　　　　　　　　　　38 493

　　应交税费——应交增值税（进项税额）　　　　　3 807

　　贷：银行存款　　　　　　　　　　　　　　　　　　42 300

根据上述业务，登记会计凭证，见表10-13。

表10-13

记账凭证

2020 年 5 月 16 日　　　　　　　　　　字第××号

摘要	会计科目	借方金额										贷方金额										记账
		万	千	百	十	万	千	百	十	元	角	分	万	千	百	十	万	千	百	十	元	角	分	
从农户购入大米 10 000 公斤，价款为 42 300 元	材料采购——大米			3	8	4	9	3	0	0													√
	应交税费——应交增值税（进项税额）			3	8	0	7	0	0														√
	银行存款														4	2	3	0	0	0	0		√
合　　计				¥	4	2	3	0	0	0	0			¥	4	2	3	0	0	0	0		

会计主管：金天岳　　　记账：任晴　　　审核：齐柏松　　　制单：赵博

10.1.7　不可以抵扣进项税额的账务处理

属于购入货物时不能直接认定其进项税额能否抵扣的，先计入"应交税费——应交增值税（进项税额）"账户，如果这部分购入货物以后用于按规定不得抵扣进项税额项目的，应将原已记入进项税额并已支付的增值税转入有关的承担者予以承担，通过"应交税费——应交增值税（进项税额转出）"账户转入有关资产及劳务成本。

【例10-4】锦绣城大酒店8月12日在建工程领用甲材料一批，材料实际成本为58 910 元，进项税额为 7 658.30 元。见表10-14。

表 10-14   出 库 单

2020 年 8 月 12 日

月	日	品名	规格型号	数量	单位	单价	金额	签字
8	12	甲材料					66 568.30	
合 计							￥ 66 568.30	

       借：在建工程   66 568.30

            贷：原材料——甲材料   58 910

               应交税费——应交增值税（进项税额转出）   7 658.30

       根据上述业务，登记会计凭证，见表 10-15。

表 10-15   记账凭证

2020 年 8 月 12 日   字第××号

摘要	会计科目	借方金额											贷方金额											记账
		万	千	百	十	万	千	百	十	元	角	分	万	千	百	十	万	千	百	十	元	角	分	
购入一批甲材料，价款66 568.30元	在建工程				6	6	5	6	8	3	0														√
	原材料													5	8	9	1	0	0	0			√
	应交税费——应交增值税（进项税额转出）															7	6	5	8	3	0		√
合 计				￥	6	6	5	6	8	3	0				￥	6	6	5	6	8	3	0		

会计主管：夏雪   记账：郭煜   审核：王欣欣   制单：姜晨

1. 兼营进项税额无法划分的会计处理

       酒店兼营行为主要存在于商品部销售饮料、食品等。根据《关于全面推开营业税改征增值税试点的通知》（财税〔2016〕36 号）规定，兼营指的是纳税人同时销售货物、劳务、服务、无形资产或不动产等适用不同税率和征收率的。应当分别核算，分别适用税率或征收率。

       兼营进项税额无法划分的既有一般计税项目，又有简易计税项目。购进办公用品无法划分不能抵扣的进项税，则按照下列公式计算不得抵扣的进项税额：

不得抵扣的进项税额＝当期无法划分的全部进项税额×（当期简易计税方法计税项目销售额＋免征增值税项目销售额）÷当期全部销售额

主管税务机关可以按照上述公式依据年度数据对不得抵扣的进项税额进行清算。

【例 10-5】夏日酒店为一般纳税人，提供住宿服务，为了增加收入，在客房中摆放收费的食品。当月取得客房收入 137 800 元，该纳税人 2020 年 5 月取得增值税专用发票并于当月认证抵扣，且该进项税额无法在住宿服务和商品销售之间划分。该纳税人当月取得住宿收入 110 000 元，食品销售 20 000 元。

纳税人因兼营简易计税项目而无法划分所取得进项税额的，按照下列公式计算应转出的进项税额：

应转出的进项税额＝137 800÷（1＋6％）×6％×20 000÷（20 000＋110 000）＝1 200（元）

会计处理如下：

借：管理费用   1 200

    贷：应交税费——应交增值税（进项税额转出）   1 200

根据以上资料，编制记账凭证见表 10-16。

表 10-16

记账凭证

2020 年 5 月 15 日　　　　　　　　　字第×××号

摘　要	会计科目	借方金额										贷方金额										记账
		千	百	十	万	千	百	十	元	角	分	千	百	十	万	千	百	十	元	角	分	
转出进项税额 1 200 元	管理费用					1	2	0	0	0	0												√
	应交税费——应交增值税（进项税额转出）															1	2	0	0	0	0	√
合　　计						¥	1	2	0	0	0	0					¥	1	2	0	0	0	0

会计主管：××　　　记账：××　　　审核：××　　　制单：××

2. 超期无法认证抵扣的进项税额

纳税人因故未按照规定取得并保存增值税扣税凭证，其进项税额不得从销项税额中抵扣，按价税合计金额入账。

【例 10-6】军山酒店 2020 年 5 月份从外地购入一批布草，价款 20 000 元，税金 2 600 元，款项已付。同时取得一张专用发票，超过规定期限，未办理认证手续。

会计处理为：

借：原材料——布草　　　　　　　　　　　　　　　　22 600
　　贷：银行存款　　　　　　　　　　　　　　　　　　　　22 600

根据以上资料，编制记账凭证见表 10-17。

表 10-17

记账凭证

2020 年 5 月 10 日　　　　　　　　字第×××号

摘　要	会计科目	借方金额 千	百	十	万	千	百	十	元	角	分	贷方金额 千	百	十	万	千	百	十	元	角	分	记账
进项税额 2 600 元转入布草成本，总计 22 600 元	原材料				2	2	6	0	0	0	0											√
	银行存款														2	2	6	0	0	0	0	√
合　　计				¥	2	2	6	0	0	0	0			¥	2	2	6	0	0	0	0	

会计主管：×× 　　　记账：×× 　　　审核：×× 　　　制单：××

10.1.8 销项税额的管理

1. 一般计税方法征收增值税

当期销项税额，是指当期销售货物或提供应税劳务的纳税人，依其销售额和法定税率计算并向购买方收取的增值税税款。

其计算公式为：当期销项税额＝销售额×税率

当期销项税额＝组成计税价格×税率

当期销售额的确定是应纳税额计算的关键，对此，具体规定如下：

（1）销售额为纳税人销售货物或者提供应税劳务向购买方收取的全部价款和价外费用。所谓价外费用，包括价外向购买方收取的手续费、补贴、基金、集资费、返还利润、奖励费、违约金、滞纳金、延期付款利息、赔偿金、代收款项、代垫款项、包装费、包装物租金、储备费、优质费、运输装卸费以及其他各种性质的价外收费。但不包括下列内容：

（2）如果销售收入中包含了销项税额，则应将含税销售额换算成不含税销售额。这是因为增值税是价外税，在计税的销售额中不能含有增值税税款，否则就会违背其"中性"特点，构成重复征税。属于含税销售收入的有普通发票的价款、零售价格、价外收入、非应税劳务征收增值税。

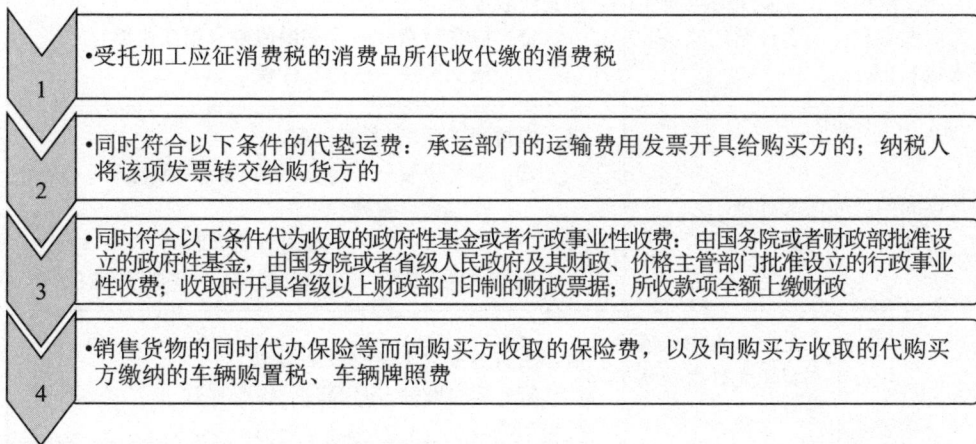

1 •受托加工应征消费税的消费品所代收代缴的消费税

2 •同时符合以下条件的代垫运费：承运部门的运输费用发票开具给购买方的；纳税人将该项发票转交给购货方的

3 •同时符合以下条件代为收取的政府性基金或者行政事业性收费：由国务院或者财政部批准设立的政府性基金，由国务院或者省级人民政府及其财政、价格主管部门批准设立的行政事业性收费；收取时开具省级以上财政部门印制的财政票据；所收款项全额上缴财政

4 •销售货物的同时代办保险等而向购买方收取的保险费，以及向购买方收取的代购买方缴纳的车辆购置税、车辆牌照费

不含税销售额的计算公式为：不含税销售额＝含税销售额÷（1＋增值税税率）

2. 按简易办法征收增值税

一般纳税人销售自己使用过的物品和旧货，适用按简易办法依3%征收

率减半征收增值税政策的，按下列公式确定销售额和应纳税额：

$$销售额 = 含税销售额 \div (1 + 3\%)$$

$$应纳税额 = 销售额 \times 2\%$$

10.1.9　销项税额的账务处理

增值税销项税额的主要账务处理，见表 10-18。

表 10-18　　　　　　　　　增值税销项税额的主要账务处理

财务情景		会计处理
企业销售货物、加工修理修配劳务、服务、无形资产或不动产		借：应收账款/应收票据/银行存款等 　　贷：主营业务收入/其他业务收入/固定资产清理/ 　　　　工程结算 　　应交税费——应交增值税（销项税额） 　　应交税费——简易计税 　　应交税费——应交增值税（小规模纳税人）
收入或利得的时点早于按照增值税制度确认增值税纳税义务发生时点的		应将相关销项税额计入"应交税费——待转销项税额"科目，待实际发生纳税义务时再转入"应交税费——应交增值税（销项税额）"或"应交税费——简易计税"科目
增值税纳税义务发生时点早于按照国家统一的会计制度确认收入或利得的时点的		借：应收账款 　　贷：应交税费——应交增值税（销项税额） 　　应交税费——简易计税
视同销售的账务处理		借：应付职工薪酬/利润分配 　　贷：应交税费——应交增值税（销项税额）/应交 　　　　税费 　　　　——"简易计税"科目 （小规模纳税人应计入"应交税费——应交增值税"）
差额征税的账务处理	企业发生相关成本费用允许扣减销售额的账务处理	借：主营业务成本/存货/工程施工 　　贷：应付账款/应付票据/银行存款
	按照允许抵扣的税额	借：应交税费——应交增值税（销项税额抵减）/应交 　　　　税费——简易计税 小规模纳税人账务处理 借：应交税费——应交增值税 　　贷：主营业务成本/存货/工程施工

财务情景	会计处理	
月末转出多交增值税和未交增值税	对于当月应交未交的增值税	借：应交税费——应交增值税（转出未交增值税） 贷：应交税费——未交增值税
	对于当月多交的增值税	借：应交税费——未交增值税 贷：应交税费——应交增值税（转出多交增值税）

采用直接收款方式销售，借记"应收票据""银行存款"等科目，按专用发票上注明的增值税额，贷记"应交税费——应交增值税（销项税额）"，按实现的营业收入，贷记"主营业务收入"等科目。

【例10-7】2020年2月1日，锦绣城大酒店接受博基科技有限公司年终晚宴的订单，对方用转账支票结算（含税）。餐后结算费用为108 734.80元，其中增值税额6 154.80元。开出增值税专用发票。见表10-19、10-20。

表10-19

442018240	深圳增值税专用发票 记　账　联						N o：01092431	

开票日期：2020年2月1日

购货单位	名　　称：博基科技有限公司 统一社会信用代码：235610140032769257 地址、电话：深圳罗湖区花田大道6646号　61290839 开户行及账号：深圳工商银行花田支行营业室 　　　　　　　6222004309234216467						密码区	略
货物或应税劳务名称	规格型号	单位	数量	单价	金额	税率（%）	税额	
餐费		桌	40	2 564.5	￥102 580	6%	￥6 154.80	
价税合计（大写）	⊗壹拾万零捌仟柒佰叁拾肆元捌角整					（小写）￥108 734.80		
销货单位	名　　称：锦绣城大酒店 统一社会信用代码：5456200140035890 地址、电话：深圳市龙岗区樱花大街12号　0755-69105234 开户行及账号：中国银行深圳市樱花支行　123521475789						备注	锦绣城大酒店 5456200140035890 发票专用章
收款人：李娜		复核：张晶		开票人：苗妙			销货单位：	

借：银行存款　　　　　　　　　　　　　　　　108 734.80
　　贷：主营业务收入　　　　　　　　　　　　　102 580
　　　应交税费——应交增值税（销项税额）　　6 154.80

登记会计凭证，见表10-20。

表 10-20　　　　　　　　　　　　记账凭证

2020 年 2 月 1 日　　　　　　　　　　　　字第××号

摘要	会计科目	借方金额											贷方金额											记账
		万	千	百	十	万	千	百	十	元	角	分	万	千	百	十	万	千	百	十	元	角	分	
向博基科技有限公司收取餐费108 734.80元	银行存款			1	0	8	7	3	4	8	0													√
	主营业务收入														1	0	2	5	8	0	0	0		√
	应交税费——应交增值税(销项税额)																	6	1	5	4	8	0	√
合　　计				¥	1	0	8	7	3	4	8	0			¥	1	0	8	7	3	4	8	0	

会计主管：沈晓阳　　　记账：路梅　　　审核：李欣欣　　　制单：宋玉

10.1.10　纳税义务发生时点与确认收入不一致的处理

1. 确认收入或利得的时点早于增值税纳税义务发生时点的

按照国家统一的会计制度确认收入或利得的时点早于按照增值税制度确认增值税纳税义务发生时点的，应将相关销项税额计入"应交税费——待转销项税额"科目，待实际发生纳税义务时再转入"应交税费——应交增值税（销项税额）"或"应交税费——简易计税"科目。

【例10-8】恒昌酒店按照一般计税方法计税，天一有限公司租用恒昌酒店六层作为办公室。并与恒昌酒店签订出租协议，租金总额400万元，增值税24万元。天一有限公司同时支付了90%的租金，余款于一年后支付。根据上述业务，会计账务处理如下：

（1）恒昌酒店收到90%租金时：

借：银行存款　　　　　　　　　　　　　　　3 816 000
　　应收账款　　　　　　　　　　　　　　　424 000
　　贷：主营业务收入　　　　　　　　　　　　4 000 000

| | 应交税费——应交增值税（销项税额） | 216 000 |
| | 应交税费——待转销项税额 | 24 000 |

（2）第二年收到余款时产生纳税义务，结转待转销项税额：

借：银行存款　　　　　　　　　　　　　　　　24 000

　　贷：应收账款　　　　　　　　　　　　　　　　24 000

借：应交税费——待转销项税额　　　　　　　　24 000

　　贷：应交税费——应交增值税（销项税额）　　24 000

2. 增值税纳税义务发生时点早于确认收入或利得时点的

按照增值税制度确认增值税纳税义务发生时点早于按照国家统一的会计制度确认收入或利得的时点的，应将应纳增值税额，借记"应收账款"科目，贷记"应交税费——应交增值税（销项税额）"或"应交税费——简易计税"科目，按照国家统一的会计制度确认收入或利得时，应按扣除增值税销项税额后的金额确认收入。

【例 10-9】2020 年 7 月 1 日，向阳酒店向鑫丰商贸有限公司出租部分房间，合同约定：租期 3 年，年租金 954 000 元，签约之后 20 天内承租方预付一年租金，鑫丰商贸有限公司在 7 月 15 日支付一年租金，则向阳酒店账务处理如下：

根据《财政部 国家税务总局关于全面推开营业税改征增值税试点的通知》（财税〔2016〕36 号）附件 1 第四十五条规定，纳税人提供租赁服务采取预收款方式的，其纳税义务发生时间为收到预收款的当天。

借：银行存款　　　　　　　　　　　　　　　　954 000

　　贷：预收账款　　　　　　　　　　　　　　　　954 000

根据以上资料，编制记账凭证见表 10-21。

表 10-21

记账凭证

2020 年 7 月 1 日　　　　　　　　　　　　字第×××号

摘　要	会计科目	借方金额										贷方金额										记账
		千	百	十	万	千	百	十	元	角	分	千	百	十	万	千	百	十	元	角	分	
收到租金954 000 元	银行存款		9	5	4	0	0	0	0	0	0											√
	预收账款												9	5	4	0	0	0	0	0	0	√
合　　计			¥	9	5	4	0	0	0	0	0		¥	9	5	4	0	0	0	0	0	

会计主管：××　　　　记账：××　　　　审核：××　　　　制单：××

借：应收账款［954 000÷（1＋6％）］　　　　　　　　54 000

　　贷：应交税费——应交增值税（销项税额）　　　　　　　　54 000

根据以上资料，编制记账凭证见表10-22。

表10-22　　　　　　　　　　　　　　　记账凭证

2020 年 7 月 1 日　　　　　　　　　　　　　字第×××号

摘　要	会计科目	借方金额										贷方金额										记账
		千	百	十	万	千	百	十	元	角	分	千	百	十	万	千	百	十	元	角	分	
计提应交增值	银行存款				5	4	0	0	0	0	0											√
税 54 000 元	预收账款														5	4	0	0	0	0	0	√
合　计				¥	5	4	0	0	0	0	0			¥	5	4	0	0	0	0	0	

会计主管：××　　　　　记账：××　　　　　审核：××　　　　　制单：××

10.1.11　增值税检查调整的会计处理

增值税检查后的账务调整，应设立"应交税费——增值税检查调整"专门账户。凡检查后应调减账面进项税额或调增销项税额和进项税额转出的数额，借记有关科目，贷记本科目；凡检查后应调增账面进项税额或调减销项税额和进项税额转出的数额，借记本科目，贷记有关科目；全部调账事项入账后，应结出本账户的余额，并对该余额进行处理：

（1）若余额在借方，全部视同留抵进项税额	若本账户余额在贷方，"应交税费——应交增值税"账户有借方余额且等于或大于这个贷方余额
借：应交税费——应交增值税（进项税额） 　　贷：应交税费——增值税检查调整	借：应交税费——增值税检查调整 　　贷：应交税费——应交增值税
（2）若余额在贷方且"应交税费——应交增值税"账户无余额	若本账户余额在贷方，"应交税费——应交增值税"账户有借方余额但小于贷方余额，应将这两个账户的余额冲出
借：应交税费——增值税检查调整 　　贷：应交税费——未交增值税	借：应交税费——增值税检查调整 　　贷：应交税费——未交增值税

上述账务调整应按纳税期逐期进行。

【例10-10】湘江酒店2020年6月接受税务机关检查，在检查中发现酒店其他应付款科目有一笔挂账三年的应付款项，金额为2 332 000元。经检查，确认此为隐瞒收入，税务机关要求该企业在本月调账，并于6月30日前补缴税款132 000元入库（不考虑其他因素）。

借：其他应付款　　　　　　　　　　　　　　　2 332 000

　　贷：以前年度损益调整　　　　　　　　　　　2 200 000

　　　　应交税费——增值税检查调整　　　　　　　132 000

根据以上资料，编制记账凭证见表10-23。

表10-23

记账凭证

2020年6月30日　　　　　　　　　　　　　　字第×××号

摘　要	会计科目	借方金额										贷方金额										记账
		千	百	十	万	千	百	十	元	角	分	千	百	十	万	千	百	十	元	角	分	
调整其他应付款 2 332 000 元	其他应付款		2	3	3	2	0	0	0	0	0											√
	以前年度损益调整												2	2	0	0	0	0	0	0	0	√
	应交税费/增值税检查调整													1	3	2	0	0	0	0	0	√
合　计		￥	2	3	3	2	0	0	0	0	0	￥	2	3	3	2	0	0	0	0	0	

会计主管：×× 　　　记账：×× 　　　审核：×× 　　　制单：××

借：应交税费——增值税检查调整　　　　　　　132 000

　　贷：应交税费——未交增值税　　　　　　　　132 000

根据以上资料，编制记账凭证见表10-24。

表10-24

记账凭证

2020年6月30日　　　　　　　　　　　　　　字第×××号

摘　要	会计科目	借方金额										贷方金额										记账
		千	百	十	万	千	百	十	元	角	分	千	百	十	万	千	百	十	元	角	分	
计提补缴税款 132 000 元	应交税费——增值税检查调整			1	3	2	0	0	0	0	0											√
	应交税费——未交增值税													1	3	2	0	0	0	0	0	√
合　计			￥	1	3	2	0	0	0	0	0		￥	1	3	2	0	0	0	0	0	

会计主管：×× 　　　记账：×× 　　　审核：×× 　　　制单：××

补缴税款时：

借：应交税费——未交增值税   132 000

    贷：银行存款   132 000

根据以上资料，编制记账凭证见表 10-25。

表 10-25   记账凭证

2020 年 6 月 30 日   字第×××号

摘 要	会计科目	借方金额										贷方金额										记账
		千	百	十	万	千	百	十	元	角	分	千	百	十	万	千	百	十	元	角	分	
用银行存款补缴税款 132 000 元	应交税费——增值税检查调整			1	3	2	0	0	0	0	0											√
	银行存款													1	3	2	0	0	0	0	0	√
合 计		￥	1	3	2	0	0	0	0	0		￥	1	3	2	0	0	0	0	0		

会计主管：××   记账：××   审核：××   制单：××

10.1.12 缴纳增值税会计处理

应交增值税的账务处理，见表 10-26。

表 10-26   应交增值税的账务处理

缴 纳 时 间	账 务 处 理
当月缴纳税款	借：应交税费——应交增值税（已交税金） 贷：银行存款
当月缴纳以前月份税款	借：应交税费——未交增值税 贷：银行存款
税款减免的账务处理	借：应交税费——应交增值税（减免税款） 贷：营业外收入
税款返还	借：银行存款 贷：营业外收入
当月应交未交的增值税	借：应交税费——应交增值税（转出未交增值税） 贷：应交税费——未交增值税
月末，将"预交增值税"明细科目余额转入"未交增值税"	借：应交税费——未交增值税 贷：应交税费——预交增值税
当月预交增值税	借：应交税费——预交增值税 贷：银行存款

1. 一般计税方法

我国目前对一般纳税人采用的是国际上通行的购进扣税法，即当期销项税额抵扣当期进项税额后的余额。应纳税额的计算公式为：

$$当期应纳税额＝当期销项税额－进项税额$$

$$＝当期销售额×适用税率－当期进项税额$$

【例10-11】2020年1月，锦绣城大酒店餐费不含税收入700 000元，酒水收入1 100 000元（城建税税率7‰，教育费附加3‰）。计算应交增值税其他税费的金额及账务处理，2月初以银行存款支付。

应纳增值税＝（700 000＋1 100 000）×6‰＝108 000（元）

应纳城建税＝108 000×7‰＝7 560（元）

应纳教育费附加＝108 000×3‰＝3 240（元）

借：应交税费——应交增值税（已交税金）　　　108 000

　　　　　　——应交城市建设维护费　　　　7 560

　　　　　　——应交教育费附加　　　　　　3 240

　　贷：银行存款　　　　　　　　　　　　　　118 800

登记会计凭证，见表10-27。

表10-27

记账凭证

2020年2月5日　　　　　　　　　　　　　　字第××号

摘　　要	会计科目	借方金额									贷方金额									记账
		千	百	十	万	千	百	十	元	角	分	千	百	十	万	千	百	十	元	角	分	
以银行存款缴纳税款	应交税费——应交增值税（已交税金）		1	0	8	0	0	0	0	0											√
	应交税费——应交城市维护建设税				7	5	6	0	0	0											√
	应交税费——应交教育费附加				3	2	4	0	0	0											√
	银行存款												1	1	8	8	0	0	0	0	√
合　　计		¥	1	1	8	8	0	0	0	0		¥	1	1	8	8	0	0	0	0	

会计主管：单春明　　　　记账：陈熠　　　　审核：张燕　　　　制单：王晓

2. 特殊计算方法的计算

当期应交增值税＝销项税额－（进项税额－进项税额转出－出口退税）
－出口抵减内销产品应纳税额－减免税款

10.1.13　纳税申报

1. 增值税纳税申报征期

根据《中华人民共和国增值税法（征求意见稿）》第三十五条规定，增值税的计税期间分别为 10 日、15 日、一个月、一个季度或者半年。纳税人的具体计税期间，由主管税务机关根据纳税人应纳税额的大小分别核定。以半年为计税期间的规定不适用于按照一般计税方法计税的纳税人。自然人不能按照固定计税期间纳税的，可以按次纳税。

纳税人以一个月、一个季度或者半年为一个计税期间的，自期满之日起十五日内申报纳税；以十日或者十五日为一个计税期间的，自期满之日起五日内预缴税款，于次月一日起十五日内申报纳税并结清上月应纳税款。

关于计税期间。为落实深化"放管服"改革精神，进一步减少纳税人办税频次，减轻纳税人申报负担，《征求意见稿》取消"1 日、3 日和 5 日"等三个计税期间，新增"半年"的计税期间。

在增值税未立法以前，还得适用原规定，即增值税的纳税期限分别为 1 日、3 日、5 日、10 日、15 日、1 个月或者 1 个季度。

2. 增值税申报流程

一般纳税人和小规模纳税人，在征期内进行申报，申报具体流程为：

（1）抄报税：纳税人在征期内登陆开票软件抄税，并通过网上抄报或办税厅抄报，向税务机关上传上月开票数据。

（2）纳税申报：纳税人通过一证通或 CA 证书登录网上申报软件进行网上申报。网上申报成功并通过税银联网实时扣缴税款。

（3）清零解锁：申报成功后，纳税人返回开票系统对税控设备进行清零解锁。实务中一般以当月纳税申报期限为最后截止日，如果错过清零解锁的日期，可以带上税控盘去税务办税大厅解锁。

注意：

①一般纳税人、小规模纳税人无税控设备的只需进行第二步申报操作，

无须进行第一和第三步操作。无税控机的纳税人，需要去税务机关代开发票，纳税申报时，会和税务机关代开发票数据进行比对，比对成功后方能申报成功。

②按季申报的有税控设备小规模纳税人在非申报月份只需进行第一步和第三步。不需要进行第二步申报操作。

3. 纳税申报表及其申报资料

自 2019 年 5 月 1 日起，一般纳税人在办理纳税申报时，需要填报"一主表四附表"，即申报表主表和附列资料（一）、（二）、（三）、（四），《增值税纳税申报表附列资料（五）》、《营改增税负分析测算明细表》不再需要填报。

（1）增值税一般纳税人申报表。

"一主表四附表"包括：《增值税纳税申报表（一般纳税人适用）》；《增（值税纳税申报表附列资料（一）（本期销售情况明细）》；《增值税纳税申报表附列资料（二）（本期进项税额明细）》；《增值税纳税申报表附列资料（三）（服务、不动产和无形资产扣除项目明细）》；《增值税纳税申报表附列资料（四）（税额抵减情况表）》。

（2）增值税小规模纳税人申报表。

小规模纳税人申报系统一般有 3 张表需要填报。具体有：《增值税纳税申报表（小规模纳税人适用）》；《增值税纳税申报表（小规模纳税人适用）附列资料》；《增值税减免税申报明细表》。

注意：小规模纳税人销售服务，在确定服务销售额时，按照有关规定可以从取得的全部价款和价外费用中扣除价款的，需填报《增值税纳税申报表（小规模纳税人适用）附列资料》。其他情况不填写该附列资料。

（3）纳税申报其他资料。

①已开具的税控机动车销售统一发票和普通发票的存根联。

②符合抵扣条件且在本期申报抵扣的增值税专用发票（含税控机动车销售统一发票）的抵扣联。

③符合抵扣条件且在本期申报抵扣的海关进口增值税专用缴款书、购进农产品取得的普通发票的复印件。

④符合抵扣条件且在本期申报抵扣的税收完税凭证及其清单、书面合同、付款证明和境外单位的对账单或者发票。

⑤已开具的农产品收购凭证的存根联或报查联。

⑥纳税人销售服务、不动产和无形资产，在确定服务、不动产和无形资产销售额时，按照有关规定从取得的全部价款和价外费用中扣除价款的合法凭证及其清单。

⑦主管税务机关规定的其他资料。

【例10-12】2019年1月，锦绣城大酒店当月收入2 580 000元，经财务部月终汇总计算，当期进项税额148 900元，当期销项税额276 940元。上期留抵税额为20 834元，进项税额转出12 890元，本期已缴纳税额为7 830元。增值税纳税申报表主表，见表10-28。

表10-28　　　　　　　　　　　**增值税纳税申报表**
（一般纳税人适用）

名称：锦绣城大酒店

统一社会信用代码：L1432010201892298D

地址、电话：深圳市龙岗区樱花大街12号　85746380　　　　金额单位：元至角分

项目		栏次	一般项目	
			本月数	本年累计
销售额	（一）按适用税率计税销售额	1	2 580 000	
	其中：应税货物销售额	2		
	应税劳务销售额	3		
	纳税检查调整的销售额	4		
	（二）按简易办法计税销售额	5		
	其中：纳税检查调整的销售额	6		
	（三）免、抵、退办法出口销售额	7		
	（四）免税销售额	8		
	其中：免税货物销售额	9		
	免税劳务销售额	10		
税款计算	销项税额	11	276 940	
	进项税额	12	148 900	
	上期留抵税额	13	20 834	
	进项税额转出	14	12 890	
	免、抵、退应退税额	15		

项目		栏次	一般项目	
			本月数	本年累计
税款计算	按适用税率计算的纳税检查应补缴税额	16		
	应抵扣税额合计	17＝12＋13－14－15＋16	156 844	—
	实际抵扣税额	18（如17＜11，则为17，否则为11）	156 844	
	应纳税额	19＝11－18	120 096	
	期末留抵税额	20＝17－18		
	简易计税办法计算的应纳税额	21		
	按简易计税办法计算的纳税检查应补缴税额	22		
	应纳税额减征额	23		
	应纳税额合计	24＝19＋21－23	120 096	
税款缴纳	期初未缴税额（多缴为负数）	25		
	实收出口开具专用缴款书退税额	26		
	本期已缴税额	27＝28＋29＋30＋31	7 830	
	①分次预缴税额	28		—
	②出口开具专用缴款书预缴税额	29		—
	③本期缴纳上期应纳税额	30		
	④本期缴纳欠缴税额	31		
	期末未缴税额（多缴为负数）	32＝24＋25＋26－27	112 266	
	其中：欠缴税额（≥0）	33＝25＋26－27		—
	本期应补（退）税额	34＝24－28－29	112 266	—
	即征即退实际退税额	35	—	—
	期初未缴查补税额	36		
	本期入库查补税额	37		
	期末未缴查补税额	38＝16＋22＋36－37		

10.1.14 增值税加计抵减会计处理

《关于深化增值税改革有关政策的公告》（即增值税改革细则）还颁布了一些优惠政策：

1. 纳税人应按照当期可抵扣进项税额的10%计提当期加计抵减额

自2019年4月1日至2021年12月31日，允许生产、生活性服务业纳税人按照当期可抵扣进项税额加计10%，抵减应纳税额（以下称加计抵减政策）。

生产、生活性服务业纳税人，是指提供邮政服务、电信服务、现代服务、生活服务（以下称四项服务）取得的销售额占全部销售额的比重超过50%的纳税人。

2. 明确加计抵减中的几个关键要素

关于增值税的加计抵减需要理清以下几个关键要素。

（1）加计抵减额不是进项税额。加计抵减额必须与进项税额分开核算，这两个概念一定不能混淆。这样处理的目的是，维持进项税额的正常核算，进而实现留抵税额真实准确，以免造成多退出口退税和留抵退税。

（2）纳税人抵扣的进项税额，都相应计提加计抵减额。同理，如果发生进项税额转出，那么，在进项税额转出的同时，此前相应计提的加计抵减额也要同步调减。

（3）加计抵减额独立于进项税额和留抵税额，且随着纳税人逐期计提、调减、抵减、结转等相应发生变动，因此，享受加计抵减政策的纳税人需要准确核算加计抵减额的变动情况。

（4）适用时间。

2019年3月31日前设立的纳税人，自2019年4月1日起适用加计抵减政策。

2019年4月1日后设立的纳税人，自设立之日起3个月的销售额符合上述规定条件的，自登记为一般纳税人之日起适用加计抵减政策。

纳税人确定适用加计抵减政策后，当年内不再调整，以后年度是否适用，根据上年度销售额计算确定。

纳税人可计提但未计提的加计抵减额，可在确定适用加计抵减政策当期一并计提。

3. 加计抵减额的计算

（1）一般计算步骤

加计抵减额只能用于抵减一般计税方法计算的应纳税额。加计抵减额抵减应纳税额需要分两步：

第一步，纳税人先按照一般规定，以销项税额减去进项税额的余额算出一般计税方法下的应纳税额。

第二步，区分不同情形分别处理：第一种情形，如果第一步计算出的应纳税额为0，则当期无须再抵减，所有的加计抵减额可以直接结转到下期抵减；第二种情形，如果第一步计算出的应纳税额大于0，则当期可以进行抵减。在抵减时，需要将应纳税额和可抵减加计抵减额比大小。如果应纳税额比当期可抵减加计抵减额大，所有的当期可抵减加计抵减额在当期全部抵减完毕，纳税人以抵减后的余额计算缴纳增值税；如果应纳税额比当期可抵减加计抵减额小，当期应纳税额被抵减至0，未抵减完的加计抵减额余额，可以结转下期继续抵减。

按照现行规定不得从销项税额中抵扣的进项税额，不得计提加计抵减额；已计提加计抵减额的进项税额，按规定作进项税额转出的，应在进项税额转出当期，相应调减加计抵减额。计算公式如下：

当期计提加计抵减额＝当期可抵扣进项税额×10％

当期可抵减加计抵减额＝上期末加计抵减额余额＋当期计提加计抵减额－当期调减加计抵减额

纳税人可计提但未计提的加计抵减额，可在确定适用加计抵减政策当期一并计提。

生产、生活性服务业纳税人取得资产或接受劳务时，应当按照《增值税会计处理规定》的相关规定对增值税相关业务进行会计处理；实际缴纳增值税时，按应纳税额借记"应交税费——未交增值税"等科目，按实际纳税金额贷记"银行存款"科目，按加计抵减的金额贷记"其他收益"科目。

例如，某酒店2019年5月成立并营业，5月可抵扣进项税额50 000元，6月可抵扣进项税额100 000元，7月可抵扣进项税额150 000元。因为5月、6月是否达到标准无法确定，所以当月暂不计提，待6月确定达到标准后，可以计提7月加计抵减额150 000×10％＝15 000元；同时补提5月、6月的加计抵减额（50 000＋100 000）×10％＝15 000（元）。总共加计抵减税额为30 000元。

（2）特殊情况的处理。

纳税人应按照现行规定计算一般计税方法下的应纳税额（以下称抵减前的应纳税额）后，区分以下情形加计抵减：

抵减前的应纳税额等于零的	▶ 当期可抵减加计抵减额全部结转下期抵减
抵减前的应纳税额大于零，且大于当期可抵减加计抵减额的	▶ 当期可抵减加计抵减额全额从抵减前的应纳税额中抵减
抵减前的应纳税额大于零，且小于或等于当期可抵减加计抵减额的	▶ 以当期可抵减加计抵减额抵减应纳税额至零。未抵减完的当期可抵减加计抵减额，结转下期继续抵减
加计抵减政策执行到期后	▶ 纳税人不再计提加计抵减额，结余的加计抵减额停止抵减

【例 10-13】某酒店为一般纳税人，适用加计抵减政策。2019 年 7 月，一般计税项目取得营业收入 4 000 000 元，销项税额为 240 000 元；进项税额 130 000 元（包含购买办公楼的进项税额 90 000 元、购置办公用品进项税额 40 000 元），上期留抵税额 40 000 元，上期结转的加计抵减额余额 60 000 元；简易计税项目销售额 50 000 元（不含税价），征收率 3％。不考虑留抵税额退税等其他涉税事项，则该酒店当月增值税处理如下：

1. 计算应纳税额

（1）一般计税项目。

抵减前的应纳税额＝240 000－130 000－70 000＝40 000（元）

当期可抵减加计抵减额＝130 000×10％＋60 000＝73 000（元）

当期抵减后的应纳税额＝40 000－40 000＝0（万元）

加计抵减额余额＝当期可抵减加计抵减额－抵减前的应纳税额

＝73 000－40 000＝33 000（元）

（2）简易计税项目：应纳税额＝50 000×3％＝1 500（元）

（3）应纳税额合计：

一般计税项目应纳税额＋简易计税项目应纳税额＝0＋1 500＝1 500（元）

2. 会计核算

（1）销项税额核算。

借：银行存款	4 240 000	
贷：主营业务收入		4 000 000
应交税费——应交增值税（销项税额）		240 000
借：银行存款	51 500	
贷：主营业务收入		50 000
应交税费——简易计税		1 500

（2）进项税额核算：不动产一次性抵扣，税率为9%，原值即90 000÷9%＝1 000 000（元）。

借：固定资产——办公楼	1 000 000	
应交税费——应交增值税（进项税额）	90 000	
贷：银行存款		1 090 000
借：管理费用（40 000÷13%）	307 692.31	
应交税费——应交增值税（进项税额）	40 000	
贷：银行存款		347 692.31

（3）正常结转抵减前的应纳税额。

借：应交税费——应交增值税（转出未交增值税）	40 000	
贷：应交税费——未交增值税		40 000

（4）加计抵减，简化计算全部计入其他收益科目。

借：应交税费——应交增值税（减免税款）	40 000	
贷：其他收益		40 000

期末，加计抵减余额33 000元，转入下期继续抵减。

（5）缴纳简易计税项目税费。

借：应交税费——简易计税	1 500	
贷：银行存款		1 500

> 纳税人出口货物劳务、发生跨境应税行为不适用加计抵减政策，其对应的进项税额不得计提加计抵减额。

纳税人兼营出口货物劳务、发生跨境应税行为且无法划分不得计提加计抵减额的进项税额，按照以下公式计算：

不得计提加计抵减额的进项税额＝当期无法划分的全部进项税额×当期出口货物劳务和发生跨境应税行为的销售额÷当期全部销售额

加计抵减政策执行到期后，纳税人不再计提加计抵减额，结余的加计抵减额停止抵减。

10.1.15 增值税留抵退税新政会计处理

期末留抵税额，是指纳税人销项税额不足以抵扣进项税额而未抵扣完的进项税额。自 2019 年 4 月 1 日起，试行增值税期末留抵税额退税制度。在这之前，只是一些特殊行业享受期末增值税留底退税政策，此次深化改革放开了适用范围，缓解了部分企业资金压力。本节将详细介绍新政内容及操作策略。

1. 满足政策要求的条件

根据《财政部 国家税务总局 海关总署关于深化增值税改革有关政策的公告》（财政部 税务总局 海关总署公告 2019 年第 39 号）文件规定，同时符合以下条件的纳税人，可以向主管税务机关申请退还增量留抵税额：

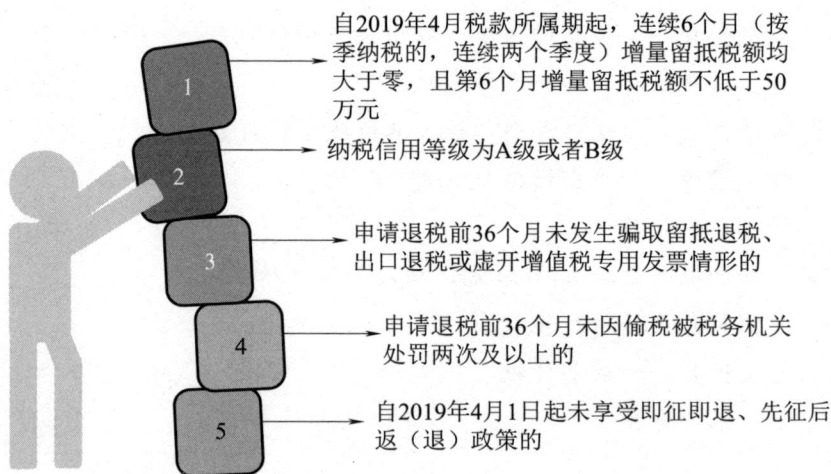

1　自2019年4月税款所属期起，连续6个月（按季纳税的，连续两个季度）增量留抵税额均大于零，且第6个月增量留抵税额不低于50万元

2　纳税信用等级为A级或者B级

3　申请退税前36个月未发生骗取留抵退税、出口退税或虚开增值税专用发票情形的

4　申请退税前36个月未因偷税被税务机关处罚两次及以上的

5　自2019年4月1日起未享受即征即退、先征后返（退）政策的

比如，某酒店 2019 年 3 月底期末留抵税额为 35 万元，2019 年 4 月底期

末留抵税额为 45 万元，4 月份比 3 月份多增加的 10 万元，就是增量留抵税额。

纳税信用级别设A、B、C、D四级。A级纳税信用为年度评价指标得分90分以上的；B级纳税信用为年度评价指标得分70分以上不满90分的；C级纳税信用为年度评价指标得分40分以上不满70分的；D级纳税信用为年度评价指标得分不满40分或者直接判级确定的。

2018年4月1日起增设M级纳税信用级别，纳税信用级别由A、B、C、D四级变更为A、B、M、C、D五级。其中，M级纳税信用适用未发生《信用管理办法》第二十条所列失信行为的新设立企业和评价年度内无生产经营业务收入且年度评价指标得分70分以上的企业。

2. 留抵退税额的核算

纳税人当期允许退还的增量留抵税额，按照以下公式计算：

允许退还的增量留抵税额＝增量留抵税额×进项构成比例×60%

其中，"进项构成比例"为 2019 年 4 月至申请退税前一税款所属期内已抵扣的增值税专用发票（含税控机动车销售统一发票）、海关进口增值税专用缴款书、解缴税款完税凭证注明的增值税额占同期全部已抵扣进项税额的比重。

【例 10-14】假设甲公司 2019 年 4 月～9 月共计申报抵扣了进项税额 500 万元，而这 500 万元包括了两部分：一部分是增值税专用发票、海关进口增值税专用缴款书、解缴税款完税凭证注明的增值税额 280 万元，另一部分为取得其他扣税凭证可抵扣的进项税额 220 万元；2019 年 3 月期末留抵税额 30 万元，9 月期末留抵税额 90 万元。

（1）进项构成比例＝2 800 000÷5 000 000＝56%

（2）计算增量留抵税额＝900 000－300 000＝600 000（元）。

（3）可以退还的增量留抵税额＝600 000×56%×60%＝201 600（元）。

2019年4月1日以后一次性转入的待抵扣部分的不动产进项税额，在当期形成留抵税额的，可用于计算增量留抵税额。但是新政策下的加计抵减额并不是纳税人的进项税额，不会形成留抵税额，因而也不能申请留抵退税。

【例10-15】假定湘雅酒店2020年3月底留抵税额18万元，4月、5月、6月、7月、8月、9月留抵税额分别为20万元、30万元、30万元、40万元、45万元、70万元，同时符合留抵退税要求的其他四项条件。

2019年4月～9月已抵扣进项税金为100万元，其中专用发票对应进项税额为85万元，农产品收购发票对应进项税额为5万元。

根据本书前面章节的详细解读判断，湘雅酒店符合留抵退税的相关条件。10月纳税申报期内可以向主管税务机关申请退还增量留抵税额。

（1）申请退还留抵税额计算。

增量留抵税额＝70－18＝52（万元）

进项构成比例＝85÷100×100%＝85%（农产品收购发票对应进项税额为5万元不计算在内）

允许退还的增量留抵税额＝增量留抵税额×进项构成比例×60%＝52×85%×60%＝26.52（万元）

（2）会计处理。

10月份甲企业按程序申报，并收到申请的留抵退税额之后：

借：银行存款　　　　　　　　　　　　　　　　　265 200

　　贷：应交税费——应交增值税（进项税额转出）　　265 200

根据以上资料，编制记账凭证见表10-29。

表10-29　　　　　　　　　　　　　　记账凭证

2020年10月5日　　　　　　　　　　字第×××号

摘　　要	会计科目	借方金额										贷方金额										记账
		千	百	十	万	千	百	十	元	角	分	千	百	十	万	千	百	十	元	角	分	
收到留抵退税额265 200元	银行存款		2	6	5	2	0	0	0	0												√
	应交税费——应交增值税（进项税额转出）												2	6	5	2	0	0	0	0		√
合　　计			¥	2	6	5	2	0	0	0	0		¥	2	6	5	2	0	0	0	0	

会计主管：××　　　记账：××　　　审核：××　　　制单：××

3. 留抵退税后附加税费的计算基础

依法缴纳城市维护建设税、教育费附加和地方教育附加是以实际缴纳的增值税、消费税的税额为计税依据。根据《财政部、国家税务总局关于增值税期末留抵退税有关城市维护建设税、教育费附加和地方教育附加政策的通知》（财税〔2018〕80号）规定，为保证增值税期末留抵退税政策有效落实，对实行增值税期末留抵退税的纳税人，允许其从城市维护建设税、教育费附加和地方教育附加的计税（征）依据中扣除退还的增值税税额。

在纳税人办理增值税纳税申报和免抵退税申报后、税务机关核准其免抵退税应退税额前，核准其前期留抵退税的，以最近一期《增值税纳税申报表（一般纳税人适用）》期末留抵税额，扣减税务机关核准的留抵退税额后的余额，计算当期免抵退税应退税额和免抵税额。

税务机关核准的留抵退税额，是指税务机关当期已核准，但纳税人尚未在《增值税纳税申报表附列资料（二）（本期进项税额明细）》第22栏"上期留抵税额退税"填报的留抵退税额。

纳税人应在收到税务机关准予留抵退税的《税务事项通知书》当期，以税务机关核准的允许退还的增量留抵税额冲减期末留抵税额，并在办理增值税纳税申报时，相应填写《增值税纳税申报表附列资料（二）（本期进项税额明细）》第22栏"上期留抵税额退税"。

10.1.16 增值税减免税款的会计处理

《财政部关于印发〈增值税会计处理规定〉的通知》（财会〔2016〕22号）规定，对于当期直接减免的增值税，应借记"应交税费——应交增值税（减免税款）"科目，贷记损益类相关科目。

《财政部 国家税务总局关于财政性资金 行政事业性收费 政府性基金有关企业所得税政策问题的通知》（财税〔2008〕151号）规定，企业取得的各类财政性资金，除属于国家投资和资金使用后要求归还本金的以外，均应计入企业当年收入总额。财政性资金，是指企业取得的来源于政府及其有关部门的财政补助、补贴、贷款贴息，以及其他各类财政专项资金，包括直接减免的增值税和即征即退、先征后退、先征后返的各种税收，但不包括企业按规定取得的出口退税。

2017年6月12日修订后的《企业会计准则第16号——政府补助》仍旧

将增值税即征即退作为政府补助的一部分看待。第十一条规定：与企业日常活动相关的政府补助，应当按照经济业务实质，计入其他收益或冲减相关成本费用。与企业日常活动无关的政府补助，应当计入营业外收支。

企业按照现行增值税政策规定，取得或者应取得的上述即征即退收入，在满足确认条件时，编制如下的会计分录：

借：其他应收款或银行存款
　　贷：其他收益

> 根据《关于支持新型冠状病毒感染的肺炎疫情防控有关税收政策的公告》（财政部税务总局公告2020年第8号）第五条规定：对纳税人提供公共交通运输服务、生活服务，以及为居民提供必需生活物资快递收派服务取得的收入，免征增值税。公告自2020年1月1日起实施，截止日期视疫情情况另行公告。

【例10-16】2020年4月，恒昌酒店重新开店营业，当月取得收入116 600元。则账务处理如下：

借：银行存款　　　　　　　　　　　　　　　　116 600
　　贷：主营业务收入　　　　　　　　　　　　　　110 000
　　　　应交税费——应交增值税（销项税额）　　　　6 600
借：应交税费——应交增值税（减免税款）　　　　6 600
　　贷：其他收益　　　　　　　　　　　　　　　　　6 600

纳税人按规定享受免征增值税优惠的，可自主进行免税申报，无需办理有关免税备案手续，但应将相关证明材料留存备查。在办理增值税纳税申报时，应当填写增值税纳税申报表及《增值税减免税申报明细表》相应栏次。

纳税人按规定适用免征增值税政策的，不得开具增值税专用发票；已开具增值税专用发票的，应当开具对应红字发票或者作废原发票，再按规定适用免征增值税政策并开具普通发票。纳税人在疫情防控期间已经开具增值税专用发票，按规定应当开具对应红字发票而未及时开具的，可以先适用免征增值税政策，对应红字发票应当于相关免征增值税政策执行到期后1个月内完成开具。

纳税人已将适用免税政策的销售额、销售数量，按照征税销售额、销售数量进行增值税申报的，可以选择更正当期申报或者在下期申报时调整。已征应予免征的增值税税款，可以予以退还或者抵减纳税人以后应缴纳的增值税税款。

新规定

2019年1月9日，国务院推出一批针对小微企业的普惠性减税措施，实施期限是3年，即2019年1月1日至2021年12月31日。优惠对象主要包括小微企业、个体工商户和其他个人的小规模纳税人，将增值税起征点由月销售额3万元提高到10万元

【例 10-17】蓝天旅馆是增值税小规模纳税人，按季缴纳增值税，2019 年第一季度取得客房收入含税金额 309 000 元，计算应纳增值税多少？

①销售货物的分录。

借：银行存款　　　　　　　　　　　　　　　　309 000
　　贷：主营业务收入　　　　　　　　　　　　　　　300 000
　　　　应交税费——应交增值税　　　（300 000×3％）9 000

②减免增值税的分录。

借：应交税费——应交增值税　　　　　　　　　　9 000
　　贷：其他收益　　　　　　　　　　　　　　　　　9 000

根据相关政策 2019 年 1 月 1 日至 2021 年 12 月 31 日，小规模纳税人发生增值税应税销售行为，合计月销售额未超过 10 万元（以 1 个季度为 1 个纳税期的，季度销售额未超过 30 万元）的，免征增值税。

填写第 1 季度蓝天旅馆增值税纳税申报表，见表 10-30。

表 10-30　　　　　　　　　　增值税纳税申报表

（小规模纳税人适用）

纳税人识别号：□□□□□□□□□□□□□□□□□□□□

纳税人名称（公章）：蓝天旅馆　　　　　　　　　　金额单位：元至角分

税款所属期：2020 年 1 月 1 日至 2020 年 3 月 31 日　　　填表日期：2020 年 4 月 9 日

项　　目		栏次	本期数		本年累计	
			货物及劳务	服务、不动产和无形资产	货物及劳务	服务、不动产和无形资产
一、计税依据	（一）应征增值税不含税销售额（3％征收率）	1				

项　目	栏次	本期数		本年累计	
		货物及劳务	服务、不动产和无形资产	货物及劳务	服务、不动产和无形资产
税务机关代开的增值税 　专用发票不含税销售额	2				
税控器具开具的普通发票 　不含税销售额	3				
（二）应征增值税不含税 　销售额（5%征收率）	4	—		—	
税务机关代开的增值税 　专用发票不含税销售额	5	—		—	
税控器具开具的普通发票 　不含税销售额	6	—		—	
（三）销售使用过的固定资产 　不含税销售额	7（7≥8）		—		—
其中：税控器具开具的普通发票 　不含税销售额	8		—		—
（四）免税销售额	9＝10＋11＋12		309 000		
其中：小微企业免税销售额	10		309 000		
未达起征点销售额	11				
其他免税销售额	12				
（五）出口免税销售额	13（13≥14）				
其中：税控器具开具的普通发票销售额	14				

一、计税依据

项　　目		栏次	本期数		本年累计	
			货物及劳务	服务、不动产和无形资产	货物及劳务	服务、不动产和无形资产
二、税款计算	本期应纳税额	15				
	本期应纳税额减征额	16				
	本期免税额	17		9 000		
	其中：小微企业免税额	18		9 000		
	未达起征点免税额	19				
	应纳税额合计	20＝15－16				
	本期预缴税额	21			—	—
	本期应补（退）税额	22＝20－21			—	—
纳税人或代理人声明：		如纳税人填报，由纳税人填写以下各栏：				
本纳税申报表是根据国家税收法律法规及相关规定填报的，我确定它是真实的、可靠的、完整的。		办税人员：　　　　　　　　财务负责人： 法定代表人：　　　　　　　联系电话：				
		如委托代理人填报，由代理人填写以下各栏：				
		代理人名称（公章）：　　　　经办人： 　　　　　　　　　　　　　　联系电话：				

主管税务机关：　　　　　　接收人：　　　　　　接收日期：

10.1.17　小微企业免征增值税的会计处理

《财政部关于印发〈增值税会计处理规定〉的通知》（财会〔2016〕22号）规定，小微企业在取得销售收入时，应当按照税法的规定计算应交增值税，并确认为应交税费，在达到增值税制度规定的免征增值税条件时，将有关应交增值税转入当期损益。按照《财政部 税务总局关于实施小微企业普惠性税收减免政策的通知》（财税〔2019〕13号）的规定，我们国家现在对于月销售额不超过10万元，季度销售额不超过30万元的小微企业是可以免交增值税的。

【例10-18】惠民旅店属于小规模纳税人，符合小微企业认定标准。已知2020年4月取得营业收入70 700元，税率1%，并开具发票。则：

收到销售货款时：

借：银行存款　　　　　　　　　　　　　　　　　　70 700

　　贷：主营业务收入　　　　　　　　　　　　　　　70 000

　　　　应交税费——应交增值税　　　　　　　　　　　700

根据以上资料，编制记账凭证见表10-31。

表 10-31

记账凭证

2020 年 4 月 20 日　　　　　　　　　字第×××号

摘　要	会计科目	借方金额 千	百	十	万	千	百	十	元	角	分	贷方金额 千	百	十	万	千	百	十	元	角	分	记账
收到销售款共计 70 700 元	银行存款			7	0	7	0	0	0	0	0											√
	主营业务收入													7	0	7	0	0	0	0	0	√
	应交税费——应交增值税															7	0	0	0	0	0	√
合　计		￥		7	0	7	0	0	0	0	0	￥		7	0	7	0	0	0	0	0	

会计主管：××　　　记账：××　　　审核：××　　　制单：××

月末，则应冲减应交税费的金额，转入到当期损益。

借：应交税费——应交增值税　　　　　　　　　　　　700

　　贷：其他收益　　　　　　　　　　　　　　　　　　700

根据以上资料，编制记账凭证见表10-32。

表 10-32

记账凭证

2020 年 4 月 30 日　　　　　　　　　字第×××号

摘　要	会计科目	借方金额 千	百	十	万	千	百	十	元	角	分	贷方金额 千	百	十	万	千	百	十	元	角	分	记账
月末，冲减应交税费的金额，转入到当期损益 700 元	应交税费——应交增值税						7	0	0	0	0											√
	其他收益																7	0	0	0	0	√
合　计						￥	7	0	0	0	0						￥	7	0	0	0	0	

会计主管：××　　　记账：××　　　审核：××　　　制单：××

1. 增值税一般纳税人的会计处理

按《关于增值税税控系统专用设备和技术维护费用抵扣增值税税额有关政策的通知》（财税〔2012〕15 号）有关规定，企业初次购买增值税税控系统专用设备支付的费用以及缴纳的技术维护费允许在增值税应纳税额中全额抵减的，按规定抵减的增值税应纳税额，借记"应交税费——应交增值税（减免税款）"科目（小规模纳税人应借记"应交税费——应交增值税"科目），贷记"管理费用"等科目。账务处理见表 10-33。

表 10-33 　　　　　　　　　　　增值税一般纳税人的会计处理

业务情形	账务处理
购入时	借：固定资产 贷：银行存款/应付账款
按规定抵减的增值税应纳税额	借：应交税费——应交增值税（减免税款） 贷：递延收益
按期计提专用设备折旧	借：管理费用 贷：累计折旧 同时 借：递延收益 贷：管理费用
企业发生技术维护费	借：管理费用 贷：银行存款
（5）按规定抵减的增值税应纳税额	借：应交税费——应交增值税（减免税款） 贷：管理费用（借方红字）

（1）全额抵减的专用设备包括：金税卡、IC卡、读卡器或金税盘和报税盘，不包括电脑、打印机等。全额递减的，不得再抵扣设备发票的进项税额，认证的要做进项税额转出处理。

（2）增值税纳税人非初次购买增值税税控系统专用设备支付的费用，由其自行负担，不得在增值税应纳税额中抵减。

（3）如果企业一次性计入费用，则可以按照非初次购买的方法处理。

（4）企业发生技术维护费以后年度都可以全额递减。

【例 10-19】恒生酒店是增值税一般纳税人，2020 年 6 月份缴纳 2020～2021 年度税控机技术维护费 2 780 元，账务处理如下：

（1）缴纳时。

借：管理费用   2 780

　　贷：银行存款   2 780

根据以上资料，编制记账凭证见表 10-34。

表 10-34　　　　　　　　　　　　　记账凭证

2020 年 4 月 30 日　　　　　　　　　　　字第×××号

摘　要	会计科目	借方金额										贷方金额										记账
		千	百	十	万	千	百	十	元	角	分	千	百	十	万	千	百	十	元	角	分	
2020～2021 年度税控机技术维护费 2 780 元	管理费用					2	7	8	0	0	0											√
	银行存款															2	7	8	0	0	0	√
合　　计					¥	2	7	8	0	0	0				¥	2	7	8	0	0	0	

会计主管：××　　　　记账：××　　　　审核：××　　　　制单：××

（2）按规定抵减的增值税应纳税额。

借：应交税费——应交增值税（减免税款）   2 780

　　贷：管理费用   2 780

根据以上资料，编制记账凭证见表 10-35。

表 10-35　　　　　　　　　　　　　记账凭证

2020 年 4 月 20 日　　　　　　　　　　　字第×××号

摘　要	会计科目	借方金额										贷方金额										记账
		千	百	十	万	千	百	十	元	角	分	千	百	十	万	千	百	十	元	角	分	
按规定抵减的增值税应纳税额 2 780 元	应交税费——应交增值税（减免税款）					2	7	8	0	0	0											√
	管理费用															2	7	8	0	0	0	√
合　　计					¥	2	7	8	0	0	0				¥	2	7	8	0	0	0	

会计主管：××　　　　记账：××　　　　审核：××　　　　制单：××

（3）小规模纳税人的会计处理

按税法有关规定，小规模纳税人初次购买增值税税控系统，专用设备支付的费用以及缴纳的技术维护费允许在增值税应纳税额中全额抵减的，按规定抵减的增值税应纳税额应直接冲减"应交税费——应交增值税"科目。

小规模纳税人有关购买增值税税控系统和维护费的会计处理相似，只是把一般纳税人会计处理中的"应交税费——应交增值税（减免税款）"换成"应交税费——应交增值税"即可。

期末，"应交税费——应交增值税"科目期末如为借方余额，应根据其流动性在资产负债表中的"其他流动资产"项目或"其他非流动资产"项目列示；如为贷方余额，应在资产负债表中的"应交税费"项目列示。

10.2　税金及附加

税金及附加科目核算企业经营活动发生的消费税、城市维护建设税、资源税、教育费附加及房产税、土地使用税、车船使用税、印花税等相关税费。

10.2.1　城市维护建设税

《中华人民共和国城市维护建设税法》自 2021 年 9 月 1 日起施行。

城市维护建设税（简称城建税），是国家对缴纳增值税、消费税的单位和个人就其实际缴纳的税额为计税依据而征收的一种税。

城市建设税采用地区差别比例税率，纳税人所在地区不同，适用税率的档次也不同。具体规定见表 10-36。

表 10-36　　　　　　　　　　城市维护建设税税率

城建税纳税人所在地	税　　率
市区	7%
县城、镇	5%
不在市区、县或者镇的	1%

1. 计税依据

以增值税、消费税实际缴纳的税额为计税依据。

城市维护建设税的计税依据为纳税人实际缴纳的增值税、消费税税额，以及出口货物、劳务或者跨境销售服务、无形资产增值税免抵税额。

对进口货物或者境外单位和个人向境内销售劳务、服务、无形资产缴纳的增值税、消费税税额，不征收城市维护建设税。

城市维护建设税的应纳税额按照纳税人实际缴纳的增值税、消费税税额和出口货物、劳务或者跨境销售服务、无形资产增值税免抵税额乘以税率计算。

对实行增值税期末留抵退税的纳税人，允许其从城市维护建设税的计税依据中扣除退还的增值税税额。

对出口货物、劳务和跨境销售服务、无形资产以及因优惠政策退还增值税、消费税的，不退还已缴纳的城市维护建设税。

2. 城建税计算及会计处理

计算公式如下：

应纳税额＝（实际缴纳的增值税税额＋实际缴纳消费税税额）×适用税率

10.2.2 教育费附加

教育费附加是对缴纳增值税、消费税的单位和个人，就其实际缴纳的税额为计税依据征收的一种附加费，见表 10-37。

表 10-37　　　　　　　　　教育费附加税率

征收范围	征收比率	计税依据	计算公式
缴纳增值税、消费税的单位和个人	3%	实际缴纳的增值税、消费税税额为计税依据，与"两税"同时缴纳	缴纳教育费附加＝实际缴纳的"两税"税额×3%

（1）教育费附加出口不退，进口不征。

（2）对由于减免增值税、消费税而发生的退税，可同时退还已征收的教育费附加。

通过"应交税费"账户核算。企业按规定计算应缴的教育费附加时，借记"税金及附加"科目，贷记"应交税额——应交教育费附加"科目。

【例 10-20】锦绣城大酒店 2020 年 4 月份实际缴纳增值税 32 250 元，缴纳消费税 112 590 元。计算该企业应纳的城建税税额。城市维护建设税税率

7%，教育费附加3%。电子缴税付款凭证见表10-38。

应纳城建税税额＝（32 250＋112 590）×7%＝10 138.80（元）

应纳教育费附加＝（32 250＋112 590）×3%＝4 345.20（元）

（1）计提城建税和教育费附加。

借：税金及附加   14 484

  贷：应交税费——应交城市维护建设税   10 138.80

      ——应交教育费附加   4 345.20

（2）缴纳税款。

借：应交税费——应交城市维护建设税   10 138.80

    ——应交教育费附加   4 345.20

    ——应交增值税   32 250

    ——应交消费税   112 590

  贷：银行存款   159 324

表10-38   ××银行电子缴税付款凭证

转账日期：2020年5月10日   凭证字号：0023095729371

付款人全称	锦绣城大酒店	征收机关名称	地方税务局
付款人账号	123521475789	收款国库名称	中华人民共和国国家金库桃园支库
付款人开户银行	中国银行深圳市樱花支行	小写（合计）金额	￥159 324
缴款书交易流水号	153642-834	大写（合计）金额	壹拾伍万玖仟叁佰贰拾肆元整
税（费）种名称	所属日期		实缴金额
增值税	2020年4月1日至2020年4月30日		32 250
消费税	2020年4月1日至2020年4月30日		112 590
城市维护建设税	2020年4月1日至2020年4月30日		10 138.80
教育费附加	2020年4月1日至2020年4月30日		4 345.20

10.2.3　车辆购置税

2018年12月29日，第十三届全国人民代表大会常务委员会第七次会议通过《中华人民共和国车辆购置税法》。

1. 纳税人

在中华人民共和国境内购置汽车、有轨电车、汽车挂车、排气量超过150毫升的摩托车（以下统称应税车辆）的单位和个人，为车辆购置税的纳税人。

2. 税率

车辆购置税实行一次性征收。购置已征车辆购置税的车辆，不再征收车辆购置税。车辆购置税的税率为10%。

2020年4月22日，财政部、国家税务总局、工业和信息化部联合发布公告，自2021年1月1日至2022年12月31日，对购置新能源汽车免征车辆购置税。

3. 应纳税额的计算

车辆购置税的应纳税额按照应税车辆的计税价格乘以税率计算。

4. 计税依据

应税车辆的计税价格，按照下列规定确定：

（1）纳税人购买自用应税车辆的计税价格，为纳税人实际支付给销售者的全部价款，不包括增值税税款；

（2）纳税人进口自用应税车辆的计税价格，为关税完税价格加上关税和消费税；

（3）纳税人自产自用应税车辆的计税价格，按照纳税人生产的同类应税车辆的销售价格确定，不包括增值税税款；

（4）纳税人以受赠、获奖或者其他方式取得自用应税车辆的计税价格，按照购置应税车辆时相关凭证载明的价格确定，不包括增值税税款。

5. 应纳税额的计算

$$应纳税额 = 计税价格 \times 税率$$

计税价格的确定，见表10-39。

表 10-39　　　　　　　　　　　　计税价格的确定

计税标准	内　　容
购买自用应税车辆计税依据的确定	纳税人购买应税车辆而支付给销售者的全部价款和价外费用（不包括增值税税款）

计税标准	内　　容
进口自用应税车辆计税依据的确定	计税价格＝关税完税价格＋关税＋消费税
纳税人自产、受赠、获奖和以其他方式取得并自用的应税车辆的计税价格	按购置该型号车辆的价格确认，不能取得购置价格的，由主管税务机关参照国家税务总局规定的相同类型应税车辆的最低计税价格核定
购买自用或者进口自用应税车辆，申报的计税价格低于同类型应税车辆的最低计税价格，又无正当理由的	按照国家税务总局最低计税价格征收车辆购置税

【例 10-21】2019 年 4 月，绿洲饭店从国外进口 1 辆宝马公司生产的某型号小轿车。该公司报关进口这批小轿车时，经报关地海关对有关报关资料的审查，确定关税完税价格为 328 900 元，海关按关税政策规定征收关税 189 300 元，并按消费税、增值税有关规定代征每辆小轿车的进口消费税 34 600 元和增值税 87 345 元。根据以上资料，计算应纳车辆购置税。

（1）计税依据＝328 900＋189 300＋34 600＝552 800（元）

（2）应纳税额＝552 800×10%＝55 280（元）

　　借：税金及附加　　　　　　　　　　　　55 280

　　　　贷：应交税费——应交车辆购置税　　　　　　　55 280

　　借：应交税费——应交车辆购置税　　　　55 280

　　　　贷：银行存款　　　　　　　　　　　　　　　55 280

10.2.4　车船税

车船税是对在中华人民共和国境内车辆、船舶（以下简称车船）的所有人或者管理人征收的一种税。

1. 征税对象及范围

车船税的征税范围是指依法应当在车船管理部门登记的车辆和船舶。具体包括以下几个方面。

（1）依法应当在车船登记管理部门登记的机动车辆和船舶。

（2）依法不需要在车船登记管理部门登记的在单位内行使或者作业的机动车辆和船舶。

2. 纳税人

在中华人民共和国境内属于《车船税税目税额表》规定的车辆、船舶（以下简称车船）的所有人或者管理人，为车船税的纳税人。

3. 适用税目

车船税的税目分为五大类：

1	• 乘用车。乘用车为核定载客人数9人（含）以下的车辆
2	• 商用车。商用车包括客车和货车
3	• 其他车辆。其他车辆包括专用作业车和轮式专用机械车等（不包括拖拉机）
4	• 摩托车
5	• 船舶。船舶包括机动船舶、非机动驳船、拖船和游艇

车船税的适用税额，依照条例所附的《车船税税目税额表》执行。

4. 适合税率

车船税采用定额税率，又称固定税额。根据《车船税法》的规定，对应税车船实行有幅度的定额。

5. 车船税应纳税额的计算

（1）乘用车、客车和摩托车的应纳税额＝计税单位数量×适用年基准税额

（2）货车、专用作业车和轮式专用机械车的应纳税额＝整备质量吨位数×适用年基准税额

（3）机动船舶的应纳税额＝净吨位数×适用年基准税额

（4）拖船和非机动驳船的应纳税额＝净吨位数×适用年基准税额×50%

（5）游艇的应纳税额＝艇身长度×适用年基准税额

（6）购置的新车船，购置当年的应纳税额自纳税义务发生的当月起按月计算。计算公式为：

$$应纳税额＝（适用年基准税额÷12）×应纳税月份数$$

（7）保险机构代收代缴车船税和滞纳金的计算

$$每一年度欠税应加收的滞纳金＝欠税金额×滞纳天数×0.5\%$$

滞纳天数的计算自应购买"交强险"截止日期的次日起到纳税人购买交强险当日止。

【例10-22】某运输公司拥有载货汽车35辆（货车载重净吨位全部为15吨），乘人大客车34辆，小客车11辆。计算该公司应纳车船税。（载货汽车每吨年税额100元，乘人大客车每辆年税额1 000元，小客车每辆年税额500元）

(1) 载货汽车应纳税额＝$35 \times 15 \times 100 = 52\ 500$（元）

(2) 乘人汽车应纳税额＝$34 \times 1\ 000 + 11 \times 500 = 39\ 500$（元）

(3) 全年应纳车船税额＝$52\ 500 + 39\ 500 = 92\ 000$（元）

借：税金及附加   92 000

    贷：应交税费——应交车船税   92 000

借：应交税费——应交车船税   92 000

    贷：银行存款   92 000

登记会计凭证，见表10-40。

表10-40

记账凭证

2020 年 2 月 5 日   字第××号

摘 要	会计科目	借方金额										贷方金额										记账
		千	百	十	万	千	百	十	元	角	分	千	百	十	万	千	百	十	元	角	分	
计提车船税	税金及附加				9	2	0	0	0	0	0											√
	应交税费——应交车船税														9	2	0	0	0	0	0	√
支付车船税	应交税费——应交车船税				9	2	0	0	0	0	0											√
	银行存款														9	2	0	0	0	0	0	
合 计			¥	1	8	2	0	0	0	0	0		¥	1	8	2	0	0	0	0	0	

会计主管：韩明   记账：田野   审核：曹欣丽   制单：王博

10.2.5 印花税

2021 年 6 月 10 日，第十三届全国人民代表大会常务委员会第二十九次会议通过《中华人民共和国印花税法》，自 2022 年 7 月 1 日起施行。

1. 计税依据

印花税的计税依据，按照下列方法确定：

应税合同的计税依据

为合同列明的价款或者报酬，不包括增值税税款；合同中价款或者报酬与增值税税款未分开列明的，按照合计金额确定

应税产权转移书据的计税依据

为产权转移书据列明的价款，不包括增值税税款；产权转移书据中价款与增值税税款未分开列明的，按照合计金额确定

应税营业账簿的计税依据

为营业账簿记载的实收资本（股本）、资本公积合计金额

证券交易的计税依据

为成交金额

新规定

应税合同、产权转移书据未列明价款或者报酬的，按照下列方法确定计税依据：

（1）按照订立合同、产权转移书据时市场价格确定；依法应当执行政府定价的，按照其规定确定。

（2）不能按照本条第一项规定的方法确定的，按照实际结算的价款或者报酬确定。

以非集中交易方式转让证券时无转让价格的，按照办理过户登记手续前一个交易日收盘价计算确定计税依据；办理过户登记手续前一个交易日无收盘价的，按照证券面值计算确定计税依据。

2. 税率

新税率见表 10-41。

表 10-41 印花税税目税率表

税 目		税 率	备 注
合同	买卖合同	支付价款的万分之三	指动产买卖合同
	借款合同	借款金额的万分之零点五	指银行业金融机构和借款人（不包括银行同业拆借）订立的借款合同
	融资租赁合同	租金的万分之零点五	

税　目		税　率	备　注
合同	租赁合同	租金的千分之一	
	承揽合同	支付报酬的万分之三	
	建设工程合同	支付价款的万分之三	
	运输合同	运输费用的万分之三	指货运合同和多式联运合同（不包括管道运输合同）
	技术合同	支付价款、报酬或者使用费的万分之三	
	保管合同	保管费的千分之一	
	仓储合同	仓储费的千分之一	
	财产保险合同	保险费的千分之一	不包括再保险合同
产权转移书据	土地使用权出让和转让书据；房屋等建筑物、构筑物所有权、股权（不包括上市和挂牌公司股票）、商标专用权、著作权、专利权、专有技术使用权转让书据	支付价款的万分之五	
权利、许可证照	不动产权证书、营业执照、商标注册证、专利证书	每件五元	
营业账簿		实收资本（股本）、资本公积合计金额的万分之二点五	
证券交易		成交金额的千分之一	对证券交易的出让方征收，不对证券交易的受让方征收

3. 税收优惠

免征印花税的情形如下：

（1）应税凭证的副本或者抄本；

（2）依照法律规定应当予以免税的外国驻华使馆、领事馆和国际组织驻华代表机构为获得馆舍书立的应税凭证；

（3）中国人民解放军、中国人民武装警察部队书立的应税凭证；

（4）农民、家庭农场、农民专业合作社、农村集体经济组织、村民委员会购买农业生产资料或者销售农产品书立的买卖合同和农业保险合同；

（5）无息或者贴息借款合同、国际金融组织向中国提供优惠贷款书立的借款合同；

（6）财产所有权人将财产赠与政府、学校、社会福利机构、慈善组织书立的产权转移书据；

（7）非营利性医疗卫生机构采购药品或者卫生材料书立的买卖合同；

（8）个人与电子商务经营者订立的电子订单。

4. 印花税应纳税额的计算

（1）按比例税率计算公式如下。

$$应纳税额＝应税凭证计税金额×适用税率$$

（2）按定额税率计算公式如下。

$$应纳税额＝应税凭证件数×定额税率$$

（3）营业账簿中记载资金的账簿，印花税应纳税额的计算公式。

$$应纳税额＝（实收资本＋资本公积）×0.5‰$$

【例10-23】某企业2019年2月开业，领受房产权证、工商营业执照、土地使用证各一份，与其他企业订立转移专用技术使用权书据一份，所载金额1 240 000元；订立产品购销合同两件，所载金额2 580 000元；订立借款合同一份，所载金额569 000元。此外，企业的营业账簿中，"实收资本"载有资金11 000 000元，其他营业账簿20本。2018年12月该企业"实收资本"所载资金增加为900 000元。计算该企业2018年2月应缴纳的印花税和12月应补缴的印花税。

（1）企业领受权利许可证照应纳税额＝3×5＝15（元）

（2）企业订立产权转移书据应纳税额＝1 240 000×0.5‰＝620（元）

（3）企业订立购销合同应纳税额＝2 580 000×0.3‰＝774（元）

（4）企业订立借款合同应纳税额＝569 000×0.05‰＝28.45（元）

（5）企业营业账簿中"实收资本"所载资金应纳税额＝11 000 000×0.5‰＝5 500（元）

（6）企业其他营业账簿应纳税额＝20×5＝100（元）

（7）2月份应缴纳印花税＝15＋620＋774＋28.45＋5 500＋100＝7 037.45（元）

借：税金及附加   7 037.45

  贷：银行存款   7 037.45

（8）12 月资金账簿应补印花税＝900 000×0.5‰＝450（元）

借：税金及附加   450

  贷：银行存款   450

10.3　企业所得税

  企业所得税，又称公司所得税或法人所得税，是国家对企业生产经营所得和其他所得征收的一种所得税。

10.3.1　企业所得税要素

  《中华人民共和国税法》规定，在中华人民共和国境内，企业和其他取得收入的组织（以下统称企业）为企业所得税的纳税人，依照企业所得税法的规定缴纳企业所得税。但个人独资企业、合伙企业不交企业所得税。

1. 企业所得税的税率

  企业所得税的税率分为以下几种：

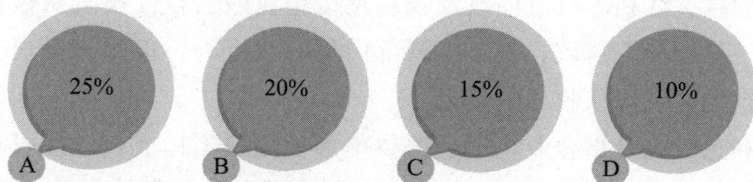

A　25%　　B　20%　　C　15%　　D　10%

2. 企业所得税的应纳税所得额

  企业所得税的计税依据是应纳税所得额，即指企业每一纳税年度的收入总额，减除不征税收入、免税收入、各项扣除以及允许弥补的以前年度亏损后的余额。如果计算出的数额小于零，为亏损。

10.3.2　哪些收入要缴纳企业所得税

  酒店取得的主营收入、转让财产收入、股息收入、红利收入、利息收入、租金收入、转让特许使用权收入、接受捐赠收入、其他收入等需要缴纳企业所得税。

（1）酒店主营业务收入如下：

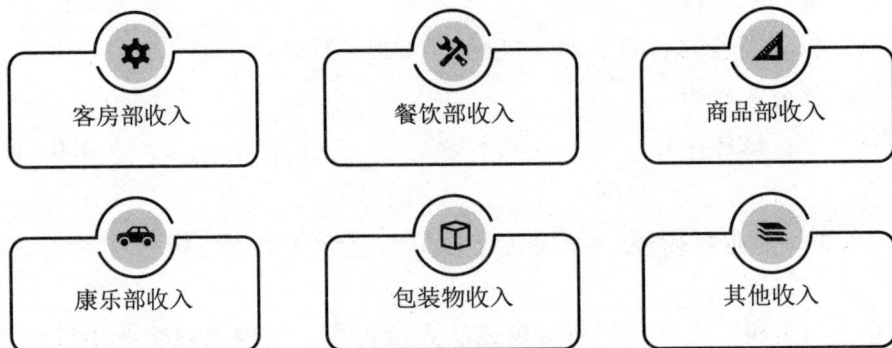

客房部收入	餐饮部收入	商品部收入
康乐部收入	包装物收入	其他收入

（2）转让财产收入：

固定资产	生物资产	无形资产	股权	债权

（3）转让财产收入是指企业转让固定资产、投资性房地产、生物资产、无形资产、股权、债权等所取得的收入。

（4）股息、红利等权益性投资收益是指企业因权益性投资从被投资方取得的所得，除国务院财政、税务主管部门另有规定外，按照被投资方作出利润分配决定的日期确认收入的实现。

（5）利息收入是指企业将资金提供他人使用但不构成权益性投资或因他人占用本企业资金所取得的利息收入，包括存款利息、贷款利息、债券利息、欠款利息等收入。

（6）租金收入是指企业提供固定资产、包装物或者其他资产的使用权取得的所得。

（7）特许权使用费收入是指企业提供专利权、非专利技术、商标权、著作权以及其他特许权的使用权取得的所得。

（8）接受捐赠收入是指企业接受的来自其他企业、组织或者个人无偿给予的货币性资产、非货币性资产。

（9）其他收入包括企业资产溢余收入、逾期未退包装物没收的押金、确实无法偿付的应付款项、企业已作坏账损失处理后又收回的应收账款、债务重组收入、补贴收入、教育费附加返还款、违约金收入、汇兑收益等。

10.3.3 准予扣除的项目

◆ 1. 一般扣除项目

企业实际发生的与取得收入有关的、合理的支出，包括成本、费用、税金、损失和其他支出，准予在计算应纳税所得额时扣除。

税前扣除的确认原则：权责发生制原则；配比原则；相关性原则；确定性原则；合理性原则；资本性支出与收益性支出原则。见表 10-42。

表 10-42   准予扣除的项目

合理支出	内 容
成本	是指企业在生产经营活动中发生的成本、业务支出以及其他耗费
费用	是指企业在生产经营活动中发生的销售费用、管理费用和财务费用，已经计入成本的有关费用除外
税金	是指企业发生的除企业所得税和允许抵扣的增值税以外的各项税金及其附加
损失	①企业发生的损失，减除责任人赔偿和保险赔款后的余额，依照国务院财政、税务主管部门的规定扣除。 ②企业已经作为损失处理的资产，在以后纳税年度又全部收回或者部分收回时，应当计入当期收入。
捐赠	①只有公益性捐赠才能在企业所得税前扣除 ②非公益性捐赠不能在企业所得税前扣除企业当期实际发生的公益性捐赠支出在年度利润总额12%以内（含）的，准予扣除
工资	①企业实际发生的合理的职工工资薪金，准予在税前扣除。包括基本工资、奖金、津贴、补贴、年终加薪、加班工资，以及与任职或者受雇有关的其他支出 ②企业按照国务院有关主管部门或省级人民政府规定的范围和标准为职工缴纳的基本医疗保险费、基本养老保险费、失业保险费、工伤保险费、生育保险费等基本社会保险费和住房公积金，准予税前扣除 ③企业提取的年金，在国务院财政、税务主管部门规定的标准范围内，准予扣除。 ④企业为其投资者或雇员个人向商业保险机构投保的人寿保险、财产保险等商业保险，不得扣除。 ⑤企业按国家规定为特殊工种职工支付的法定人身安全保险费，准予扣除

合理支出	内　容
职工福利费	企业发生的满足职工共同需要的集体生活、文化、体育等方面的职工福利费支出，不超过工资薪金总额14％的部分，准予扣除
工会经费	企业拨缴的工会经费，不超过工资薪金总额2％的部分，准予扣除
教育费附加	除国务院财政、税务主管部门另有规定外，企业实际发生的职工教育经费支出，在职工工资总额8％（含）以内的，准予据实扣除。超过部分，准予在以后纳税年度结转扣除
业务招待费	企业实际发生的与经营活动有关的业务招待费，按实际发生额的60％扣除，但最高不得超过当年销售（营业）收入额的0.5％
广告费和业务宣传费	企业每一纳税年度实际发生的符合条件的广告支出，不超过当年销售（营业）收入15％（含）的部分准予扣除，超过部分准予在以后年度结转扣除
利息支出	①企业为购置、建造固定资产、无形资产和经过12个月以上的建造才能达到预定可销售状态的存货而发生的借款，在有关资产购建期间发生的借款费用，应作为资本性支出计入有关资产的成本；有关资产竣工结算并交付使用后或达到预定可销售状态后发生的借款费用，可在发生当期扣除 ②企业发生的不需要资本化的借款费用，符合税法和本条例对利息水平限定条件的，准予扣除
环保等专项基金及费用的扣除	①专项资金支出 ②两类特别保险支出

以下支出税前不得扣除。

向投资者支付的股息、红利等权益性投资收益款项
企业所得税税款

税收滞纳金
罚金罚款和被没收财物的损失

超过规定标准的捐赠支出
与生产经营活动无关的各种非广告性质的赞助支出

未经核定的准备金支出
与取得收入无关的其他支出

10.3.4 计税基础

由于税务局与企业计算的公司利润规则不一样，可能大于或小于企业计算出来的利润。这样就产生了递延所得税资产和递延所得税负债。

1. 递延所得税资产

资产的计税基础，是指企业收回资产账面价值过程中，计算应纳税所得额时按照税法规定可以自应税经济利益中抵扣的金额，即某一项资产在未来期间计税时可以税前扣除的金额。从税收的角度考虑，资产的计税基础是假定企业按照税法规定进行核算所提供的资产负债表中资产的应有金额。

递延所得税资产账务处理如图 10-2 所示。

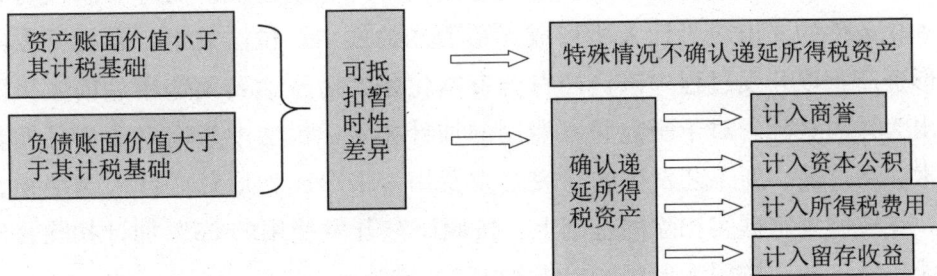

图 10-2 递延所得税资产的确认与计量

（1）固定资产。

以各种方式取得的固定资产，初始确认时入账价值基本上是被税法认可的，即取得时其账面价值一般等于计税基础。

账面价值＝成本－累计折旧－固定资产减值准备

计税基础＝成本－税法确定的累计折旧

会计与税收处理的差异主要来自于折旧方法、折旧年限的不同以及固定资产减值准备的计提。

【例 10-24】锦绣城大酒店 2016 年 12 月 31 日取得的某项机器设备，账面原价为 1 540 万元，预计使用年限为 10 年，会计处理时按照年限平均法计提折旧，税法处理采用加速折旧法计提折旧，锦绣城大酒店在计税时对该项资产按双倍余额递减法计提折旧，会计和税法的折旧年限相同，预计净残值均为零。计提了两年的折旧后，2019 年 12 月 31 日，锦绣城大酒店对该项设备计提了 80 万元固定资产减值准备。

2019 年 12 月 31 日，会计确认该项资产账面价值＝1 540－1 540÷10× 2－80＝1 152（万元）

2019 年 12 月 31 日，该项固定资产的计税基础＝1 540－1 540×2÷10－ ［（1 540－1 540×2÷10）×2÷10］＝1 540－308－246.4＝985.6（万元）

会计与税法规定的计税基础产生应纳税暂时性差异 166.4（1 152－985.6）万元。

（2）无形资产。

除内部研究开发形成的无形资产以外，以其他方式取得的无形资产，初始确认时其入账价值与税法规定的成本之间一般不存在差异。

①对于内部研究开发形成的无形资产，会计准则规定有关研究开发支出区分两个阶段，研究阶段的支出应当费用化计入当期损益，而开发阶段符合资本化条件的支出应当计入所形成无形资产的成本；税法规定，自行开发的无形资产，以开发过程中该资产符合资本化条件后至达到预定用途前发生的支出为计税基础。对于研究开发费用的加计扣除，税法中规定企业为开发新技术、新产品、新工艺发生的研究开发费用，未形成无形资产计入当期损益的，在按照规定据实扣除的基础上，按照研究开发费用的 50%加计扣除；形成无形资产的，按照无形资产成本的 150%摊销。

②无形资产在后续计量时，会计与税收的差异主要产生于对无形资产是否需要摊销及无形资产减值准备的计提。

使用寿命有限的无形资产：

账面价值＝实际成本－会计累计摊销－无形资产减值准备

计税基础＝实际成本－税法累计摊销

使用寿命不确定的无形资产：

账面价值＝实际成本－无形资产减值准备

计税基础＝实际成本－税法累计摊销

【例 10-25】锦绣城大酒店当期发生研究开发支出共计 500 万元，其中研究阶段支出 100 万元，开发阶段不符合资本化条件的支出 120 万元，开发阶段符合资本化条件的支出 340 万元，假定锦绣城大酒店开发形成的无形资产在当期达到预定用途，并在当期摊销 60 万元。会计摊销方法、摊销年限和残值均符合税法规定。

锦绣城大酒店当期期末无形资产的账面价值＝340－60＝280（万元），计税基础＝280×150％＝420（万元）。

会计与税法规定的计税基础产生可抵扣暂时性差异 140（420－280）万元。

（3）以公允价值计量且其变动计入当期损益的金融资产。

按照《企业会计准则第 22 号——金融工具确认和计量》的规定，对于以公允价值计量且其变动计入当期损益的金融资产，其于某一会计期末的账面价值为公允价值，如果税法规定按照会计准则确认的公允价值变动损益在计税时不予考虑，即有关金融资产在某一会计期末的计税基础为其取得成本，会造成该类金融资产账面价值与计税基础之间的差异。

（4）其他资产。

因企业会计准则规定与税法法规规定不同，企业持有的其他资产，可能造成其账面价值与计税基础之间存在差异。

例如，计提了资产减值准备的其他资产。因所计提的减值准备在资产发生实质性损失前不允许税前扣除，即该项资产的计税基础不会随减值准备的提取发生变化，从而造成该项资产的账面价值与计税基础之间存在差异。

【例 10-26】甲企业与乙企业签订了一项租赁协议，甲企业将其原先自用的一栋写字楼出租给乙企业使用，租赁期开始日为 2019 年 1 月 1 日。甲企业对投资性房地产采用公允价值模式进行后续计量。2019 年 12 月 31 日，该写字楼的账面余额为 50 000 万元，已计提累计折旧 5 000 万元，公允价值为 47 000万元。假定转换前该写字楼的计税基础与账面价值相等，税法规定，该写字楼预计尚可使用年限为 20 年，采用年限平均法计提折旧，预计净残值为零。

该写字楼会计账面价值＝47 000（万元）

2019 年 12 月 31 日，该写字楼的计税基础＝50 000－5 000＝45 000（万元）。

会计与税法规定的计税基础产生应纳税暂时性差异 2 000（47 000－45 000）万元。

2. 负债的计税基础

负债的计税基础，是指负债的账面价值减去未来期间计算应纳税所得额时按照税法规定可予抵扣的金额。即假定企业按照税法定进行核算，在其按照税法规定确定的资产负债表上有关负债的应有金额。账务处理如图 10-3 所示。

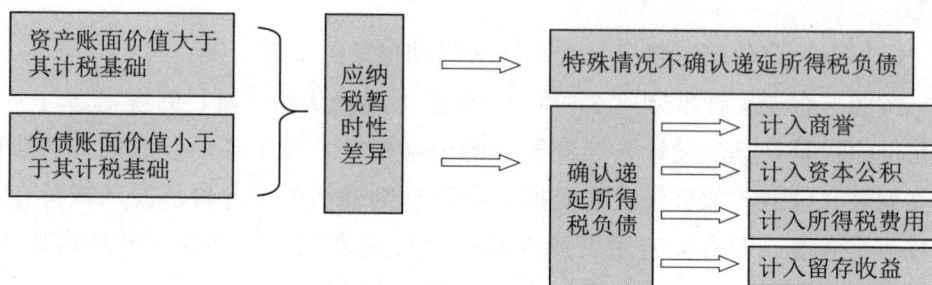

图 10-3 递延所得税负债的确认和计量

（1）预计负债。

按照《企业会计准则第 13 号——或有事项》规定，企业应将预计提供售后服务发生的支出在销售当期确认为费用，同时确认预计负债。如果税法规定，与销售产品相关的支出应于发生时税前扣除。因该类事项产生的预计负债于期末的计税基础为其账面价值与未来期间可税前扣除的金额之间的差额，因有关的支出实际发生时可全额税前扣除，其计税基础为 0。

因其他事项确认的预计负债，应按照税法规定的计税原则确定其计税基础。某些情况下，某些预计负债，税法规定其支出无论是否实际发生均不允许税前扣除，即未来期间按照税法规定可予抵扣的金额为 0，则其账面价值与计税基础相同。

【例 10-27】曼尔瑞有限公司 2019 年 12 月 31 日 "预计负债——产品质量保证费用" 科目贷方余额为 200 万元，2019 年实际发生产品质量保证费用 190 万元，2019 年 12 月 31 日预提产品质量保证费用 120 万元。税法规定，产品质量保证费用在实际发生时允许税前扣除，2019 年 12 月 31 日，该项预计负债的余额在未来期间计算应纳税所得额时按照税法规定可予抵扣，因此计税基础为 0。

（2）预收账款。

企业在收到客户预付的款项时，因不符合收入确认条件，会计上将其确认为负债。税法对于收入的确认原则一般与会计规定相同，即会计上未确认收入时，计税时一般亦不计入应纳税所得额，该部分经济利益在未来期间计税时可予税前扣除的金额为 0，计税基础等于账面价值。

如果不符合会计准则规定的收入确认条件，但按照税法规定应计入当期应纳税所得额时，有关预收账款的计税基础为 0，即因其产生时已经计入应纳税所得额，未来期间可全额税前扣除，计税基础为账面价值减去在未来期间可全额税前扣除的金额，即其计税基础为 0。

（3）应付职工薪酬。

会计准则规定，企业为获得职工提供的服务给予的各种形式的报酬以及其他相关支出均应作为企业的成本、费用，在未支付之前确认为负债。税法对于合理的职工薪酬基本允许税前扣除，相关应付职工薪酬负债的账面价值等于计税基础。

【例 10-28】 2018 年 1 月 1 日，上市公司帝都酒店为其 100 名中层以上管理人员每人授予 100 份现金股票增值权，这些人员从 2018 年 1 月 1 日起必须在该公司连续服务 3 年，即可自 2018 年 12 月 31 日起根据股价的增长幅度获得现金，该增值权应在 2020 年 12 月 31 日之前行使完毕。帝都酒店 2018 年 12 月 31 日计算确定的应付职工薪酬的余额为 200 万元。税法规定，以现金结算的股份支付形成的应付职工薪酬，实际支付时可计入应纳税所得额。

$$应付职工薪酬的计税基础 = 200 - 200 = 0（元）。$$

（4）其他负债。

企业的其他负债项目，如应交的罚款和滞纳金等，在尚未支付之前按照会计规定确认为费用，同时作为负债反映。税法规定，罚款和滞纳金不允许税前扣除，其计税基础为账面价值减去未来期间计税时可予税前扣除的金额 0 之间的差额，即计税基础等于账面价值。

10.3.5　当期所得税

企业在确定当期所得税时，对于当期发生的交易或事项，会计处理与税收处理不同的，应在会计利润的基础上，按照适用税收法规的要求进行调整（即纳税调整），计算出当期应纳税所得额，按照应纳税所得额与适用所得税税率计算确定当期应交所得税。一般情况下，应纳税所得额可在会计利润的基础上，考虑会计与税收规定之间的差异，按照以下公式计算确定：

$$应纳税所得额 = 会计利润 + 纳税调整增加额 - 纳税调整减少额 + 境外应$$
$$税所得弥补境内亏损 - 弥补以前年度亏损$$

当期所得税＝当期应交所得税＝应纳税所得额×适用税率－减免税额－抵免税额

递延所得税费用（或收益）＝当期递延所得税负债的增加＋当期递延所得税资产的减少－当期递延所得税负债的减少－当期递延所得税资产的增加

所得税费用＝当期所得税＋递延所得税费用（或收益）

值得注意的是，如果某项交易或事项按照会计准则规定应计入所有者权益，由该交易或事项产生的递延所得税资产或递延所得税负债及其变化亦应计入所有者权益，不构成利润表中的递延所得税费用（或收益）。

【例10-29】2019年12月31日，帝都酒店因交易性金融资产和可供出售金融资产的公允价值变动，分别确认了150 000元的递延所得税资产和23万元的递延所得税负债。帝都酒店当期应交所得税的金额为1 200 000元。

可供出售金融资产公允价值变动产生的递延所得税对应的是资本公积而非所得税费用，因此该公司2019年度利润表"所得税费用"项目应列示的金额＝1 200 000－150 000＝1 050 000（元）。

会计分录为：

借：所得税费用　　　　　　　　　　　　　　1 050 000
　　递延所得税资产　　　　　　　　　　　　　 150 000
　　贷：应交税费——应交所得税　　　　　　　　　　1 200 000
借：其他综合收益　　　　　　　　　　　　　　230 000
　　贷：递延所得税负债　　　　　　　　　　　　　　230 000

10.3.6　所得税费用的计算

计算确定了当期应交所得税及递延所得税费用（或收益）以后，利润表中应予确认的所得税费用为两者之和，即：

所得税费用＝当期所得税＋递延所得税费用（或收益）

【例10-30】丹枫蓝极酒店为居民企业，2019年发生经营业务如下。

（1）取得销售收入12 200 000元；

（2）发生销售成本9 400 000元；

（3）发生销售费用840 000元（其中广告费350 000元）；管理费用630 000元（其中业务招待费290 000元）；财务费用175 000元；

（4）销售税金 480 000 元（含增值税 360 000 元）；

（5）营业外收入 330 000 元，营业外支出 210 000 元（含通过公益性社会团体向贫困山区捐款 90 000 元，支付税收滞纳金 32 000 元）；

（6）固定资产账面价值 212 000 元，计税基础为 260 000 元，产生可抵扣暂时性差异 48 000 元；

（7）计入费用中的实发工资总额 2 450 000 元、拨缴职工工会经费 77 000元、发生职工福利费 440 000 元、发生职工教育经费 56 000 元。

根据以上业务，计算企业会计利润总额，然后按照税法的要求，调增或调减各项费用。

①会计利润总额＝12 200 000＋330 000－9 400 000－840 000－630 000－175 000－（480 000－360 000）－210 000＝1 155 000（元）

②广告费和业务宣传费调增所得额＝350 000－12 200 000×15％＝－1 480 000（元）

所以，不用调整。

③企业发生的与生产经营活动有关的业务招待费支出，按照发生额的60％扣除，但最高不得超过当年销售（营业）收入的 0.5％。即 12 200 000×0.5％＝61 000 元。

业务招待费发生额为 290 000 元，即 290 000×60％＝174 000（元）

业务招待费调增所得额＝290 000－61 000＝229 000（元）

④捐赠支出应调增所得额＝1 155 000×12％＝138 600（元），在税法规定额度内，不需调整，全部扣除。

⑤工会经费应调增所得额＝77 000－2 450 000×2％＝28 000（元）

⑥职工福利费应调增所得额＝440 000－2 450 000×14％＝97 000（元）

⑦职工教育经费 56 000 元，小于税法规定 2 450 000×8％＝196 000（元）。故无须调整。

⑧支付税收滞纳金 32 000 元不得扣除，应调回。

⑨应纳税所得额＝1 155 000＋229 000＋28 000＋97 000＋32 000＝1 541 000（元）

⑩2019 年应缴企业所得税＝1 541 000×25％＝385 250（元）

固定资产递延所得税收益＝48 000×25％＝12 000（元）

确认所得税费用＝385 250－12 000＝373 250（元）

借：所得税费用　　　　　　　　　　　　　　　　　　　373 250

　　递延所得税资产　　　　　　　　　　　　　　　　　12 000

　贷：应交税费——应交所得税　　　　　　　　　　　　　　385 250

登记会计凭证，见表10-43。

表 10-43　　　　　　　　　　　　　　记账凭证

2019 年 12 月 31 日　　　　　　　　　　　　　字第××号

摘　要	会计科目	借方金额										贷方金额										记账
		千	百	十	万	千	百	十	元	角	分	千	百	十	万	千	百	十	元	角	分	
计提 12 月应交所得税	所得税费用			3	7	3	2	5	0	0	0											√
	递延所得税资产				1	2	0	0	0	0	0											√
	应交税费——应交所得税												3	8	5	2	5	0	0	0		√
合　计			¥	3	8	5	2	5	0	0	0		¥	3	8	5	2	5	0	0	0	

会计主管：陈丽　　　记账：董明纯　　　　审核：李汀　　　　制单：宋桐

10.3.7　税收优惠

根据《中华人民共和国企业所得税法实施条例》（以下简称《企业所得税法实施条例》）、《财政部税务总局关于进一步扩大小型微利企业所得税优惠政策范围的通知》（财税〔2018〕77 号）等规定，小型微利企业所得税优惠政策如下：

自 2018 年 1 月 1 日至 2020 年 12 月 31 日，符合条件的小型微利企业，无论采取查账征收方式还是核定征收方式，其年应纳税所得额低于 100 万元（含 100 万元，下同）的，均可以享受（财税〔2018〕77 号）文件规定的所得减按 50％计入应纳税所得额，按 20％的税率计算缴纳企业所得税的政策。

◀ **1. 新旧优惠政策对比**

【例 10-31】仁合招待所是小型微利企业，年应纳税所得额 90 万元按照新旧政策计算企业所得税。

①按照 2019 年新政策计算应纳税额：

应纳税额＝90×25％×20％＝4.5（万元）

②按照 2019 年新政策计算应纳税额：

应纳企业所得税税额＝$90 \times 50\% \times 20\% = 9$（万元）

新政策之后税负减半＝$(9 - 4.5) \div 9 = 50\%$

2. 加大小型微利企业所得税优惠力度

01 年应纳税所得额不超过100万元的部分，减按25%计入应纳税所得额，税负降至5%

02 年应纳税所得额100万至300万元的部分，减按50%计入应纳税所得额，税负降至10%

03 小型微利企业或将实行累进税率，具体还需要相关部门出台文件明确

【例 10-32】恒通旅馆是符合优惠政策的小型微利企业，假设 2019 年度年应纳税所得额 280 万元，计算应纳企业所得税税额。

按照 2019 年新政策计算：

（1）拆分年应纳税所得额＝$100 + 180$（万元）

（2）不超过 100 万元部分，减按 25％计入应纳税所得额：$100 \times 25\% \times 20\% = 5$（万元）

（3）100 万至 300 万的部分，减按 50％计入应纳税所得额：$180 \times 50\% \times 20\% = 18$（万元）

（4）应纳企业所得税税额为：$5 + 18 = 23$（万元）

按照 2018 年新政策计算：

应纳企业所得税税额为＝$280 \times 25\% = 70$（万元）

结论：

新政策之后税负大幅降低＝$(70 - 23) \div 70 = 67.14\%$

新规定

允许50%幅度内减征各种地方税种和附加税。允许各省（区、市）政府对增值税小规模纳税人，在50%幅度内减征资源税、城市维护建设税、印花税、城镇土地使用税、耕地占用税等地方税种及教育费附加、地方教育附加。

10.4 个人所得税

2018 年 8 月 31 日，第十三届全国人大常委会第五次会议通过全国人民代表大会常务委员会关于修改《〈中华人民共和国个人所得税法〉的决定》，新修订的《个人所得税法》自 2019 年 1 月 1 日起施行。

10.4.1 综合所得

居民个人的综合所得，以每一纳税年度的收入额减除费用 60 000 元以及专项扣除、专项附加扣除和依法确定的其他扣除后的余额，为应纳税所得额。其中专项附加扣除包括：子女教育、继续教育、大病医疗、住房贷款利息、住房租金、赡养老人等。工资、薪金所得七级超额累计税率，见表 10-44。

表 10-44　　　　　　　　　　工资、薪金所得个人所得税税率表

级数	每次应纳税所得额	税率（%）	速算扣除数
1	不超过 3 000 元部分	3	0
2	超过 3 000～12 000 元	10	210
3	超过 12 000～25 000 元	20	1 410
4	超过 25 000～35 000 元	25	2 660
5	超过 35 000～55 000 元	30	4 410
6	超过 55 000～80 000 元	35	7 160
7	超过 80 000 元部分	45	15 160

10.4.2 应纳税所得额的计算

（1）居民个人的综合所得，以每一纳税年度的收入额减除费用 60 000 元以及专项扣除、专项附加扣除和依法确定的其他扣除后的余额，为应纳税所得额。

（2）非居民个人的工资、薪金所得，以每月收入额减除费用 5 000 元后的余额为应纳税所得额；劳务报酬所得、稿酬所得、特许权使用费所得，以每次收入额为应纳税所得额。

（3）经营所得，以每一纳税年度的收入总额减除成本、费用以及损失后的余额，为应纳税所得额。

（4）财产租赁所得，每次收入不超过 4 000 元的，减除费用 800 元；4 000 元以上的，减除 20％的费用，其余额为应纳税所得额。

（5）财产转让所得，以转让财产的收入额减除财产原值和合理费用后的余额，为应纳税所得额。

（6）利息、股息、红利所得和偶然所得，以每次收入额为应纳税所得额。

劳务报酬所得、稿酬所得、特许权使用费所得以收入减除 20％的费用后的余额为收入额。稿酬所得的收入额减按 70％计算。

个人将其所得对教育、扶贫、济困等公益慈善事业进行捐赠，捐赠额未超过纳税人申报的应纳税所得额百分之三十的部分，可以从其应纳税所得额中扣除；国务院规定对公益慈善事业捐赠实行全额税前扣除的，从其规定。

计算公式如下：

应纳税额＝（工资收入－社会保险、公积金－专项附加扣除额）×适用税率－速算扣除额

个人所得税以所得人为纳税人，以支付所得的单位或者个人为扣缴义务人。

10.4.3　汇算清缴

根据《国家税务总局关于办理 2019 年度个人所得税综合所得汇算清缴事项的公告》（国家税务总局公告 2019 年第 44 号）规定：2019 年度终了后，居民个人（以下称"纳税人"）需要汇总 2019 年 1 月 1 日至 12 月 31 日取得的工资薪金、劳务报酬、稿酬、特许权使用费等四项所得（以下称"综合所得"）的收入额，减除费用 6 万元以及专项扣除、专项附加扣除、依法确定的其他扣除和符合条件的公益慈善事业捐赠（以下简称"捐赠"）后，适用综合所得个人所得税税率并减去速算扣除数，计算本年度最终应纳税额，再减去本年度已预缴税额，得出本年度应退或应补税额，向税务机关申报并办理退税或补税。具体计算公式如下：

上一年度汇算应退或应补税额＝［（综合所得收入额－60 000 元－"社保、公积金"等专项扣除－子女教育等专项附加扣除－依法确定的其他扣除－捐赠）×适用税率－速算扣除数］－上一年度已预缴税额

1. 无须办理年度汇算的纳税人

经国务院批准，依据《财政部 税务总局关于个人所得税综合所得汇算清

缴涉及有关政策问题的公告》（2019 年第 94 号）有关规定，纳税人在 2019 年度已依法预缴个人所得税且符合下列情形之一的，无须办理年度汇算：

（1）纳税人年度汇算需补税但年度综合所得收入不超过 120 000 元的；

（2）纳税人年度汇算需补税金额不超过 400 元的；

（3）纳税人已预缴税额与年度应纳税额一致或者不申请年度汇算退税的。

2. 需要办理年度汇算的纳税人

依据税法规定，符合下列情形之一的，纳税人需要办理年度汇算：

（1）上一年度已预缴税额大于年度应纳税额且申请退税的。包括上一年度综合所得收入额不超过 6 万元但已预缴个人所得税；年度中间劳务报酬、稿酬、特许权使用费适用的预扣率高于综合所得年适用税率；预缴税款时，未申报扣除或未足额扣除减除费用、专项扣除、专项附加扣除、依法确定的其他扣除或捐赠，以及未申报享受或未足额享受综合所得税收优惠等情形。

（2）上一年度综合所得收入超过 12 万元且需要补税金额超过 400 元的。包括取得两处及以上综合所得，合并后适用税率提高导致已预缴税额小于年度应纳税额等情形。

3. 申报方式

纳税人可优先通过网上税务局（包括手机个人所得税 APP）办理年度汇算，税务机关将按规定为纳税人提供申报表预填服务；不方便通过上述方式办理的，也可以通过邮寄方式或到办税服务厅办理。

第 11 章
酒店费用与利润核算

　　酒店的期间费用包括销售费用、管理费用和财务费用，这些费用直接计入当期损益，从酒店获得的当期营业收入中得以补偿。

　　利润通过本年利润科目结转。

11.1 销售费用

销售费用是指酒店各个营业部门在其经营过程中发生的各项费用开支，根据新制度规定，酒店的销售费用内容大致包括以下几个方面。

（1）运输费：指酒店购入存货，商品的各项运输费用，燃料费等。

（2）保险费：指酒店向保险公司投保所支付的财产保险费用。

（3）燃料费：指酒店餐饮部门在加工饮食制品过程中所耗用的燃料费用。

（4）水电费：指酒店各营业部门在其经营过程中所耗用的水费和电费。

（5）广告宣传费：指酒店进行广告宣传而应该支付的广告费和宣传费用。

（6）差旅费：指酒店各营业部门的人员因出差所需的各项开支。

（7）洗涤费：指酒店各个营业部门为员工洗涤工作服而发生的洗涤费开支。

（8）低值易耗品摊销：指酒店各营业部门在领用低值易耗品分别进行的费用摊销。

（9）物料消耗：指酒店营业部门领用物料用品而发生的费用。物料用品包括客房、餐厅的一些日常用品（如针棉织品、餐具、塑料制品、卫生用品、印刷品等），办公用品（如办公用文具、纸张等），包装物品，日常维修用材料、零配件等。各营业部门发生的修理费用也记入销售费用。

（10）经营人员工资及福利费，指酒店各营业部门直接从事经营服务活动的人员的工资及福利费，包括工资、奖金、津贴、补贴等。

（11）工作餐费：指旅游饭店按规定为各营业部人员提供的工作餐费。

（12）服装费：指旅游饭店按规定为各营业部人员制作工作服而发生的费用。

（13）其他与各营业部门有关的费用。

11.1.1 销售费用科目具体设置

本科目可按费用项目进行明细核算。期末，应将本科目余额转入"本年利润"科目，结转后本科目无余额。见表 11-1。

表 11-1 销售费用会计科目编码的设置

科目代码	总分类科目（一级科目）	明细分类科目			辅助核算类别
		二级科目	三级科目	四级科目	
6601	销售费用				
660101	销售费用	职工薪酬			
66010101	销售费用	职工薪酬	基本工资		部门
66010102	销售费用	职工薪酬	劳务费		部门
66010103	销售费用	职工薪酬	工会经费		部门
66010104	销售费用	职工薪酬	职工教育经费		部门
66010105	销售费用	职工薪酬	社会保险费		部门
6601010501	销售费用	职工薪酬	社会保险费	养老保险	部门
6601010502	销售费用	职工薪酬	社会保险费	工伤保险	部门
6601010503	销售费用	职工薪酬	社会保险费	失业保险	部门
6601010504	销售费用	职工薪酬	社会保险费	医疗保险	部门
6601010505	销售费用	职工薪酬	社会保险费	计划生育保险	部门
66010106	销售费用	职工薪酬	住房公积金		部门
66010107	销售费用	职工薪酬	职工福利		部门
66010108	销售费用	职工薪酬	辞退费用		部门
660102	销售费用	折旧费			部门
660103	销售费用	办公费用			部门
66010301	销售费用	办公费用	电费		部门
66010302	销售费用	办公费用	燃料费用		部门
66010303	销售费用	办公费用	水费		部门
660104	销售费用	车辆费用			
66010401	销售费用	车辆费用	修理费		部门
66010402	销售费用	车辆费用	燃油费		部门
66010403	销售费用	车辆费用	保险费		部门
66010404	销售费用	车辆费用	其他		部门

科目代码	总分类科目（一级科目）	明细分类科目			辅助核算类别
		二级科目	三级科目	四级科目	
660105	销售费用	印刷费			部门
660106	销售费用	邮政费			部门
660107	销售费用	业务招待费			部门
660108	销售费用	会议费			部门
660109	销售费用	接待费			部门
660110	销售费用	劳动保护费			部门
660111	销售费用	广告宣传费			部门
660112	销售费用	业务推广费			部门
660113	销售费用	差旅费			部门
660114	销售费用	培训费			部门
660115	销售费用	财产保险费			部门
660116	销售费用	租赁费			部门
660117	销售费用	盘亏损失			部门
660118	销售费用	技术开发费			部门

11.1.2　销售费用账务处理

企业应通过"销售费用"科目，核算销售费用的发生和结转情况。账务处理如图 11-1 所示。

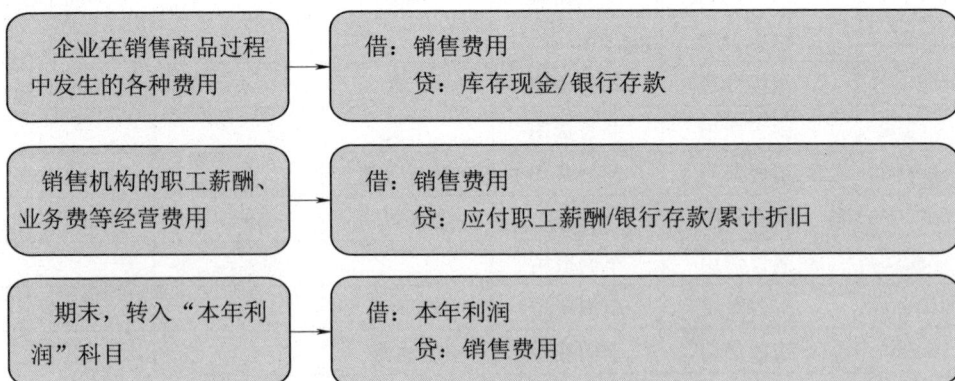

企业在销售商品过程中发生的各种费用	→	借：销售费用 　　贷：库存现金/银行存款
销售机构的职工薪酬、业务费等经营费用	→	借：销售费用 　　贷：应付职工薪酬/银行存款/累计折旧
期末，转入"本年利润"科目	→	借：本年利润 　　贷：销售费用

图 11-1　销售费用的账务处理

【例 11-1】 2020 年 1 月 18 日，锦绣城大酒店支付商品的运杂费，以银行存款 24 520 元支付，编制会计分录如下。

借：销售费用   24 520

贷：银行存款   24 520

登记会计凭证，见表 11-2。

表 11-2

记账凭证
2020 年 1 月 18 日
字第××号

摘　要	会计科目	借方金额										贷方金额										记账
		千	百	十	万	千	百	十	元	角	分	千	百	十	万	千	百	十	元	角	分	
以银行存款支付运杂费24 520元	销售费用				2	4	5	2	0	0	0											√
	银行存款														2	4	5	2	0	0	0	√
合　　计				￥	2	4	5	2	0	0	0			￥	2	4	5	2	0	0	0	

会计主管：兰香   记账：李莴   审核：杨扬   制单：尹玉

期末结转销售费用时，公司所做会计处理如下。

借：本年利润   24 520

贷：销售费用   24 520

登记会计凭证，见表 11-3。

表 11-3

记账凭证
2020 年 1 月 18 日
字第　号

摘　要	会计科目	借方金额										贷方金额										记账
		千	百	十	万	千	百	十	元	角	分	千	百	十	万	千	百	十	元	角	分	
结转本年利润24 520元	本年利润				2	4	5	2	0	0	0											√
	销售费用														2	4	5	2	0	0	0	√
合　　计				￥	2	4	5	2	0	0	0			￥	2	4	5	2	0	0	0	

会计主管：兰香   记账：李莴   审核：杨扬   制单：尹玉

11.2 管理费用

管理费用是指酒店为组织和管理经营活动而发生的费用以及不便于分摊，应由酒店统一认定负担的费用，包括：

（1）公司经费：指酒店行政管理部门的行政人员工资，福利费、工作餐费、服装费、办公费、会议费、差旅费、物料消耗低耗品摊销，以及其他行政经费。

（2）工会经费：指按职工工资总额的2%提取，在成本中列支的费用。

（3）职工教育经费：指按职工工资总额的2.5%提取，在成本中列支的费用。

（4）董事会经费：指酒店最高权力机构——董事会以及董事为执行各项职能而发生的各种费用，包括差旅费、会议费等。

（5）税金：指酒店按规定在成本费用中列支的房产税、车船使用税、土地使用税、印花税等。

（6）燃料费：指管理部门耗用的各种燃料费用。

（7）水电费：指管理部门办公用水、电费。

（8）折旧费：指酒店全部固定资产折旧费用。

（9）修理费：指酒店除营业部门以外的一切修理费用。

（10）开办费摊销：指酒店在筹建期间发生的费用，按规定摊销期摊销。

（11）交际应酬费：指酒店在业务交往过程中开支的各项业务招待费，按全年营业收入净额的一定比例控制使用按实列支。

（12）存货盘亏和毁损：指存货在盘亏和毁损中的净利损失部分。

（13）其他一切为组织和管理酒店经营业员活动而发生的费用。

11.2.1 管理费用科目具体设置

本科目可按费用项目进行明细核算。期末，应将本科目的余额转入"本年利润"科目，结转后本科目无余额。见表11-4。

表11-4　　　　　　　　管理费用会计科目编码的设置

科目代码	总分类科目（一级科目）	明细分类科目		是否辅助核算	辅助核算类别
		二级科目	三级科目		
6602	管理费用				
660201	管理费用	职工薪酬			
66020101	管理费用	职工薪酬	基本工资		部门
66020102	管理费用	职工薪酬	工会经费		部门

科目代码	总分类科目 （一级科目）	明细分类科目		是否辅助核算	辅助核算类别
		二级科目	三级科目		
66020103	管理费用	职工薪酬	职工教育经费		部门
66020104	管理费用	职工薪酬	社会保险费		部门
66020105	管理费用	职工薪酬	养老保险		部门
66020106	管理费用	职工薪酬	工伤保险		部门
66020107	管理费用	职工薪酬	失业保险		部门
66020108	管理费用	职工薪酬	医疗保险		部门
66020109	管理费用	职工薪酬	计划生育保险		部门
66020110	管理费用	职工薪酬	住房公积金		部门
66020111	管理费用	职工薪酬	辞退费用		部门
660202	管理费用	折旧费			部门
660203	管理费用	无形资产摊销			部门
660204	管理费用	办公费用			
660205	管理费用	业务招待费			部门
660206	管理费用	会议费			部门
660207	管理费用	广告宣传费			部门
660208	管理费用	差旅费			部门
660209	管理费用	培训费			部门
660210	管理费用	快递费			部门
660211	管理费用	技术开发费			部门
660212	管理费用	董事会费			部门
660213	管理费用	退休人员补贴			部门

11.2.2 管理费用账务处理

企业应通过"管理费用"科目，核算管理费用的发生和结转情况。该科目借方登记企业发生的各项管理费用，贷方登记期末转入"本年利润"科目的管理费用，结转后该科目应无余额。该科目按管理费用的费用项目进行明细核算。账务处理如图 11-2 所示。

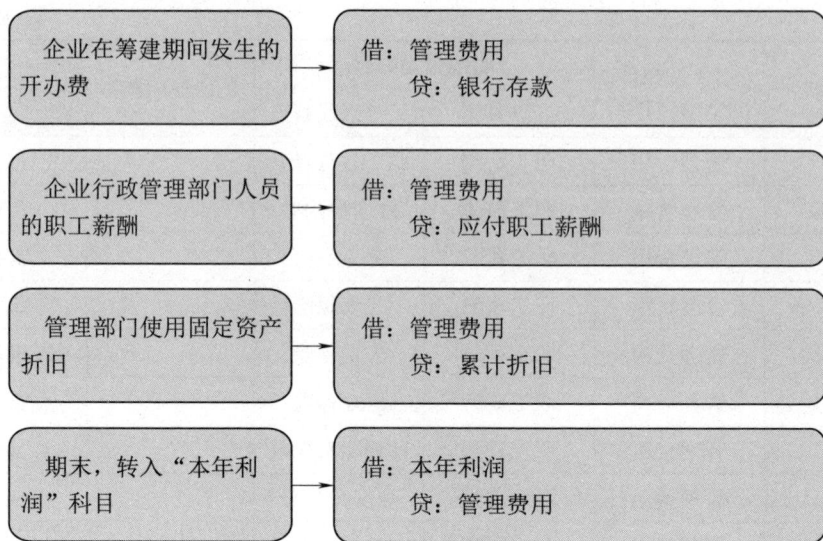

图 11-2 管理费用账务处理

【例 11-2】2020 年 2 月 5 日，宏晟大酒店发放职工工资合计 144 000 元，其中管理人员 44 000 元，后厨人员 64 000 元，餐厅人员 36 000 元，按工资总额的 14% 提福利费。另本月摊销低值易耗品 4 130 元，计提固定资产折旧 4 270 元，支付汽车队事故赔偿费 4 500 元。上述费用支出根据"工资汇总表"和有关付款凭证，作会计分录如下。

（1）分配职工工资时。

借：管理费用——工资   44 000

　　主营业务成本——工资   100 000

　　贷：应付职工薪酬——工资   144 000

（2）提取福利费（按工资总额的 14%）时。

借：管理费用——福利费   6 160

　　主营业务成本——福利费   14 000

　　贷：应付职工薪酬——福利费   20 160

（3）摊销低值易耗品时。

借：管理费用   4 130

　　贷：低值易耗品——低值易耗品摊销   4 130

（4）计提固定资产折旧。

借：管理费用——折旧   4 270

　　　　贷：累计折旧　　　　　　　　　　　　　　　　4 270
　　（5）支付汽车队事故赔偿费。
　　借：管理费用　　　　　　　　　　　　　　　　4 500
　　　　贷：银行存款　　　　　　　　　　　　　　　　4 500
　　（6）月末将管理费用结转时。
　　借：本年利润　　　　　　　　　　　　　　　　63 060
　　　　贷：管理费用　　　　　　　　　　　　　　　63 060

11.3 财务费用

　　财务费用是指酒店在其经营业务过程中为解决资金周转等问题在筹集资金时所发生的费用开支，包括利息支出（减利息收入）、汇兑损益以及相关的手续费、企业发生或收到的现金折扣等。利息资本化的支出除外（利息资本化的支出计入在建工程）。

11.3.1 财务费用科目具体设置

　　企业发生的财务费用应通过"财务费用"科目核算，具体设置见表11-5。

表 11-5　　　　　　　　　　　财务费用会计科目编码的设置

科目代码	总分类科目（一级科目）	明细分类科目	
		二级科目	三级科目
6603	财务费用		
660301	财务费用	利息收入	项目
660302	财务费用	汇兑损失	项目
660303	财务费用	汇兑收益	项目
660304	财务费用	手续费	项目
660305	财务费用	利息支出	项目
660306	财务费用	往来折现	项目
660307	财务费用	其他	项目

　　使用该科目时需注意：

　　（1）本科目核算企业为筹集生产经营所需资金等而发生的筹资费用，包括利息支出（减利息收入）、汇兑损益以及相关的手续费、企业发生的现金折扣或收到的现金折扣等。

为购建或生产满足资本化条件的资产发生的应予资本化的借款费用，在"在建工程""制造费用"等科目核算。

（2）本科目可按费用项目进行明细核算。

（3）企业发生的财务费用，借记本科目，贷记"银行存款""未确认融资费用"等科目。发生的应冲减财务费用的利息收入、汇兑损益、现金折扣，借记"银行存款""应付账款"等科目，贷记本科目。

（4）期末，应将本科目余额转入"本年利润"科目，结转后本科目无余额。

11.3.2 财务费用账务处理

企业应通过"财务费用"科目，核算财务费用的发生和结转情况，如图 11-3 所示。

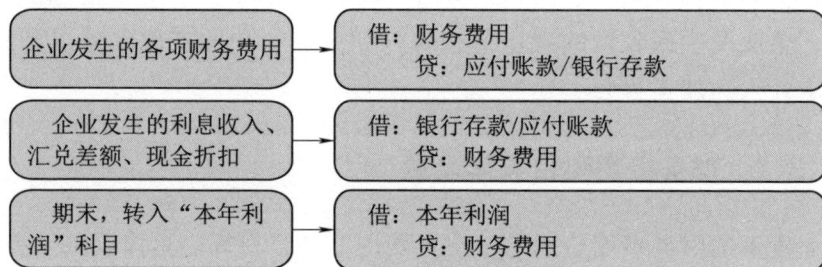

图 11-3 财务费用账务处理

【例 11-3】2020 年 2 月，晋阳大酒店发生财务费用如下：

（1）1 日，收到银行通知，本期发生的短期借款利息支出 8 700 元（其中 3 900 元已预提计入前 2 个月的银行承兑汇票），企业开出支票付清，该公司账务处理如下：

借：财务费用——利息支出	4 800
应付利息	3 900
贷：银行存款	8 700

（2）2 日，取 40 000 美元到银行兑换为人民币，该日的美元买入价为 6.87 元，该日的市场汇率为 6.92 元，晋阳大酒店采用外币业务发生日的市场汇率对外币业务进行折算，该公司账务处理如下：

借：银行存款（人民币户）（40 000×6.87）	274 800
财务费用	2 000
贷：银行存款（美元户）（40 000×6.92）	276 800

（3）14 日，购买支票簿 30 本，总计 750 元，以银行存款支付。该公司账务处理如下：

借：财务费用　　　　　　　　　　　　　　750

　　贷：银行存款　　　　　　　　　　　　　　750

11.4　利润结转

利润是企业在一定会计期间的经营成果。利润包括收入减去费用后的净额、直接计入当期利润的利得和损失等。

未计入当期利润的利得和损失扣除所得税影响后的净额计入其他综合收益项目。净利润与其他综合收益的合计金额为综合收益总额。

11.4.1　本年利润科目具体设置

企业期（月）末结转利润时，应将各损益类科目的金额转入本年利润，结平各损益类科目。结转后本科目的贷方余额为当期实现的净利润；借方余额为当期发生的净亏损。本年利润科目的具体设置，见表 11-6。

表 11-6　　　　　　　　　　　　本年利润会计科目编码的设置

科目代码	总分类科目（一级科目）	明细分类科目	
		二级科目	三级科目
4103	本年利润		
410301	本年利润	主营业务收入	项目
410302	本年利润	其他业务收入	项目
410303	本年利润	主营业务成本	项目
410304	本年利润	其他业务成本	项目
410305	本年利润	税金及附加	项目
410306	本年利润	销售费用	项目
410307	本年利润	管理费用	项目
410308	本年利润	财务费用	项目
410309	本年利润	资产减值损失	项目
410310	本年利润	公允价值变动收益	项目

科目代码	总分类科目（一级科目）	明细分类科目	
		二级科目	三级科目
410311	本年利润	投资收益	项目
410312	本年利润	营业外收入	项目
410313	本年利润	营业外支出	项目
410314	本年利润	所得税费用	项目

11.4.2 期末结转

期末本年利润的结转，本年利润的会计分录有四个步骤，相关会计分录如图 11-4 所示。

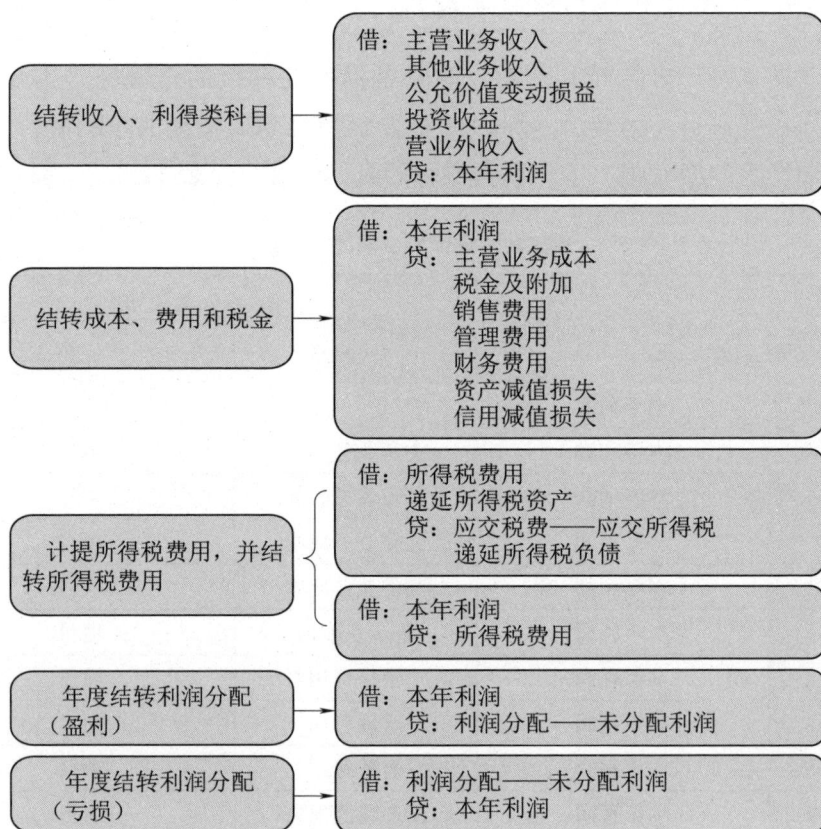

图 11-4 期末本年利润结转的会计处理

【例 11-4】2020 年 1 月 31 日，锦绣城大酒店各损益类账户余额见表 11-7。

表 11-7 损益类账户余额表

科目名称	余额方向	期末余额
主营业务收入	贷	1 630 000
主营业务成本	借	874 100
税金及附加	借	21 730
销售费用	借	22 530
管理费用	借	34 760
财务费用	借	15 190

（1）结转收入。

借：主营业务收入   1 630 000

    贷：本年利润   1 630 000

（2）结转成本费用。

借：本年利润   968 310

    贷：主营业务成本   874 100

         税金及附加   21 730

         销售费用   22 530

         管理费用   34 760

         财务费用   15 190

（3）转入利润分配。

借：本年利润   661 690

    贷：利润分配——未分配利润   661 690

11.5　净利润分配

利润分配是企业根据国家有关规定和企业章程、投资者协议等，对企业当年可供分配的利润所进行的分配。

可供分配的利润＝企业当年实现的净利润（或净亏损）＋年初未分配利润（或—年初未弥补亏损）＋其他转入

可供分配的利润，按下列顺序分配：①提取法定盈余公积；②提取任意盈余公积；③向投资者分配利润，如图 11-5 所示。

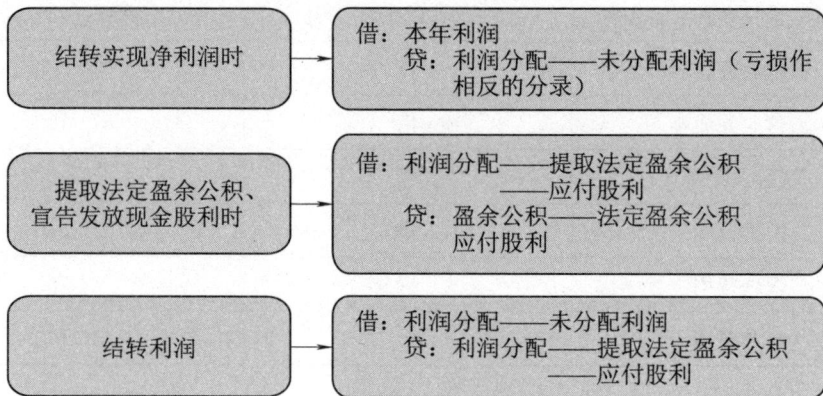

图 11-5 利润分配的账务处理

11.5.1 盈余公积科目具体设置

盈余公积科目的设置，见表 11-8。

表 11-8 盈余公积会计科目编码的设置

科目代码	总分类科目（一级科目）	明细分类科目	
		二级科目	三级科目
4101	盈余公积		
410101	盈余公积	法定公积金	弥补亏损
410102	盈余公积	任意公积金	转增资本
410103	盈余公积	任意公积金	归还利润
410104	盈余公积	任意公积金	分配股利

11.5.2 盈余公积账务处理

企业应通过"盈余公积"科目，核算盈余公积提取、使用等情况，并分别"法定盈余公积""任意盈余公积"进行明细核算，如图 11-6 所示。

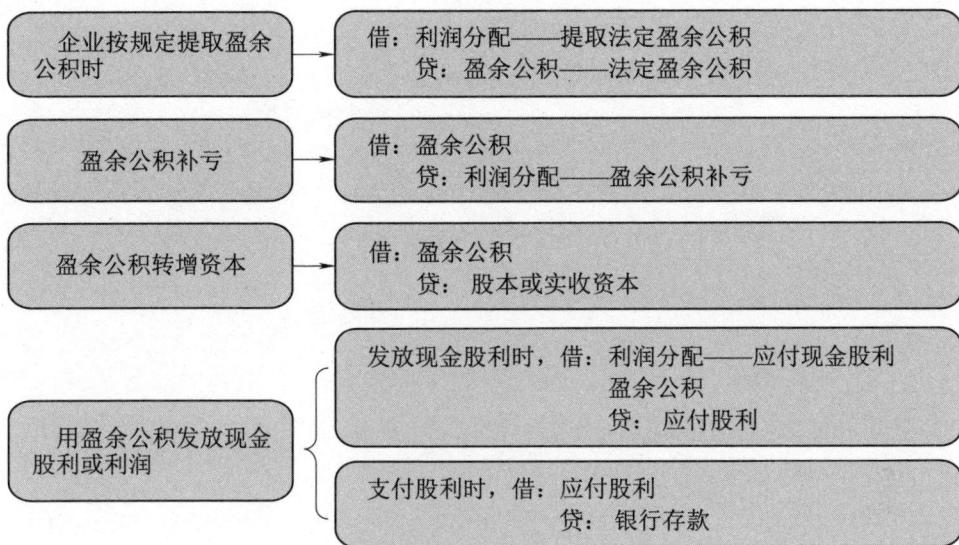

图 11-6　盈余公积的账务处理

年度终了，企业应将全年实现的净利润或发生的净亏损，自"本年利润"科目转入"利润分配——未分配利润"科目，并将"利润分配"科目所属其他明细科目的余额，转入"未分配利润"明细科目。结转后，"利润分配——未分配利润"科目如为贷方余额，表示累积未分配的利润数额；如为借方余额，则表示累积未弥补的亏损数额。外商投资企业按净利润的一定比例提取的储备基金、企业发展基金，以及中外合作经营企业按照规定在合作期间以利润归还投资者的投资，也作为盈余公积，在"盈余公积"科目下设置明细科目核算。

【例 11-5】承上例，锦绣城大酒店按规定 10% 的比率提取法定公积金，并根据股东大会决议按 2% 的比率提取任意公积金。分录如下：

（1）按 10% 提取法定盈余公积。

借：利润分配——提取法定盈余公积　　　　　　　　　66 169
　　贷：盈余公积——法定盈余公积　　　　　　　　　　　　66 169

（2）转入"未分配利润"账户。

借：利润分配——未分配利润　　　　　　　　　　　595 521
　　贷：利润分配——提取法定盈余公积　　　　　　　　　595 521

第 12 章
财务报表的编制

　　《中华人民共和国会计法》中没有具体规定财务报告编制时间，《企业会计准则第 30 号——财务报表列报》第十条规定，企业至少应当按年编制财务报表。对外提供中期财务报告的，还应遵循《企业会计准则第 32 号——中期财务报告》的规定。从上述规定看，企业一定要编制年度报表的，但在实际工作中，财务人员每月都要编制财务报表，因为根据税法的规定，企业每月要报税，需要提交财务报表。综上所述，企业之所以按月编制报表，一是税务局规定的，二是企业负责人需要。

　　一套完整的财务报表至少应当包括资产负债表、利润表、现金流量表、所有者权益（或股东权益）变动表以及附注。

12.1 资产负债表

一个月过去了，企业经营状况是好是坏，这就要把业务数据结计出期末余额，然后按照报表的要求编制。

12.1.1 资产负债表的构成原理

资产负债表要表达的意思其实很简单，该表左方反映企业资金花在哪里，右方反映企业资金的来源。

资产负债表

借方	贷方
资产 （企业的钱都花在哪了）	负债和所有者权益 （企业资金的来源：一是借来的，二是股东出资）

"资产＝负债＋所有者权益"，这个平衡式永远是恒等的。资产负债表就是根据这个原理编制的。

报表的左边，能看出企业的生产规模和经营策略。流动资产和非流动资产构成企业的总资产，通过资产结构，可以初步判断企业的类型。商贸企业可能流动资产比例比较大，因为商品流转速度快；制造业可能固定资产比例比较大，因为制造业是典型的重资产行业，要购置机器、厂房、设备，造成非流动资产比重大。右边是资金的来源，企业通过举债和自有资金投入，构成负债和所有者权益，可以反映出企业融资能力。

　　自2018年2月1日申报期起，符合工业和信息化部、国家统计局、国家发展改革委员会、财政部划分标准的小型和微型企业，以及符合财政部、国家税务总局文件规定的小型微利企业，财务报表由按月编报改为按季编报。

12.1.2　"期末余额"填列方法

　　资产负债表的"期末余额"栏内各项数字，其填列方法如下。

1. 根据总账科目的余额填列

　　资产负债表中的有些项目，可直接根据有关总账科目的余额填列，如"交易性金融资产""短期借款""应付票据""应付职工薪酬"等项目；有些项目，则需根据几个总账科目的余额计算填列，如"货币资金"项目，需根据"库存现金""银行存款""其他货币资金"三个总账科目余额合计填列。

　　【例12-1】2020年3月31日，锦绣城大酒店科目余额表见表12-1。

表12-1 　　　　　　　　　　　　　科目余额表

账户名称	期末借方余额（元）	账户名称	期末贷方余额（元）
库存现金	3 600	存货跌价准备	19 600
银行存款	5 780 000	累计折旧	195 000
其他货币资金	150 000	固定资产减值准备	39 000
原材料	640 000	累计摊销	46 000
周转材料	21 500	盈余公积	154 000
固定资产	6 920 000		
无形资产	245 000		

　　根据表中资料，计算资产负债表期末余额栏按下列数值填列。

　　货币资金＝3 600＋5 780 000＋150 000＝5 933 600（元）

存货＝640 000＋21 500－19 600＝641 900（元）

2. 根据有关明细科目的余额计算填列

资产负债表中的有些项目，需要根据明细科目余额填列，如"应付票据及应付账款"项目，需要分别根据"应付票据""应付账款"和"预付账款"两科目所属明细科目的期末贷方余额计算填列。

【例12-2】锦绣城大酒店 2020 年 3 月 31 日有关余额所属明细余额，见表 12-2。

表 12-2   明细账户余额表

账户名称	明细账户	借方余额（元）	贷方余额（元）
应收账款	新雅床单厂	1 600 000	
	文成洁具有限公司	3 700 000	
合同负债	春雨毛巾厂		220 000
	金鱼池食用油有限公司		710 000
合同资产	力士架食品有限公司	540 000	
	达文食品加工厂	290 000	
	岭南厨具有限公司	404 000	
应付账款	广宇农产品公司		756 000
坏账准备	应收账款		22 000
	其他应收款		32 000

2020 年 3 月末资产负债表中相关项目金额：

"应收账款"项目金额＝1 600 000＋3 700 000－22 000＝5 278 000（元）

"合同负债"项目金额＝220 000＋710 000＝930 000（元）

"合同资产"项目金额＝540 000＋290 000＋404 000＝1 234 000（元）

"应付账款"项目金额＝756 000（元）

3. 根据总账科目和明细账科目的余额分析计算填列

资产负债表的有些项目，需要依据总账科目和明细科目两者的余额分析填列，如"长期借款"项目，应根据"长期借款"总账科目余额扣除"长期借款"科目所属的明细科目中将在资产负债表日起一年内到期，且企业不能自主地将清偿义务展期的长期借款后的金额填列。

4. 根据有关科目余额减去其备抵科目余额后的净额填列

如资产负债表中的"应收账款""长期股权投资"等项目,应根据"应收账款""长期股权投资"等科目的期末余额减去"坏账准备""长期股权投资减值准备"等科目余额后的净额填列;"固定资产"项目,应根据"固定资产"科目期末余额减去"累计折旧""固定资产减值准备"科目余额后的净额填列;"无形资产"项目,应根据"无形资产"科目期末余额减去"累计摊销""无形资产减值准备"科目余额后的净额填列。

【例 12-3】承【例 12-1】,根据表 12-1 的资料:

固定资产＝6 920 000－195 000－39 000＝6 686 000(元)

无形资产＝245 000－46 000＝199 000(元)

5. 综合运用上述填列方法分析填列

如资产负债表中的"存货"项目,需根据"原材料""库存商品""委托加工物资""周转材料""材料采购""在途物资""发出商品""材料成本差异"等总账科目期末余额的分析汇总数,再减去"存货跌价准备"备抵科目余额后的金额填列。

"长期待摊费用"项目需要根据"长期待摊费用"总账科目余额扣除将在一年内摊销完毕的长期待摊费用后的金额计算填列。②关于"未分配利润"项目,如果是在年末应该根据"利润分配——未分配利润"科目余额填列;如果是在非年末,则要根据"利润分配——未分配利润"和"本年利润"科目余额计算填列。

12.1.3　资产项目的填列方法

资产项目的填列方法,见表 12-3。

表 12-3　　　　　　　　　　资产项目的填列说明

项目	填列说明
"货币资金"项目	本项目应根据"库存现金""银行存款""其他货币资金"科目期末余额的合计数填列
"交易性金融资产"项目	本项目应当根据"交易性金融资产"科目和在初始确认时指定为以公允价值计量且其变动计入当期损益的金融资产科目的期末余额填列
"应收票据"项目	本项目应根据"应收票据"科目的期末余额,减去"坏账准备"科目期末余额后的净额填列

项　目	填　列　说　明
"应收账款"项目	本项目应根据"应收账款"科目的期末余额，减去"坏账准备"科目期末余额后的金额分析填列
"预付款项"项目	本项目应根据"预付账款"借方余额，减去"坏账准备"科目中有关预付款项计提的坏账准备期末余额后的净额填列
"合同资产"项目	根据"合同资产"科目相关明细科目期末余额分析填列，同一合同下的合同资产和合同负债应当以净额列示，其中净额为借方余额的，应当根据其流动性在"合同资产"或"其他非流动资产"项目中填列，已计提减值准备的，还应减去"合同资产减值准备"科目中相关的期末余额后的金额填列
"其他应收款"项目	本项目应根据"其他应收款""应收股利""应收利息"科目的期末余额，减去"坏账准备"科目中有关其他应收款计提的坏账准备期末余额后的净额填列
"存货"项目	本项目应根据"材料采购""原材料""低值易耗品""库存商品""周转材料""委托加工物资""委托代销商品""生产成本"等科目的期末余额合计，减去"代销商品款""存货跌价准备"科目期末余额后的净额填列。材料采用计划成本核算，以及库存商品采用计划成本核算或售价核算的企业，还应按加或减材料成本差异、商品进销差价后的金额填列
"合同取得成本"项目	本项目应根据本科目的明细科目初始确认时摊销期限是否超过一年或一个正常营业周期，在"其他流动资产"或"其他非流动资产"项目中填列，已计提减值准备的，还应减去"合同取得成本减值准备"科目中相关的期末余额后的金额填列
"合同履约成本"项目	本项目应当根据"合同履约成本"科目的明细科目初始确认时摊销期限是否超过一年或一个正常营业周期，在"存货"或"其他非流动资产"项目中填列，已计提减值准备的，还应减去"合同履约成本减值准备"科目中相关的期末余额后的金额填列
"应收退货成本"项目	本项目根据"应收退货成本"科目是否在一年或一个正常营业周期内出售，在"其他流动资产"或"其他非流动资产"项目中填列
确认为预计负债的"应付退货款"项目	应当根据"预计负债"科目下的"应付退货款"明细科目是否在一年或一个正常营业周期内清偿，在"其他流动负债"或"预计负债"项目中填列
"一年内到期的非流动资产"项目	本项目应根据有关科目的期末余额分析填列

项目	填 列 说 明
"长期股权投资"项目	本项目应根据"长期股权投资"科目的期末余额,减去"长期股权投资减值准备"科目的期末余额后的净额填列
"固定资产"项目	本项目应根据"固定资产"科目的期末余额,减去"累计折旧"和"固定资产减值准备"科目及"固定资产清理"科目期末余额后的净额填列
"在建工程"项目	本项目应根据"在建工程"科目的期末余额,减去"在建工程减值准备"科目及"工程物资"科目期末余额后的净额填列
"无形资产"项目	本项目应根据"无形资产"的期末余额,减去"累计摊销"和"无形资产减值准备"科目期末余额后的金额填列
"开发支出"项目	本项目应当根据"研发支出"科目中所属的"资本化支出"明细科目期末余额填列
"长期待摊费用"项目	本项目应根据"长期待摊费用"科目的期末余额减去将于一年内(含一年)摊销的数额后的金额分析填列
"其他非流动资产"项目	本项目应根据有关科目的期末余额填列

12.1.4　负债项目的填列方法

负债项目填列方法,见表12-4。

表 12-4　　　　　　　　负债项目填列计算

项 目	填 列
"短期借款"项目	本项目应根据"短期借款"科目的期末余额填列
"应付票据"项目	本项目应根据"应付票据"科目的期末余额填列
"应付账款"项目	本项目应根据"应付账款"和"预付账款"科目所属各明细科目的期末贷方余额合计数填列
"预收款项"项目	本项目应根据"预收账款"科目所属各明细科目的期末贷方余额合计数填列

项　　目	填　　列
"应付职工薪酬"项目	根据有关规定应付给职工的工资、职工福利、社会保险费、住房公积金、工会经费、职工教育经费、非货币性福利、辞退福利等各种薪酬。外商投资企业按规定从净利润中提取的职工奖励及福利基金，也在本项目列示
"合同负债"项目	根据"合同负债"科目相关明细科目期末余额分析填列，同一合同下的合同资产和合同负债应当以净额列示，其中净额为贷方余额的，应当根据其流动性在"合同负债"或"其他非流动负债"项目中填列
"应交税费"项目	本项目应根据"应交税费"科目的期末贷方余额填列；如"应交税费"科目期末为借方余额，应以"——"号填列
"其他应付款"项目	本项目应根据"其他应付款""应付利息""应付股利"的期末余额合计数填列
"一年内到期的非流动负债"项目	本项目应根据有关科目的期末余额分析填列
"长期借款"项目	本项目应根据"长期借款"科目的期末余额填列
"应付债券"项目	本项目应根据"应付债券"科目的期末余额填列
"其他非流动负债"项目	本项目应根据有关科目的期末余额填列。其他非流动负债项目应根据有关科目期末余额减去将于1年内（含1年）到期偿还数后的余额分析填列。非流动负债各项目中将于1年内（含1年）到期的非流动负债，应在"1年内到期的非流动负债"项目内反映

12.1.5　所有者权益项目的填列方法

（1）"实收资本（或股本）"项目，本项目应根据"实收资本"（或"股本"）科目的期末余额填列。

（2）"资本公积"项目，本项目应根据"资本公积"科目的期末余额填列。

（3）"盈余公积"项目，本项目应根据"盈余公积"科目的期末余额填列。

（4）"其他综合收益"项目，根据"其他综合收益"科目的期末余额填列。

（5）"未分配利润"项目，本项目应根据"本年利润"科目和"利润分配"科目的余额计算填列。未弥补的亏损在本项目内以"－"号填列。

12.1.6 资产负债表编制案例

【例12-4】2020年3月31日，锦绣城大酒店总账及明细余额，见表12-5。

表12-5　　　　　　　　　　总账及明细账期末余额表　　　　　　　　　单位：元

资产账户	总账及明细账期末余额		负债及权益账户	总账及明细账期末余额	
	借方余额	贷方余额		借方余额	贷方余额
库存现金	3 600		短期借款		4 800 000
银行存款	5 780 000		应付票据		1 440 000
工商银行	3 230 000		应付账款		756 000
中国银行	2 550 000		广宇农产品公司		756 000
其他货币资金	150 000		合同负债		930 000
银行汇票	52 000		金鱼池食用油有限公司		710 000
信用证存款	98 000		春雨毛巾厂		220 000
应收票据	250 000		应付利息		39 000
应收账款	4 300 000		应付职工薪酬		198 500
新雅床单厂	1 600 000		应交税费		454 000
文成洁具有限公司	3 700 000		其他应付款		12 800
合同资产	790 000		长期借款		3 260 000
力士架食品有限公司	540 000		长期应付款		4 517 500
达文食品加工厂	290 000		实收资本		9 000 000
岭南厨具有限公司	404 000		盈余公积		154 000
坏账准备			利润分配		3 346 000
其他应收款		32 000			
应收账款		22 000			
其他应收款	68 000				

资产账户	总账及明细账期末余额		负债及权益账户	总账及明细账期末余额	
	借方余额	贷方余额		借方余额	贷方余额
原材料	640 000				
库存商品					
周转材料	21 500				
存货跌价准备		19 600			
固定资产	6 920 000				
累计折旧		195 000			
固定资产减值准备		39 000			
在建工程	7 960 000				
无形资产	245 000				
累计摊销		46 000			
开发支出	689 300				

(1) 分析计算填列的项目如下：

"货币资金"项目金额＝3 600＋5 780 000＋150 000＝5 933 600（元）

"存货"项目金额＝640 000＋21 500－19 600＝641 900（元）

"固定资产"项目金额＝6 920 000－195 000－39 000＝6 686 000（元）

"无形资产"项目金额＝245 000－46 000＝199 000（元）

"应收账款"项目金额＝1 600 000＋3 700 000－22 000＝5 278 000（元）

"合同负债"项目金额＝220 000＋710 000＝930 000（元）

"合同资产"项目金额＝290 000＋540 000＋404 000＝1 234 000（元）

"应付账款"项目金额＝756 000（元）

"其他应收款"项目金额＝68 000－32 000＝36 000（元）

"其他应付款"项目金额＝39 000＋12 800＝51 800（元）

(2) 其他项目根据总账余额直接填列。

根据上述资料，编制资产负债表。见表12-6。

表 12-6   资产负债表

编制单位：锦绣城大酒店   2020 年 3 月 31 日   单位：元

资产	期末余额	年初余额	负债和所有者权益（或股东权益）	期末余额	年初余额
流动资产：			流动负债：		
货币资金	5 933 600	543 000	短期借款	4 800 000	4 000 000
交易性金融资产			交易性金融负债		
应收票据	250 000	240 000	应付票据	1 440 000	940 000
应收账款	5 278 000	5 360 000	应付账款	756 000	1 388 300
其他应收款	36 000	123 000	应付职工薪酬	198 500	3 126 000
存货	641 900	4 237 900	应交税费	454 000	1 235 890
合同资产	1 234 000	1 172 000	合同负债	930 000	1 020 000
持有待售资产			其他应付款	51 800	80 500
一年内到期的非流动资产			持有待售负债		
其他流动资产			一年内到期的非流动负债		
流动资产合计	13 373 500	11 675 900	其他流动负债		
非流动资产：			流动负债合计	8 630 300	11 790 690
债权投资			非流动负债：		
其他债权投资			长期借款	3 260 000	931 611
长期应收款		320 000	应付债券		
长期股权投资			长期应付款	4 517 500	483 300
投资性房地产			预计负债		
固定资产	6 686 000	6 240 000	递延收益		
在建工程	7 960 000	10 844 201	递延所得税负债		
生产性生物资产			其他非流动负债		
油气资产			非流动负债合计	7 777 500	1 414 911
无形资产	199 000	245 000	负债合计	16 407 800	13 205 601
开发支出	689 300	784 500	所有者权益（或股东权益）		

续上表

资产	期末余额	年初余额	负债和所有者权益（或股东权益）	期末余额	年初余额
商誉			实收资本（或股本）	9 000 000	10 000 000
长期待摊费用			资本公积		
递延所得税资产			减：库存股		
其他非流动资产			其他综合收益		
非流动资产合计	15 534 300	20 011 590	盈余公积	154 000	1 250 000
			未分配利润	3 346 000	5 654 000
			所有者权益（或股东权益）合计	12 500 000	16 904 000
资产总计	28 907 800	30 109 601	负债和所有者权益（或股东权益）总计	28 907 800	30 109 601

资产负债表编好了，先从结构分析企业资产负债的情况。

12.1.7 资产结构分析

从流动资产、非流动资产占总资产的百分比进行资产结构分析，见表12-7。

表 12-7　　　　　　　　　　　资产结构表　　　　　　　　　单位：元

项目	金额	结构百分比（%）
流动资产	13 373 500	46.26%
非流动资产	15 534 300	53.74%
总资产	28 907 800	100%

1. 资产结构分析

从表12-7可以看出，锦绣城大酒店流动资产占资产比例为46.26%，非流动资产占资产的比例为53.74%，公司流动与非流动资产比重接近，符合酒店企业的经营特点。表明该公司经营稳健，未来发展很好。

2. 负债与权益结构分析

从负债、所有者权益占比进行负债与权益结构分析，见表12-8。

270

表 12-8 　　　　　　　　　　　负债与权益结构　　　　　　　　　单位：元

项目	金额	结构百分比（%）
流动负债	8 630 300	29.85%
长期负债	7 777 500	26.09%
所有者权益	12 500 000	44.06%
资产总额	28 907 800	100%

从表 12-8 可以看出，公司流动负债占总资本的 29.85%，长期负债占总资本的 26.09%，所有者权益占总资本的 44.06%。由此我们得出，公司的债务资本比例为 55.94%（29.85%＋26.09%），权益资本比例为 44.06%，公司负债资本比权益资本高 11.88%，可能会增加企业财务风险以及债务危机的比率。权益资本低会减少企业资本成本，有效发挥债务资本的财务杠杆效益。该酒店负债资本比例不高，短期借款和应付票据数目较高，短期内会影响企业现金流。

12.1.8　资产构成要素分析

流动资产与非流动资产具体构成情况见表 12-9。

表 12-9 　　　　　　　　　　　　　　　　　　　　　　　　　　单位：元

流动资产	货币资金	5 933 600	20.53%
	应收票据及应收账款	5 528 000	18.94%
	减：坏账准备	54 000	0.98%
	存货	641 900	2.22%
非流动资产	固定资产	6 686 000	23.13%
	在建工程	7 960 000	27.54%
资产总计		28 907 800	

通过对企业资产各要素的数据分析可以发现，企业的资产构成要素存在以下问题：

（1）酒店货币资金的金额为 5 933 600 元，占资产总额的 20.53%。酒店资金比较充足，符合酒店业行业特色，但过高的货币资金持有量会浪费企业的投资机会。

（2）坏账准备比例 0.98％，说明酒店回款较好。应收票据、应收账款比例较高，一方面说明企业入住率高，另一方面也要严防坏账。

（3）酒店的固定资产主要是楼房，楼房是出租房间的保障，在建工程和固定资产占比达到 50％，占比较高。这符合酒店业要求，要监控在建工程完工进度，尽快转入固定资产。

12.2 利润表

利润表是从资产负债表中剥离的，它还原了净利润是怎么得来的，从业务收入减业务成本，很详细地一步步计算出来的。

我国企业的利润表采用多步式格式，分以下五个步骤编制。

第一步，以营业收入为基础，减去营业成本、税金及附加、销售费用、管理费用、研发费用、财务费用、资产减值损失、信用减值损失、资产处置收益，加上其他收益、公允价值变动收益（减去公允价值变动损失）和投资收益（减去投资损失），计算出营业利润。

第二步，以营业利润为基础，加上营业外收入，减去营业外支出，计算出利润总额。

第三步，以利润总额为基础，减去所得税费用，计算出净利润（或净亏损）。

12.2.1 利润表的编制方法

利润表各项目均需填列"本期金额"和"上期金额"两栏。利润表"本期金额""上期金额"栏内各项数字，应当按照相关科目的发生额分析填列。

利润表项目的填列说明，见表 12-10。

表 12-10　　　　　　　　　　利润表项目填列说明

项　目	填　列　说　明
"营业收入"项目	本项目应根据"主营业务收入"和"其他业务收入"科目的发生额分析填列
"营业成本"项目	本项目应根据"主营业务成本"和"其他业务成本"科目的发生额分析填列
"税金及附加"项目	本项目应根据"税金及附加"科目的发生额分析填列

项　目	填　列　说　明
"销售费用"项目	本项目应根据"销售费用"科目的发生额分析填列
"管理费用"项目	本项目应根据"管理费用"科目的发生额分析填列
"财务费用"项目	本项目应根据"财务费用"科目的发生额分析填列
"研发费用"项目	本项目根据"管理费用"科目下的"研发费用"明细科目的发生额分析填列
"利息费用"项目	本项目根据"财务费用"科目的相关明细科目的发生额分析填列
"利息收入"项目	本项目根据"财务费用"科目的相关明细科目的发生额分析填列
"其他收益"项目	本项目根据"其他收益"科目的发生额分析填列
"资产处置收益"项目	本项目根据"资产处置损益"科目的发生额分析填列，如为处置损失，以"一"号填列
"资产减值损失"项目	本项目应根据"资产减值损失"科目发生额分析填列
"信用减值损失"项目	本项目应根据"信用减值损失"科目的发生额分析填列
"公允价值变动收益"项目	本项目应根据"公允价值变动损益"科目的发生额分析填列，如为净损失，本项目以"一"号填列
"投资收益"项目	本项目应根据"投资收益"科目的发生额分析填列。如为投资损失，本项目用"一"号填列
"营业利润"项目	反映企业实现的营业利润。如为亏损，本项目以"一"号填列
"营业外收入"项目	本项目应根据"营业外收入"科目的发生额分析填列
"营业外支出"项目	本项目应根据"营业外支出"科目的发生额分析填列
"利润总额"项目	反映企业实现的利润。如为亏损，本项目以"一"号填列
"所得税费用"项目	本项目应根据"所得税费用"科目的发生额分析填列
"净利润"项目	反映企业实现的净利润。如为亏损，本项目以"一"号填列
"每股收益"项目	包括基本每股收益和稀释每股收益两项指标，反映普通股或潜在普通股已公开交易的企业，以及正在公开发行普通股或潜在普通股过程中的企业的每股收益信息
"其他综合收益"项目	反映企业根据企业会计准则规定未在损益中确认的各项利得和损失扣除所得税影响后的净额
"综合收益总额"项目	反映企业净利润与其他综合收益的合计金额

12.2.2 利润表编制案例

【例 12-5】 2020 年 3 月 31 日，锦绣城大酒店损益类账户发生额，见表 12-11。

表 12-11 账户发生额

账户名称	借方发生额（元）	贷方发生额（元）
主营业务收入		63 200 000
主营业务成本	40 020 000	
其他业务收入		2 170 000
其他业务成本	1 340 000	
税金及附加	72 580	
销售费用	35 600	
管理费用	819 320	
财务费用	157 600	
投资收益		
营业外收入		45 800
营业外支出	22 540	
资产减值损失	55 000	
所得税费用	5 723 290	

营业收入＝63 200 000＋2 170 000＝65 370 000（元）

营业成本＝40 020 000＋1 340 000＝41 360 000（元）

根据上述资料，编制 2020 年 3 月利润表，见表 12-12。

表 12-12 利润表

编制单位：锦绣城大酒店　　　　　　2020 年 3 月　　　　　　　单位：元

项　目	本期金额	上期金额
一、营业收入	65 370 000	
减：营业成本	41 360 000	
税金及附加	72 580	
销售费用	35 600	
管理费用	819 320	
研发支出		
财务费用	157 600	

项 目	本期金额	上期金额
资产减值损失	55 000	
信用减值损失		
加：投资收益（损失以"－"号填列）		
公允价值变动收益（损失以"－"号填列）		
其中：对联营企业和合营企业的投资收益		
资产处置收益		
二、营业利润（亏损以"－"号填列）	22 869 900	
加：营业外收入	45 800	
减：营业外支出	22 540	
三、利润总额（亏损总额以"－"号填列）	22 893 160	
减：所得税费用	5 723 290	
四、净利润（净亏损以"－"号填列）	17 169 870	
五、其他综合收益的税后净额		
（一）不能重分类进损益的其他综合收益		
1. 重新计量设定受益计划变动额		
2. 权益法下不能转损益的其他综合收益		
……		
（二）将重分类进损益的其他综合收益		
1. 权益法下可转损益的其他综合收益		
2. 其他债权投资公允价值变动		
3. 金融资产重分类计入其他综合收益的金额		
4. 其他债权投资信用减值准备		
5. 现金流量套期储备		
6. 外币财务报表折算差额		
……		
六、综合收益总额		
七、每股收益		
（一）基本每股收益		
（二）稀释每股收益		

12.3 现金流量表

现金流量表是反映企业在一定会计期间现金和现金等价物流入和流出的报表。

现金流量是一定会计期间内企业现金和现金等价物的流入和流出。企业从银行提取现金、用现金购买短期到期的国库券等现金和现金等价物之间的转换不属于现金流量。

现金是企业库存现金以及可以随时用于支付的存款，包括库存现金、银行存款和其他货币资金（如外埠存款、银行汇票存款、银行本票存款）等。不能随时用于支付的存款不属于现金。

现金等价物是企业持有的期限短、流动性强、易于转换为已知金额现金、价值变动风险很小的投资。期限短，一般是指从购买日起三个月内到期。现金等价物通常包括三个月内到期的债券投资等。权益性投资变现的金额通常不确定，因而不属于现金等价物。

现金流量表与资产负债表、利润表之间的关系如图 12-1 所示。

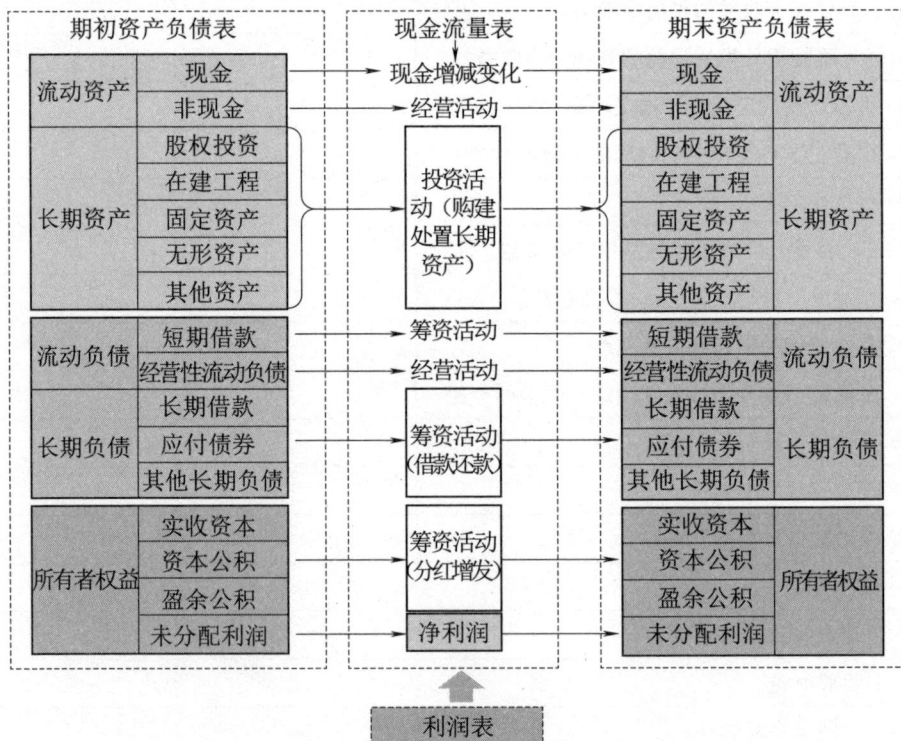

图 12-1　三张报表关系图

企业产生的现金流量分为三类，主要内容见表 12-13。

表 12-13   **企业产生的三类现金流量**

经营活动产生的现金流量	经营活动是企业投资活动和筹资活动以外的所有交易和事项。经营活动主要包括销售商品或提供劳务、购买商品、接受劳务、支付工资和交纳税款等流入和流出现金及现金等价物的活动或事项
投资活动产生的现金流量	投资活动是企业长期资产的购建和不包括在现金等价物范围内的投资及其处置活动。投资活动主要包括购建固定资产、处置子公司及其他营业单位等流入和流出现金及现金等价物的活动或事项
筹资活动产生的现金流量	筹资活动是导致企业资本及债务规模和构成发生变化的活动。筹资活动主要包括吸收投资、发行股票、分配利润、发行债券、偿还债务等流入和流出现金及现金等价物的活动或事项。偿付应付账款、应付票据等商业应付款等属于经营活动，不属于筹资活动

12.3.1 经营活动产生的现金流量项目计算

经营活动产生的现金流量净额计算。经营活动产生的现金流量净额的各个子项目计算方法具体见表 12-14。

表 12-14   **经营活动产生的现金流量净额计算**

项 目	计 算 公 式
销售商品、提供劳务收到的现金	利润表中主营业务收入×（1＋适用税率）＋利润表中其他业务收入＋（应收票据期初余额－应收票据期末余额）＋（应收账款期初余额－应收账款期末余额）＋（预收账款期末余额－预收账款期初余额）－计提的应收账款坏账准备期末余额
收到的税费返还	（应收补贴款期初余额－应收补贴款期末余额）＋补贴收入＋所得税本期贷方发生额累计数
收到的其他与经营活动有关的现金	营业外收入相关明细本期贷方发生额＋其他业务收入相关明细本期贷方发生额＋其他应收账款相关明细本期贷方发生额＋其他应付账款相关明细本期贷方发生额＋银行存款利息收入
购买商品、接受劳务支付的现金	利润表中主营业务成本＋（存货期末余额－存货期初余额）×（1＋适用税率）＋（应付票据期初余额－应付票据期末余额）＋（应付账款期初余额－应付账款期末余额）＋（预付账款期末余额－预付账款期初余额）

项　目	计　算　公　式
支付给职工以及为职工支付的现金	"应付职工薪酬"科目本期借方发生额累计数
支付的各项税费	"应交税款"各明细账户本期借方发生额累计数
支付的其他与经营活动有关的现金	营业外支出（剔除固定资产处置损失）＋管理费用（剔除工资、福利费、劳动保险金、待业保险金、住房公积金、养老保险、医疗保险、折旧、坏账准备或坏账损失、列入的各项税金等）＋销售费用、成本及制造费用（剔除工资、福利费、劳动保险金、待业保险金、住房公积金、养老保险、医疗保险等）＋其他应收款本期借方发生额＋其他应付款本期借方发生额＋银行手续费

（1）销售商品、提供劳务收到的现金。

【例 12-6】锦绣城大酒店 2020 年 1 月，增值税专用发票上注明的不含税金额为 1 320 000 元，租金收入 191 000 元，应收票据期初余额为 350 000 元，期末余额为 278 000 元；应收账款期初余额为 8 320 000 元，期末余额为 4 321 000元；本月核销坏账损失为 28 700 元。

本期销售商品提供劳务收到的现金	1 511 000（1 320 000＋191 000）
加：本期收到前期的应收票据 　　本期收到前期的应收账款	72 000（350 000－278 000） 3 970 300（8 320 000－4 321 000－28 700）
本期销售商品、提供劳务收到的现金	5 553 300

（2）收到的税费返回。

"收到的税费返还"项目，反映企业收到返还的各种税费，如收到的增值税、所得税、消费税、关税和教育费附加返还款等。本项目可以根据有关科目的记录分析填列。

【例 12-7】2020 年 1 月，锦绣城大酒店扣缴所得税 5 723 290 元，本月应交所得税款 4 424 390 元，月末收到所得税返还款 1 298 900 元，已存入银行。

本期收到的税费返还 1 298 900 元。

（3）收到的其他与经营有关的现金。

"收到的其他与经营活动有关的现金"项目，反映企业除上述各项目外，收到的其他与经营活动有关的现金，如罚款收入、经营租赁固定资产收到的现金、投资性房地产收到的租金收入、流动资产损失中由个人赔偿的现金收入、除税费返还外的其他政府补助收入等。其他现金流入如价值较大的，应单列项目反映。

本项目可以根据"库存现金""银行存款""营业外收入""管理费用""销售费用"等科目的记录分析填列。

【例 12-8】 锦绣城大酒店收到出租设备收入 76 400 元。

收到的其他与经营活动有关的现金为 76 400 元。

（4）购买商品、接受劳务支付的现金。

"购买商品、接受劳务支付的现金"项目，反映企业购买材料、商品、接受劳务实际支付的现金，包括支付的货款以及与货款同时支付的增值税进项税额，具体包括：本期购买商品、接受劳务支付的现金，以及本期支付前期购买商品、接受劳务的未付款项和本期预付款项，减去本期发生的购货退回收到的现金。为购置存货而发生的借款利息资本化部分，应在"分配股利、利润或偿付利息支付的现金"项目中反映。企业购买材料和代购代销业务支付的现金，也在本项目反映。

本项目可以根据"库存现金""银行存款""应付票据""应付账款""预付账款""主营业务成本"等科目的记录分析填列。

【例 12-9】 锦绣城大酒店本期购买食材，收到的专用发票上注明价款为 1 140 000 元；应付账款月初余额为 670 000 元，月末余额为 780 000 元；应付票据月初余额为 412 000 元，月末余额为 489 000 元；预付账款期初余额为 257 000 元，期末余额为 345 000 元；购买工程用物资 230 000 元，货款已通过银行转账支付。

本期购买商品、接受劳务支付的现金计算如下：

本期购买食材支付的价款	1 140 000
加：本期支付的前期应付账款 本期支付的前期应付票据 本期预付货款	−110 000（670 000−780 000） −77 000（412 000−489 000） 88 000（345 000−257 000）
本期购买商品、接受劳务支付的现金	1 041 000

（5）支付给职工以及为职工支付的现金。

"支付给职工以及为职工支付的现金"项目，反映企业实际支付给职工的现金以及为职工支付的现金，包括企业为获得职工提供的服务，本期实际给予各种形式的报酬以及其他相关支出，如支付给职工的工资、奖金、各种津贴和补贴，为职工支付的医疗、养老、失业、工伤、生育等社会保险基金、补充养老保险、住房公积金，为职工交纳的商业保险金，因解除与职工劳动关系给予的补偿，现金结算的股份支付，以及支付给职工或为职工支付的其他福利费用等，不包括支付给在建工程人员的工资。支付的在建工程人员的工资，在"购建固定资产、无形资产和其他长期资产所支付的现金"项目中反映。应根据职工的工作性质和服务对象，分别在"购建固定资产、无形资产和其他长期资产所支付的现金"和"支付给职工以及为职工支付的现金"项目中反映。

本项目可以根据"库存现金""银行存款""应付职工薪酬"等科目的记录分析填列。

【例12-10】锦绣城大酒店本期实际支付工资840 000元，其中餐厅人员工资350 000元，管理人员工资450 000元。本公司职工宿舍楼施工人员工资40 000元；按工资总额的10%缴纳保险费；按照工资总额1%支付误餐费。

支付给职工的工资	800 000 (350 000＋450 000)
加：支付的保险费 支付的误餐费用	(800 000×10%) 80 000 (800 000×1%) 8 000
支付给职工以及为职工支付的现金	888 000

（6）支付的各项税费。

"支付的各项税费"项目，反映企业按规定支付的各项税费，包括本期发生并支付的税费，以及本期支付以前各期发生的税费和预交的税金，如支付的增值税、消费税、所得税、教育费附加、印花税、房产税、土地增值税、车船使用税等。不包括本期退回的增值税、所得税。本期退回的增值税、所得税等，在"收到的税费返还"项目中反映。本项目可以根据"应交税费""库存现金""银行存款"等科目的记录分析填列。

【例12-11】锦绣城大酒店1月，支付的增值税、城建税、教育费附加、所得税、印花税、车船税等税款共计456 800元，本期向税务机关缴纳上月补缴所得税87 600元。

本期支付的各项税费计算如下：

本期发生并缴纳的税款	456 800
前期发生本期补缴的所得税额	87 600
本期支付的各项税费	544 400

12.3.2 投资活动产生的现金流量项目计算

投资活动产生的现金流量净额计算。投资活动产生的现金流量净额各个子项目计算方法，具体见表 12-15。

表 12-15 投资活动产生的现金流量净额计算

项 目	计 算 公 式
收回投资所收到的现金	（短期投资期初数－短期投资期末数）＋（长期股权投资期初数－长期股权投资期末数）＋（长期债权投资期初数－长期债权投资期末数）
取得投资收益所收到的现金	利润表投资收益－（应收利息期末数－应收利息期初数）－（应收股利期末数－应收股利期初数）
处置固定资产、无形资产和其他长期资产所收回的现金净额	"固定资产清理"的贷方余额＋（无形资产期末数－无形资产期初数）＋（其他长期资产期末数－其他长期资产期初数）
收到的其他与投资活动有关的现金	如收回融资租赁设备本金等
购建固定资产、无形资产和其他长期资产所支付的现金	（在建工程期末数－在建工程期初数）（剔除利息）＋（固定资产期末数－固定资产期初数）＋（无形资产期末数－无形资产期初数）＋（其他长期资产期末数－其他长期资产期初数）
投资所支付的现金	（短期投资期末数－短期投资期初数）＋（长期股权投资期末数－长期股权投资期初数）（剔除投资收益或损失）＋（长期债权投资期末数－长期债权投资期初数）（剔除投资收益或损失）
支付的其他与投资活动有关的现金	如投资未按期到位罚款

（1）"收回投资收到的现金"项目，反映企业出售、转让或到期收回除现金等价物以外的交易性金融资产、持有至到期投资、可供出售金融资产、长期股权投资等而收到的现金。不包括债权性投资收回的利息、收回的非现金

资产，以及处置子公司及其他营业单位收到的现金净额。债权性投资收回的本金，在本项目反映，债权性投资收回的利息，不在本项目中反映，而在"取得投资收益所收到的现金"项目中反映。处置子公司及其他营业单位收到的现金净额单设项目反映。

本项目可以根据"交易性金融资产""持有至到期投资""可供出售金融资产""长期股权投资""库存现金""银行存款"等科目的记录分析填列。

【例 12-12】锦绣城大酒店出售明珠公司的股票，收到的金额为 132 800 元；出售用过的碎石机，收到价款 45 400 元。

本期收回投资所收到的现金 132 800 元。

（2）取得投资收益收到的现金。

"取得投资收益收到的现金"项目，反映企业因股权性投资而分得的现金股利，因债权性投资而取得的现金利息收入。

本项目可以根据"应收股利""应收利息""投资收益""库存现金""银行存款"等科目的记录分析填列。

（3）"处置固定资产、无形资产和其他长期资产收回的现金净额"项目，反映企业出售固定资产、无形资产和其他长期资产（如投资性房地产）所取得的现金，减去为处置这些资产而支付的有关税费后的净额。

本项目可以根据"固定资产清理""库存现金""银行存款"等科目的记录分析填列。

（4）购建固定资产、无形资产和其他长期资产支付的现金。

"购建固定资产、无形资产和其他长期资产支付的现金"项目，反映企业购买、建造固定资产，取得无形资产和其他长期资产（如投资性房地产）支付的现金（含增值税款），以及用现金支付的应由在建工程和无形资产负担的职工薪酬。

本项目可以根据"固定资产""在建工程""工程物资""无形资产""库存现金""银行存款"等科目的记录分析填列。

【例 12-13】2020 年 1 月，购入 5 台小货车，价款共计 1 560 000 元，货款已付。购买工程物资 457 000 元；在建工程工人工资 56 400 元。

本期购建固定资产、无形资产和其他长期资产支付的现金计算如下：

购买挖掘机支付的现金	1 560 000
加：为在建工程购买材料支付的现金 　　在建工程人员工资及费用	457 000 56 400
本期购建固定资产、无形资产和其他长期资产支付的现金	2 073 400

（5）投资支付的现金。

"投资支付的现金"项目，反映企业进行权益性投资和债权性投资所支付的现金，包括企业取得的除现金等价物以外的交易性金融资产、持有至到期投资、可供出售金融资产而支付的现金，以及支付的佣金、手续费等交易费用。

本项目可根据"交易性金融资产""持有至到期投资""可供出售金融资产""投资性房地产""长期股权投资""库存现金""银行存款"等科目的记录分析填列。

（6）支付的其他与投资活动有关的现金。

"支付的其他与投资活动有关的现金"项目，反映企业除上述各项目外，支付的其他与投资活动有关的现金流出。其他与投资活动有关的现金，如果价值较大的，应单列项目反映。

- -

12.3.3　融资活动产生的现金流量有关项目的计算

- -

融资活动产生的现金流量净额计算。融资活动产生的现金流量净额各个子项目计算方法具体见表12-16。

表 12-16　　　　　　　　　融资活动产生的现金流量净额计算

项　　目	计　算　公　式
吸收投资所收到的现金	（实收资本或股本期末数－实收资本或股本期初数）＋（应付债券期末数－应付债券期初数）
借款收到的现金	（短期借款期末数－短期借款期初数）＋（长期借款期末数－长期借款期初数）
收到的其他与融资活动有关的现金	如投资人未按期缴纳股权的罚款现金收入等
偿还债务所支付的现金	（短期借款期初数－短期借款期末数）＋（长期借款期初数－长期借款期末数）（剔除利息）＋（应付债券期初数－应付债券期末数）（剔除利息）

项　　目	计　算　公　式
分配股利、利润或偿付利息所支付的现金	应付股利借方发生额＋利息支出＋长期借款利息＋在建工程利息＋应付债券利息－票据贴现利息支出
支付的其他与融资活动有关的现金	如发生融资费用所支付的现金、融资租赁所支付的现金、减少注册资本所支付的现金（收购本公司股票，退还联营单位的联营投资等）、企业以分期付款方式购建固定资产，除首期付款支付的现金以外的其他各期所支付的现金等

（1）"吸收投资收到的现金"项目，反映企业以发行股票、债券等方式筹集资金实际收到的款项净额（发行收入减去支付的佣金等发行费用后的净额）。

本项目可以根据"实收资产（或股本）""资本公积""库存现金""银行存款"等科目的记录分析填列。

（2）借款收到的现金。

"取得借款收到的现金"项目，反映企业举借各种短期、长期借款而收到的现金。

本项目可以根据"短期借款""长期借款""交易性金融资产""应付债券""库存现金""银行存款"等科目的记录分析填列。

【例12-14】本期借入长期借款 1 520 000 元，短期借款 334 000 元。

借款收到的现金　1 854 000

（3）"收到的其他与筹资活动有关的现金"项目，反映企业除上述各项目外，收到的其他与筹资活动有关的现金流入，如接受现金捐赠等。其他与筹资活动有关的现金，如果价值较大的，应单列项目反映。本项目可以根据有关科目的记录分析填列。

（4）"偿还债务所支付的现金"项目，反映企业以现金偿还债务的本金。

本项目可以根据"短期借款""长期借款""交易性金融资产""应付债券""库存现金""银行存款"等科目的记录分析填列。

【例12-15】本期偿还短期借款 350 000 元，长期借款 1 280 000 元。

偿还债务所支付的现金　1 630 000

（5）"分配股利、利润或偿付利息所支付的现金"项目，反映企业实际支付的现金股利，支付给其他投资单位的利润或用现金支付的借款利息，债券利息。

本项目可根据"应付股利""应付利息""利润分配""财务费用""在建工程""制造费用""研发支出""库存现金""银行存款"等科目的记录分析填列。

【例 12-16】本月向投资者支付利润 7 850 000 元，支付利息 250 000 元。

本期分配股利、利润或偿付利息所支付的现金计算如下：

支付投资者利润	7 850 000
加：支付贷款利息	250 000
分配股利、利润或偿付利息所支付的现金	8 100 000

企业外币现金流量折算成记账本位币时，所采用的是现金流量发生日的汇率或即期汇率的近似汇率，而现金流量表"现金及现金等价物净增加额"项目中外币现金净增加额是按资产负债表日的即期汇率折算。这两者的差额即为汇率变动对现金的影响。

12.3.4 现金流量表编制案例

【例 12-17】根据上述资料，编制锦绣城大酒店 2020 年 1 月现金流量表。见表 12-17。

表 12-17   现金流量表

编制单位：锦绣城大酒店   2020 年 1 月   单位：元

项　　目	本期金额	上期金额
一、经营活动产生的现金流量		
销售商品、提供劳务收到的现金	5 553 300	
收到的税费返还	1 298 900	
收到其他与经营活动有关的现金	76 400	
经营活动现金流入小计	6 928 600	
购买商品、接受劳务支付的现金	1 041 000	
支付给职工以及为职工支付的现金	888 000	
支付的各项税费	544 400	
支付其他与经营活动有关的现金		
经营活动现金流出小计	2 473 400	

项　　目	本期金额	上期金额
经营活动产生的现金流量净额	4 455 200	
二、投资活动产生的现金流量		
收回投资收到的现金	132 800	
取得投资收益收到的现金		
处置固定资产、无形资产和其他长期资产收回的现金净额		
处置子公司及其他营业单位收到的现金净额		
收到其他与投资活动有关的现金		
投资活动现金流入小计	132 800	
投资支付的现金		
购建固定资产、无形资产和其他长期资产支付的现金	2 073 400	
取得子公司及其他营业单位支付的现金净额		
支付其他与投资活动有关的现金		
投资活动现金流出小计	2 073 400	
投资活动产生的现金流量净额	−1 940 600	
三、筹资活动产生的现金流量		
吸收投资收到的现金		
取得借款收到的现金	1 854 000	
收到其他与筹资活动有关的现金		
筹资活动现金流入小计	1 854 000	
偿还债务支付的现金	1 630 000	
分配股利、利润或偿付利息支付的现金	8 100 000	
支付其他与筹资活动有关的现金		
筹资活动现金流出小计	9 730 000	
筹资活动产生的现金流量净额	−7 876 000	
四、汇率变动对现金及现金等价物的影响		
五、现金及现金等价物净增加额		
加：期初现金及现金等价物余额		
六、期末现金及现金等价物余额		

12.4 所有者权益变动表

所有者权益变动表是指反映构成所有者权益各组成部分当期增减变动情况的报表。

12.4.1 所有者权益变动表含义及结构

通过所有者权益变动表，既可以为报表使用者提供所有者权益总量增减变动的信息，也能为其提供所有者权益增减变动的结构性信息，特别是能够让报表使用者理解所有者权益增减变动的根源。

所有者权益变动表在一定程度上体现企业的综合收益。

综合收益＝净利润＋直接计入当期所有者权益的利得和损失

净利润＝收入－费用＋直接计入当期损益的利得和损失

在所有者权益变动表上，企业至少应当单独列示反映下列信息的项目：①综合收益总额；②会计政策变更和差错更正的累积影响金额；③所有者投入资本和向所有者分配利润等；④提取的盈余公积；⑤实收资本或资本公积、盈余公积、未分配利润的期初和期末余额及其调节情况。

所有者权益变动表以矩阵的形式列示：一方面，列示导致所有者权益变动的交易或事项，即所有者权益变动的来源对一定时期所有者权益的变动情况进行全面反映；另一方面，按照所有者权益各组成部分（即实收资本、资本公积、盈余公积、其他综合收益、未分配利润和库存股）列示交易或事项对所有者权益各部分的影响。

12.4.2 所有者权益变动表的编制案例

所有者权益变动表各项目均需填列"本年金额"和"上年金额"两栏。

所有者权益变动表各项目的列报说明如下。

1. "上年年末余额"项目

此项反映企业上年资产负债表中实收资本（或股本）、资本公积、盈余公积、其他综合收益、未分配利润的年末余额。

2. "会计政策变更"和"前期差错更正"项目

此项分别反映企业采用追溯调整法处理会计政策重要的累计影响金额和

采用追溯重述法处理会计差错更正的累积影响金额。

3. "本年增减变动额"项目

（1）"综合收益总额"项目，反映净利润和其他综合收益扣除所得税影响后的净额相加后的金额。

（2）"所有者投入和减少资本"项目，反映企业接受投资者投入形成的实收资本（或股本）和资本溢价（或股本溢价）。

（3）"利润分配"项目，反映企业当年的利润分配金额。

（4）"所有者权益内部结转"下各项目，反映企业构成所有者权益各组成部分之间的增减变动情况。

其中：①"资本公积转增资本（或股本）"项目，反映企业以资本公积转增资本或股本的金额。

②"盈余公积转增资本（或股本）"项目，反映企业以盈余公积转增资本或股本的金额。

③"盈余公积弥补亏损"项目，反映企业以盈余公积弥补亏损的金额。

【例 12-18】锦绣城大酒店 2020 年 1 月有关所有者权益账户年初余额基本年增减变动情况及原因见表 12-18。据此编制所有者权益（股东权益）变动表见表 12-19（上年金额略）。

表 12-18　　　　　　有关所有者权益账户 2019 年内变动情况及原因　　　　单位：元

账户	年初余额	本年增加及原因	本年减少及原因	年末余额
实收资本	64 490 000	盈余公积转入 386 000 元		64 876 000
资本公积	712 300	接受捐赠 148 310 元		860 610
盈余公积	846 400	从净利润中提取 477 400 元	转增资本 386 000 元	937 800
未分配利润	470 000	实现净利润 6 453 500 元	提取盈余公积 477 400 元，分派股利 4 572 900 元	1 873 200
合计	6 6518 700			68 547 610

288

表 12-19   **所有者权益变动表**

编制单位：锦绣城大酒店   年度：2020 年 1 月   单位：元

项 目	行次	本年金额					
		实收资本（或股本）	资本公积	盈余公积	未分配利润	库存股（减项）	所有者权益合计
一、上年年末余额		64 490 000	712 300	846 400	470 000		66 518 700
1. 会计政策变更							
2. 前期差错更正							
二、本年年初余额		64 490 000	712 300	846 400	470 000		66 518 700
三、本年增减变动金额（减少以"一"号填列）		386 000	148 310	91 400	1 403 200		2 028 910
（一）综合收益总额							
（二）所有者投入和减少资本							
1. 所有者投入和减少资本							
2. 股份支付计入所有者权益的金额							
3. 其他			148 310				
（三）本年利润分配				477 400	−477 400		0
1. 提取盈余公积				477 400	−477 400		0
2. 对所有者的分配					4 572 900		4 572 900

项　目	行次	本年金额					
		实收资本（或股本）	资本公积	盈余公积	未分配利润	库存股（减项）	所有者权益合计
3. 其他							
（四）所有者权益内部结转		386 000		−386 000	1 873 200		1 873 200
1. 资本公积转增资本（或股本）							
2. 盈余公积转增资本（或股本）		386 000		−386 000			0
3. 盈余公积弥补亏损							
四、本年年末余额		64 876 000	860 610	937 800	1 873 200		68 547 610

①"本年增减变动金额"栏"盈余公积"金额＝477 400−386 000＝91 400（元）

②"本年年末余额"各栏计算如下：

"实收资本（或股本）"金额＝64 490 000＋386 000＝64 876 000（元）

"资本公积"金额＝712 300＋148 310＝860 610（元）

"盈余公积"金额＝846 400＋91 400＝937 800（元）

"未分配利润"金额＝470 000＋1 403 200＝1 873 200（元）

"所有者权益合计"金额＝66 518 700＋2 028 910＝68 547 610（元）

参 考 文 献

[1] 企业会计准则编审委员会．企业会计准则及应用指南实务详解［M］．北京：人民邮电出版社，2019.

[2] 财政部会计司．企业会计准则第 14 号——收入应用指南 2018［M］．北京：中国财政经济出版社，2018.

[3] 吉燕．会计新手成长手记［M］．2 版．北京：清华大学出版社，2018.

[4] 栾庆忠．增值税纳税实务与节税技巧［M］．5 版．北京：中国市场出版社，2018.

[5] 林佳良．土地增值税清算指南［M］．5 版．北京：中国市场出版社，2018.

[6] 计敏，王庆，王立新．全行业增值税操作实务与案例分析［M］．北京：中国市场出版社，2018.

[7] 栾庆忠．增值税发票税务风险解析与应对（实战案例版）［M］．北京：中国人民大学出版社，2019.

[8] 刘霞，庞思诚．金税三期管控下增值税会计核算及纳税风险实务［M］．上海：立信会计出版社，2018.

[9] 蔡昌．房地产企业全程会计核算与税务处理［M］．4 版．北京：中国市场出版社，2018.

[10] 李曙亮．房地产开发企业会计与纳税实务［M］．2 版．大连：大连出版社，2018.

[11] 曾勤，张程程．会计科目设置与应用大全书［M］．北京：人民邮电出版社，2018.

[12] 中华人民共和国财政部．企业会计准则应用指南（2018 年版）［M］．上海：立信会计出版社，2018.

[13] 邱银春．新手学会计［M］．北京：清华大学出版社，2018.

[14] 马泽方．企业所得税实务与风险防控［M］．2 版．北京：中国市场出版社，2018.

[15] 吴健．新个人所得税实务与案例［M］．北京：中国市场出版社，2018.

[16] 王月明，吴健．企业所得税优惠实务操作指南与案例解析［M］．北京：中国税务出版社，2018.

[17] 本书编写组．中华人民共和国现行税收法规及优惠政策解读［M］．上海：立信会计出版社，2018.

[18] 中国注册会计师协会．会计 CPA［M］．北京：中国财政经济出版社，2018.

[19] 国家税务总局教材编写组．企业所得税汇算清缴实务［M］．北京：中国税务出版社，2016.

[20] 国家税务总局财产和行为税司．契税、耕地占用税政策解读和征管指南［M］．北京：

中国税务出版社，2014.

[21] 国家税务总局货物和劳务税司．消费税业务操作手册［M］．北京：中国税务出版社，2014.

[22] 中华人民共和国财政部．企业会计准则（2018 版)［M］．北京：经济科学出版社，2017.

[23] 秦东生，于烨．优秀税务会计从入门到精通［M］．北京：中国华侨出版社，2015.

[24] 赖金木．即学即会：会计全流程做账实操［M］．北京：中华工商联合出版社，2014.